# 古典文獻研究輯刊

## 三二編

潘美月・杜潔祥 主編

## 第 16 冊

### 《周易玩辭困學記》校證
### （第四冊）

陳 開 林 著

國家圖書館出版品預行編目資料

《周易玩辭困學記》校證（第四冊）／陳開林 著 -- 初版 -- 新
北市：花木蘭文化事業有限公司，2021〔民 110〕
目 4+202 面；19×26 公分
（古典文獻研究輯刊 三二編；第 16 冊）
ISBN 978-986-518-397-4（精裝）
1. 易經 2. 易學 3. 研究考訂
011.08　　　　　　　　　　　　　　　　110000580

ISBN-978-986-518-397-4

9 789865 183974

古典文獻研究輯刊
三二編　第十六冊　　　　　　ISBN：978-986-518-397-4

《周易玩辭困學記》校證（第四冊）

作　　　者　陳開林
主　　　編　潘美月、杜潔祥
總 編 輯　杜潔祥
副總編輯　楊嘉樂
編　　　輯　許郁翎、張雅淋　美術編輯　陳逸婷
出　　　版　花木蘭文化事業有限公司
發 行 人　高小娟
聯絡地址　235 新北市中和區中安街七二號十三樓
　　　　　　電話：02-2923-1455／傳真：02-2923-1452
網　　　址　http://www.huamulan.tw 信箱 service@huamulans.com
印　　　刷　普羅文化出版廣告事業
初　　　版　2021 年 3 月
全書字數　585776 字
定　　　價　三二編 47 冊（精裝）台幣 120,000 元　　版權所有・請勿翻印

# 《周易玩辭困學記》校證
## （第四冊）

陳開林　著

# 目次

**第二冊**

## 第三冊

## 第四冊

# 《周易玩辭困學記》卷十二

兌☱ 兌下兌上

兌：亨，利貞。《說文》：「兌，說也。從兒𠃌聲。」徐鉉曰：「𠃌，古文兊字，非聲也。兌從八，象氣之分散。從口，蓋兌為口也。」《六書正譌》從厶，非。《石經》從厶。

《彖》曰：兌，說也。剛中而柔外，說以「利貞」，是以順乎天而應乎人。說以先民，民忘其勞。說以犯難，民忘其死。說之大，民勸矣哉！

「兌，說也」，說乃本體，故先儒教人尋仲尼、顏子樂處。忿怒憂戚，說之變也。說正解兌義，不必以有言為說，無言為兌。至於順天應人，忘勞忘死，則所主在用，而不在體矣。〔註1〕

「陽剛在中，中心誠實之象。柔爻在外，接物和柔之象。」〔註2〕柔而不剛則諂，剛而不柔則暴。「說之易涉於不正者，病在『柔外』，而說之所以能得其正者，實本『剛中』。」〔註3〕「剛中」指二、五，「柔外」指三、上。「利」者，說之情，柔在外為利。「利」者，萬物之所說也。剛在內為貞〔註4〕，貞

---

〔註1〕季本《易學四同》卷四《兌》：「今按：聖人以『說』訓『兌』，蓋以德言，與《論語》『學而時習之』說同，以其所發言則即喜之見於外也。但以說萬物為義，則所主在用，而不在體矣。」

〔註2〕見程頤《伊川易傳》卷四《兌》。

〔註3〕張振淵《周易說統》卷八《兌》：「按：剛中柔外，《本義》以亨貞分屬，則利貞之戒專為柔外而設，故虛齊謂『剛中輕，柔外重』。不知說之易涉於不正者，病在柔外，而說之聽以能得其正者，實本剛中。」

〔註4〕郝敬《周易正解》卷十六《兌》：「柔在外為利，剛在內為貞。」

則天下之理得矣。六爻以剛為善。兌，正秋也，萬物之所說也。秋氣肅殺，草枯木落，而萬物說之者，何也？天之於物，聖人之於人，欲其長養成就，非嚴凝堅實之氣不能使萬物各得其所，故萬物之說在秋，而不在春，固知沾沾之愛、煦煦之恩，非聖人所以治天下也。私記。

丘行可曰〔註5〕：「三女之卦，聖人多以貞戒。三男之卦，則不言貞。蓋陰柔多病於不正，而陽剛為能有立也。」

錢塞庵曰〔註6〕：「霸者之民驩虞，王者之民皞皞，此以上說下之貞淫也。鄙夫事君以容說，社稷臣以安社稷為說，此以下說上之貞淫也。出見紛華靡麗而說，入聞夫子之道而說，此學問之貞淫也。不貞則不亨，故利貞。」

《象》曰：麗澤，兌。君子以朋友講習。

坎陽實居中，陰畫下開，象水行地。兌陰畫在上，陽畫下互，象澤瀦水。〔註7〕

程敬承曰〔註8〕：「坎取『洊至』，則以不厭不倦為工夫。兌取『麗澤』，則以相磨相勵為學問。」

初九：和兌，吉。

《象》曰：「和兌」之「吉」，行未疑也。

柔以剛為主，故六爻專言利貞之事。其吉凶處，只以「剛中柔外」一句為定案。

初九陽剛則不柔媚，處下則不上援，無應則不私，係樂易君子元氣未漓之象也，故曰「和兌」。內不違心，外不忤俗，故曰「吉」。《象》言「行未疑」，入世深則本真漸失，陰陽相比則疑情易起。今以初體而與九二相比，是以天機未喪之人而與正人相親，雖世情多疑，此時尚未也。「未」之為言，危之也。

---

〔註5〕見何楷《古周易訂詁》卷六《兌》、胡廣《周易大全》卷二十《兌》、沈一貫《易學》卷八《兌》、葉良佩《周易義叢》卷十一《兌》。

〔註6〕見錢士升《周易揆》卷九《兌》。

〔註7〕錢士升《周易揆》卷九《兌》：「兌象為澤者，坎陽實居中，陰畫下開，象水行地。兌，陽承坎下，陽畫下互，象澤瀦水也。」

〔註8〕程汝繼（字敬承）《周易宗義》卷八《兌》（《續修四庫全書》第14冊，第339頁）：「坎言習，兌亦言習，何以別也？坎取『水洊至』之象，故以不厭不倦為工夫。其習也，治己知人，以成性也。兌取『麗澤』之象，故以共聞共見為學問。其習也，麗人濡己，以悅心也。」

何以危之？六三、上六，佞人滿前，彭孫濯足，丁謂拂鬚，君子難免榖中矣。私記。

　　錢國端曰〔註9〕：「《巽》之初以陰居之，故疑。《兌》之初以陽居之，故『未疑』。」

　　九二：孚兌，吉，悔亡。
　　《象》曰：「孚兌」之「吉」，信志也。

　　初「和兌」，進而至二，所謂「和」者，堅固真切，非悠悠泛泛在笑貌間者矣，故曰「孚兌，吉」。復言「悔亡」者，本卦無應，專以陰陽相比言。二與三近，雖比小人，和而不同者也，故較初多「悔亡」二字。初曰「行」，二曰「志」，以善行相契者，其信在事；以真心相孚者，其信在志。〔註10〕不立異，不求同，信心而行，人亦信之，進於初之「未疑」矣。

　　六三：來兌，凶。
　　《象》曰：「來兌」之「凶」，位不當也。

　　一卦之中，剛而中正無如五，柔不中正無如二。三，下兌之主爻也，曰「來兌」者，兌本乾體，坤來居三而為兌。乾惕之體忽變而為佞說，在四陽之中，其勢則孤，其術則巧，人自疏我，我自親之，閹然媚世，初未嘗有暴戾恣睢之事，而周公直斷之以「凶」。蓋讒諂在朝，最易壞人心術，凶於爾家，害於爾國，勢所必至。《春秋傳》「佞人來矣」，蓋畏之也。私記。

　　質卿曰〔註11〕：「『來兌』者，和不能如初以己同眾，孚不能如二以誠感人。欲孤立則妄說之情不能自己，欲相說則非道之求人所不契。」

　　《象》以「位不當」洗發「凶」字，蓋「來兌」而居下位，無所關係，猶無大害。三居下卦之上，乃大臣之位，不能謇謇諤諤，而以佞說媚人，風俗波靡，何所不至？私記。

　　合一卦言之為「剛中柔外」，就一爻言則止是「柔外」，絕無「剛中」之德矣。凡爻詞與卦詞不同者皆類此。

〔註9〕不詳。
〔註10〕張振淵《周易說統》卷八《兌》：「袁了凡曰：『以善行相契者，其信在事。以真心相孚者，其信在志。九二之誠在中，固信志不信事者也。』」
〔註11〕見潘士藻《讀易述》卷九《兌》。

九四：商兌未寧，介疾有喜。

《象》曰：九四之「喜」，有慶也。

四爻剛位柔，下比六三，上承九五，既以情牽，又為理奪，天人理欲之際也。《書》曰〔註12〕：「有言逆於汝心，必求諸道；有言遜於汝志，必求諸非道。」四能介然守正，疾惡柔邪，如此好惡，真是要立品格、挽回風俗之人，誰不歡欣說服？夫子謂不獨「有喜」，且「有慶」。四居近君之位，國之治亂繫焉，能不近小人，社稷蒼生之福也。私記。

沈氏曰〔註13〕：「人所以與天下並生者，惟是兌。而所以自娛養者，亦惟是兌。心和而氣和，氣和而形和，捨是無樂乎為人矣。故兌以言乎和。和之為言，釋躁平忿，捨己之浮氣，而近於人情之謂也。然惟情是狥，而泛泛乎若浮萍之遇大海，奚貴焉？故進而言之於二，稱『孚兌』。孚之為言，文與實稱，事與心偕，精神意氣，久要不忘之謂也。雖然，宜有辨。彼任俠之交，然諾相死，曷嘗不託之於孚？而謂之貞，可乎？故於四發『商兌』之旨。事有起於毫芒，隱於獨知，正與不正之端甚微，而喜與疾之終千里，此非有不搖之介，素定於胸中者，疇能決之？故君子商度於斯而不敢寧，俾夫粹然一出於正，去疾而歸於喜，然後為吾心之真兌，而『吉』與『悔亡』不足言矣。」由斯以觀，兌，天地之柔氣也，故《彖》戒夫貞而爻每善夫剛。

九五：孚於剝，有厲。

《象》曰：「孚於剝」，位正當也。

九五一爻，當玩《象傳》「位正當」字。陽剛中正之君，非惑志於小人者，而曰「孚於剝」，何也？《解》九五「有孚於小人」，「孚」者，小人信而服之也。九五嚴毅之性，絕不以說人為念，然正直忠厚，表裏洞然，雖小人之蠹國病民者，亦中心誠服，惕然危懼而不敢有所覬覦，故曰「孚於剝，有厲」。「有厲」則小人容悅之心亦消化矣，此順天應人，忘勞忘死景象。說道至此，乃大成矣。四有「喜」，五有「厲」，皆非有意說民，而一愛之如父母，一畏之如神明，可見兌之為說，全在於正。違道干譽，俱無用也。「陽為實，中實為孚。二、五皆陽在中，故二為『孚兌』，五為『孚於剝』。」〔註14〕六爻獨五不言「兌」，五非說人者也。私記。

---

〔註12〕見《尚書·太甲下》。

〔註13〕見沈一貫《易學》卷八《兌》。

〔註14〕見潘士藻《讀易述》卷九《兌》。

「明主愛一嚬一笑。」〔註15〕君相意指，天下風聲氣習所繫。四比三而能非道不悅，正人君子欣喜相慶。五比上而能使其信服，諂臣媚子動色相戒。為人上者，好惡之際，可不慎哉？「有厲」與「有喜」相對，「有喜」是君子本懷，「有厲」是小人良心，忘勞忘死俱從此出。私記。

兌為正秋。九五乃秋深之際，萬物剝落之時也。不曰「中正」而曰「正當」，當兌之時，諸佞成風，須得陽剛中正之人，屹然主持於上，方能挽回氣運，故曰「位正當」。當字平聲讀，不然所謂「中正」者，不過《易》中一套語耳。私記。

### 上六：引兌。
### 《象》曰：「上六引兌」，未光也。

三、上，卦主，皆以陰為質，以說為事者。三以柔居剛，動而求陽之說，故曰「來兌」。上以柔居柔，靜而致陽之說，故曰「引兌」。〔註16〕自外至內曰來，自上牽下曰引。來者俯而就，引者坐而致也。「來兌」之術淺，「引兌」之術深。不露聲色，坐收人望。羊肉不慕蟻蟻慕羊肉，羊肉羶也。上其有羶行與？《象》曰「未光」，蓋直刺其中局矣。私記。

爻辭不置褒貶，《象傳》止言「未光」，則上亦非脅肩諂笑者。觀其以柔靜而居位之極、卦之外，尸居淵默，超然世表，而能使人奔走恐後，如磁石之引針，有不曉其故者。周公存而不論，夫子推見至隱，說他是鄉愿心腸，霸者作用，與殺之不怨，利之不庸，相去懸絕。上六於此捫心自問，以為何如也？嗟乎！論兌至此，則兌之為兌，亦可窺其一二矣。私記。

艮、兌皆少陰少陽之卦，艮陽止於上，多吉；兌陰說於上，多不吉。類其辭而玩之，兌上本陰居陰位，而艮上則陽居陰位，艮陽止體，宜乎上；兌柔說體，不宜於上。知此，則觀象玩辭殊省力矣。〔註17〕

---

〔註15〕見《韓非子・內儲說上・七術》。
〔註16〕蘇軾《東坡易傳》卷六《兌》：「六三、上六皆兌之小人，以陰為質，以說為事者，均也。六三履非其位，而處於二陽之間，以求說為兌者，故曰『來兌』，言初與二不招而自來也。其心易知，其為害淺，故二陽皆吉，而六三凶。上六超然於外，不累於物，此小人之託於無求以為兌者也，故曰『引兌』，言九五引之而後至也。其心難知，其為害深，故九五『孚於剝』。」
〔註17〕此一節見潘士藻《讀易述》卷九《兌》。

初「未疑」，至二而「信志」。四「商兌」，至五而「孚剝」。上下卦各自為淺深，下卦就士君子立論，上卦就君卿立論也。「諸爻皆有義而無象，詞亦簡嚴，與他卦異。」〔註18〕兌為口舌，聖人不欲繁稱文辭，犯屢憎之戒也。

# 渙☴☵ 坎下巽上

渙：亨。王假有廟，利涉大川，利貞。《說文》：「渙，流散也。從水奐聲。」按：「奐」字，《六書》從廾從夐省，《石經》從𦥑從大。文采粲明也。奐旁加火則煥，乃火焰之光；加水則渙，乃水波之文。

《彖》曰：渙，亨。剛來而不窮，柔得位乎外而上同。「王假有廟」，王乃在中也。「利涉大川」，乘木有功也。《舉正》：「利涉大川」下有「利貞」字。

郝仲輿曰〔註19〕：「人身血氣不調則疾作，憤懣不舒則乖生。渙者，所以調其適而舒其憤也。人心不渙則有固我，朝廷不渙則有朋黨，天地不渙則有否隔，王者不渙則有偏陂，故消天地之亂莫如渙。非謂渙為分崩，而聖人設卦以濟渙。」

此卦二、四為成卦之主。下卦本坤，剛來居二，不為陰柔所困；上卦本乾，六四以柔居柔，得位之正，不應初而上同於五。剛不為柔困，柔不與剛忤，剛柔相得，發揚舒暢，渙之所謂「亨」者如此。《傳》意全重二、四兩爻。

何閩儒曰〔註20〕：「卦中初、三皆以陰居陽，二、上皆以陽居陰，唯六四得陰柔之正，九五得陽剛之正，所謂『上同』者以此。」○〔註21〕不釋卦名。

假廟、涉川，俱以象言。鬱結固閉之時，非精神至到則彼此隔礙，何以得調暢通達？「在中」言如在廟之中，洞洞屬屬，惟精惟一，此恭己無為之象。「乘木有功」，巽為木，坎為水，四為巽主，木者四也，乘之者五也。五用四以出險，是乘木而有功也。此用賢圖治之象。私記。

〔註18〕見趙汝楳《周易輯聞》卷六《兌》。
〔註19〕見郝敬《周易正解》卷十七《渙》。末句作「或者謂渙為分崩，故聖人設卦以濟渙」。
〔註20〕見何楷《古周易訂詁》卷六《渙》。按：胡炳文《周易本義通釋》卷二《渙》：「渙惟此爻大善而吉，蓋初、二、三、上皆不正，六四得陰柔之正，九五得陽剛之正，而四則近五，能輔君以濟渙者也。」
〔註21〕此處原為空格，今以「○」區分。

《象》曰：風行水上，渙。先王以享於帝立廟。

焦弱侯曰〔註22〕：「古立廟必於國之東南，祭享必以血，故《易》凡言廟祭必取巽坎。巽居東南，坎為血卦也。」

風無形行於水上，水動成文乃見風。鬼神亦無形，設壇於郊，立廟於宮，乃見鬼神。〔註23〕此聖人作用之妙。然後世矯誣之事，亦自此起矣。

錢國端曰〔註24〕：「上帝生物，散而為萬，久則愈散，不測其源之出於天矣。祖宗生子孫，亦散而為萬，久則愈散，不知其源之出於祖宗矣。非聖人，孰能推其水木本原而聯屬之哉？」

初六：用拯。句。馬壯，吉。

《象》曰：初六之「吉」，順也。

九二陽陷陰中，自此一人不得志，而天下遂成鬱結之疾。如悠緩因循，天下其何賴焉？故曰「用拯」。「用拯」二字是一卦綱領，二、三、四是拯之術，五、上則拯之效也。

原明曰〔註25〕：「六質柔而履初剛。履剛者，乘壯馬也。馬少則壯，老則弱。初所以為壯馬也，初為渙之始。始渙而拯之，則有力，亦壯馬也。若以二有剛中之德為壯馬，則馬在上，而乘馬者在下，非象旨矣。」

坎為馬。曰「用拯」，曰「馬壯」，說得恁地激切，未免有不揣時度勢之病。夫子曰初六之所以吉者，非專靠氣力，鹵莽向前，以其「順也」。王《注》所謂「觀難而行，不與險爭」〔註26〕也。按：初即坤之下畫。坤德為順，坤

〔註22〕見焦竑《易筌》卷四《渙》。

〔註23〕錢士升《周易揆》卷九《渙》：「風無形行於水上，水動成文乃見風。鬼神亦無形，惟郊廟，精神翕聚，乃見鬼神，非郊廟則上帝祖考不可見。互震為帝，互艮為廟。」

〔註24〕出處不詳。張獻翼《讀易紀聞》卷四《渙》：「或問享帝立廟，如何皆所以合其散？曰：上帝生物，散而為萬，及其愈久愈散也，將不知其源之出於天矣。故於南郊而祭報之，所以合萬古天下之心，使知反其本於上帝。祖宗生子孫，亦散而為萬，及其愈久愈散，將不知其源之出於祖宗矣。故立祖廟以祭祀之，所以合百世子孫之心，使知反其本於祖宗。」

〔註25〕見潘士藻《讀易述》卷十《渙》。《讀易述》數次引「湛原明曰」，此處稱「原明曰」，或即其人。

　　　另，焦竑《易筌》卷四《渙》：「六質柔而履初剛，履剛者，乘壯馬也。坎為美脊馬，又馬少則壯，老則弱。初所以為壯馬也。初與二比，當渙散之初，能用壯馬拯二於險中，則出險可望，何吉如之！」

〔註26〕王《注》見《周易正義》卷十《渙》。

象為牝馬，有奔逸之才，無蹄決之怒。

鄭舜舉曰〔註27〕：「渙之時，必剛柔上下相合則不散。初，柔也，在二之下。二，剛也，在初之上。柔而在下者，必有所賴以為援；剛而在上者，必有所託以為安。此初之從二為順於理，二之就初為得所願也。」

九二：渙。句。奔其機，悔亡。

《象》曰：「渙奔其機」，得願也。「杌」，《石經》作「機」，音紀，從幾，不從兀。

此所謂「剛來而不窮」也。剛自外來，故曰「奔」，得其機則不窮。方在險中，上無正應，來乘於初，得其所安，不失其來奔之意，故曰「悔亡」，曰「得願」。奔有奔走不遑之意。天下皆危，吾不得獨安機者，身所藉以安也。君子安其身而後動，身安而後可以安天下，此渙之安身立命處也。蕭何守關中，寇恂守河內，皆是此意。二乘初，二奇初耦，有機之象。

何閩儒曰〔註28〕：「他爻俱言渙，惟初不言渙，此時尚未渙也。」九二之渙當自為句，言渙之時也。當渙之時，惟奔其機乃得悔亡，語氣與『渙其躬』諸句不同。

「機」，舊作「杌」。考《字書》，杌古忽切，木無枝也；機君履切，幾通。《左傳》「設機而不倚」，程《傳》謂「憑以為安」〔註29〕，是也。若無枝之木，豈可憑以安耶？

六三：渙其躬，無悔。

《象》曰：「渙其躬」，志在外也。

此上四爻皆以卦名弁於句首，蓋因渙以濟渙者。坎二陰本以陷陽，三居坎上，近接乎巽，坎水得風而散，巽木得水而通，有渙之象。曰「渙其躬」，何也？六三陰柔，是其本體所謂「躬」也，陰居陽位，以陽剛之德破其陰柔之私，所謂「渙其躬」也。事君不能致身，事父母不能竭力，皆不「渙其躬」也。渙躬即是克己。老子曰：「人之大患，為吾有身。我苟無身，亦有何患？」故曰「無悔」。私記。

〔註27〕見鄭汝諧《易翼傳·渙》。
〔註28〕何楷《古周易訂詁》無此語。按：馮椅《厚齋易學》卷三十《易輯傳第二十六·渙》：「劉氏曰：『六爻獨初不言渙，以當其時未渙也。』」
〔註29〕見程頤《伊川易傳》卷四《渙》。

既有此身，如何得渙？凡人起心動念，非情慾為累，即意必用事。這都是形骸之障。聖賢空空洞洞，心與天地萬物遊，不必四大分散，已同蟬蛻，故曰「志在外」。私記。

六四：渙其群，元吉。渙，讀。有丘，匪夷所思。

《象》曰：「渙其群，元吉」，光大也。

此成巽之交，所謂「柔得位乎外而上同」者。卦之能渙，皆其力也。卦內三陰為群，四為諸陰之長，得位之正，下無應，與上同，於五有散其朋黨之象。天下之患，莫大於黨。四渙其群，君臣上下，渾然元氣之融洽，故曰「元吉」。此其心事，何等光明，何等正大，故曰「光大」。「光大」便是「元吉」，不作推原，故不用「以」字。

「渙有丘」者，權勢所在，雖立意破散，猶有依草附木聚而成群，譬如水與沙，互相蕩漾，渙散之處，復為洲嶼。如坎中一陽，即其象也。事出不虞，變生意外，非尋常思慮所料，故曰「破河北賊易，破朝中朋黨難」〔註30〕。私記。

九五：渙汗。句。其大號，渙。句。王居，无咎。

《象》曰：「王居无咎」，正位也。

三「渙躬」，四「渙群」，小臣不私身家，大臣不立門戶，渙道至此大成矣，故曰「渙汗」。醫家謂陰陽表裏閉隔不通者，得汗而解，解則二氣和暢，四肢百骸無不調適。以汗象渙，極形容之妙。若以不反為汗，涕唾膿血何嘗反哉？「渙汗」句法與「渙其躬」等句不同。彼得力在渙，故用「其」字。此指成效而言，渙至此而汗矣，「渙汗」當自為句。「大號」又於「渙汗」中，究極言之，號是呼號之號，《莊子》曰「萬竅怒號」謂風也，風以散之，非盡力號呼，則鬱結不開。如天之有雷霆，人之有歌嘯憤罵悲哭嘔吐者，號之類也。其在人君則為誅大奸，賞大功，大蠲賑，大赦宥，皆號之類也。必如此，鬱結始開，神情始暢，故復加一「渙」字。「王居无咎」是根本處，汗者自汗，號者自號，王惟中心無為，以守至正，毫無過咎，《書》云「一哉王心」是也。私記。

---

〔註30〕唐文宗之語，見《資治通鑒》卷二百四十五《唐紀六十一》。

錢塞庵曰〔註31〕：「渙者，風也，『王居』所以為風也。《莊子》云：『風起北方，一西一東。有上彷徨，孰噓吸是？孰居無事？而披拂是。』故四方風動，虞之渙也；恭已無為，帝之居也。舊解『渙散畜積』。玩《象詞》止言「王居」而不言『渙』，則『渙』字不屬下文可知。又『正位』與《象》『王乃在中』相應，味其語意，何等凝重深長，此渙之根本，於『蓄積』之義了無交涉。」

上九：渙其血，去，逖出，无咎。

《象》曰：「渙其血」，遠害也。

血者，陰氣之流行者也，宜散不宜聚。醫家發汗猶易，破血結最難。其渙之也，必去必逖必出，淨盡無餘，然後無害，若纖毫留滯，即為禍本。坎為血卦，上去三遠，故曰「遠害」。

丘行可曰〔註32〕：「三、上兩爻，陰陽相應，然三曰『志在外』，上曰『遠害』，三欲應上，上不欲應三，何也？三處險內而應在外，則相援而出險；上處險外而應在內，則繫累而不能去。又《易》中以陰應陽，則柔得剛援而多吉；以陽應陰，則剛為柔累而多凶也。」

血所以養營衛，非有害也。鬱結凝滯，聚而不散則有害。故曰「渙其血，遠害也」。聖人恐人誤認也。

馮宗之曰〔註33〕：「六爻皆以兩兩相比為象。初拯馬而二奔機，三渙躬而四渙群，五渙汗而上渙血。」

天下之大，全在血脈流通，精神融洽，方無否隔之患。若士氣抑而不伸，民情鬱而不達，君臣父子之間扞格而不通，學問議論之際執滯而不化，譬如寒證之不汗，血塊之不疏，有立視其死而已。渙之為卦，開鬱導滯疏風散氣之劑也。然此《傳》不釋卦名，則於卦材中求，所謂渙不可得也，當於《大象》中求之。《象》曰：「風行水上，渙。」此卦坎下巽上，坎為正北方之水，嚴冬寒沍，凝冰深厚之時；巽居東南，溫暖解凍之風。《老子》云：「渙兮若春冰之釋」，以此言渙，庶幾近之矣。二、四成卦之主，「剛來」者二也，「柔得位」者四也。天地間，惟剛柔不交，所以偏枯壅滯，剛來柔上，如鹽梅之和，寧有不渙者哉？「馬」者，渙之具也。「機」者，渙之憑借也。無其具，不能渙；無其借，亦不能渙。「馬壯」則有拯溺救焚之才，「奔機」則有安身措

〔註31〕見錢士升《周易揆》卷九《渙》。
〔註32〕見胡廣《周易大全》卷二十《渙》。
〔註33〕見馮椅《厚齋易學》卷三十《易輯傳第二十六‧渙》

足之地，夫然後可以言渙矣。最切莫如身，自私自利，蠱膈之胚胎也。至害莫如黨，分門立戶，肝膽之吳越也。「渙其躬」則「無悔」，「渙其群」則「元吉」矣。渙之作用全在此兩爻。至九五則汗已渙矣，上九則血亦渙矣，元氣沖和，血脈歸經，朝無比周之黨，野無殊類之族，豈非假廟之精誠、涉川之勇力有以開導之耶？私記。

# 節䷻ 兌下坎上

節：亨。苦節不可貞。《埤雅》〔註34〕：「竹物之有筋節者。故節字從竹。」《說文》：「節，竹筎也。」以其節均勻有分限而不可踰越也。〔註35〕從即聲。

《彖》曰：節，亨。剛柔分而剛得中。「苦節不可貞」，其道窮也。說以行險，當位以節，中正以通。天地節而四時成。節以制度，不傷財，不害民。《舉正》：「中正以通」下有「然後乃亨也」一句。今循文繹義，「說以行險」七句在「剛得中」下，「苦節不可貞」句在「不害民」句下，覺脈理條暢。

馮時行曰〔註36〕：「節字所該甚廣。在事為節義，在禮為節文，在樂為節奏，在財為節儉。」朱子發曰〔註37〕：「凡味之過正、形之過勞、心之過用，皆為苦節。」

鄭申甫曰〔註38〕：「《記》曰『發而皆中節謂之和』，節非節省之謂，乃節制之謂也。竹之有節，前後短長適均，則其所謂節，乃其所謂中也。合於中故和。和即亨即甘。有意於節，便於中字加些子，失其節之本矣，便苦便窮。苦與甘與安反，窮與亨反。」

卓去病曰〔註39〕：「『剛柔分』，舊謂『分坤五之柔以節乾，分乾三之剛以節坤』〔註40〕。如是，則與《損》何異？凡卦之三陰三陽皆可得是解矣。大

---

〔註34〕見陸佃《埤雅》卷十五《釋草‧竹》。
〔註35〕吳澄《易纂言》卷二《節》：「節猶竹節之節，有分限而不可踰越也。」
　　　　崔銑《讀易餘言》卷二《節》：「節者，有分限而不可踰之名。」崔氏之說，逯中立《周易劄記》卷二《節》曾引用。
　　　　錢士升《周易揆》卷九《節》：「節從竹。竹名筎，以其節勻有分限而不可踰越也。」
〔註36〕不詳。
〔註37〕見馮椅《厚齋易學》卷三十《易輯傳第二十六‧節》
〔註38〕見張振淵《周易說統》卷八《節》。
〔註39〕見卓爾康《周易全書‧節》。四庫全書存目叢書補編第90冊，第559頁。
〔註40〕何楷《古周易訂詁》卷六《節》：「夫乾純剛也，坤純柔也，純則無節。今分坤五之柔而來三以節乾，分乾三之剛而往五以節坤，分則有節矣。」

抵《彖傳》各就本卦之蘊以立義，所以六十四卦有六十四卦之作用，各各不同。此卦初、二兩爻是剛，三、四兩爻是柔，五爻是剛，上爻是柔，一雙一單，均齊方正，是謂『剛柔分』。易道以剛為主，『剛得中』指二、五。『苦節』，爻有明文，自當歸之上。」

夏官明曰〔註41〕：「兌，說也。坎，險也。人情易流，防閒以制之，如長江大河，不可逾越，與險何異？然所謂『險』者，本於人心之安，毫無勉強，故曰『說以行險』。隨接『當位』句，見如此為節是『當位以節』也。又接『中正』句，見如此為節是『中正以通』也。語意流貫渾融，不必說二、五，而二、五自寓。」

「當位」不必以君位言，即素位也，有富貴之位即有富貴之節，有貧賤之位即有貧賤之節。「當位以節」，則大中至正，行之無弊，垂之可久，寧復有不節之嗟、苦節之凶哉？丘行可曰〔註42〕：「《節》六爻以當位為善，初、四、五當位者也，故初『无咎』、四『亨』、五『吉』；二、三不當位者也，故二『凶』、三『嗟』。至上當位而亦『凶』者，以其當節之極，處上之窮，其取義又自不同也。」

《象》曰：澤上有水，節。君子以制數度，議德行。

澤者，瀦水之陂也。咫尺之岸，能儲千頃之瀾。水無窮而澤有限，以有限畜無窮，故曰節。〔註43〕

初九：不出戶庭，无咎。

《象》曰：「不出戶庭」，知通塞也。

程《傳》〔註44〕：「爻於節之初，戒之謹守，故曰『不出戶庭』則『无咎』。《象》恐人之泥於言而一意謹守也，故云『知通塞』。通則行，塞則止，義當出則出矣。」

---

〔註41〕不詳。
〔註42〕見胡廣《周易大全》卷二十《節》、姜寶《周易傳義補疑》卷八《節》。又見焦竑《易筌》卷四《節》，未言係引用。
〔註43〕何楷《古周易訂詁》卷六《節》：「為卦下兌上坎，澤，節水也，水之流也無窮，而澤之流也有限，以有限畜無窮，故曰節。」
〔註44〕見程頤《伊川易傳》卷四《節》。

唐凝庵曰〔註45〕：「節之所以異乎習坎者，惟下一爻塞乎兌底，所以能節坎之流耳。初在兌下，正不當通而當塞之時。『不出戶庭』，塞也。」「不出」不專指出處，凡動靜語默皆是。《繫辭》偶舉一節言耳。

九二：不出門庭，凶。

《象》曰：「不出門庭，凶」，失時極也。

蘇君禹曰〔註46〕：「謂之節，如門戶之限。戶有出入，時有通塞。時行〔註47〕則行，闢戶之乾也；時止則止，闔戶之坤也。『失時極』，猶云失其時之中云耳。」

鄒汝光曰〔註48〕：「君子之學問將有所用之也初之『不出』，有不得已耳。二亦有不得已乎哉？履大臣之位，非無柄也；遇同德之君，非無主也。然且『不出戶庭』，何與躬補綴奏牘之任，而託囊括以固位佞也；據開閣延賢之地，而託寡交以逃訾陋也；操決疑定難之權，而託遜讓以避怨奸也。以此為節，蓋捐其君與天下於一擲而博之者也。不亦凶乎？」

吳叔美曰〔註49〕：「戶在門內，所以居身不出是慎密之道，故『无咎』。門在戶外，所以通行不出是閉塞之道，故『凶』。」戶與門是藉以象所處之境也。

「不出門庭」，不過悔吝而已，而曰「凶」，似乎太甚，故夫子以「失時極」釋之。時之為道，頃刻不可差，況失之極乎？此凶所由來也。○〔註50〕同一「不出」也，門戶之間，吉凶相去若此，可不畏哉？

單門為戶，雙扉為門。又外曰門，內曰戶。

六三：不節若，則嗟若，无咎。

《象》曰：「不節」之「嗟」，又誰咎也？

---

〔註45〕見唐鶴徵《周易象義》卷三《節》。（《四庫全書存目叢書》經部第10冊，第393頁）
〔註46〕見蘇濬《生生篇・節》。
〔註47〕「行」，《生生篇》作「通」。
〔註48〕見鄒德溥《易會》卷六《節》。（四庫全書存目叢書經部第14冊，第48頁）。又見何楷《古周易訂詁》卷六《節》。
〔註49〕見吳桂森《周易像象述》卷八《節》。
〔註50〕此處原為空格，今以「○」區分。

胡廷芳曰〔註51〕：「以澤節水，故名節。其成卦正在六三一爻。今自三爻觀之，坎水出於兌澤之上，非三之所能節者，故有『不節』之象。但見其兌口之開，故又有『嗟若』之象。」

【〔註52〕洪覺山曰〔註53〕：「兩『若』字摹寫小心翼翼之象。一日不節，一日歡然。一事不節，一事歡然。節而常若不節，不嗟而常若嗟，所謂懼以終始其要无咎者。」焦弱侯曰〔註54〕：「觀爻、《傳》皆無貶辭，知解者多誤。蓋當節之時，但有節與過於節者，無不節者也。」

六四：安節，亨。

《象》曰：「安節」之「亨」，承上道也。

愚自用，賤自專，生今反古，俱取災之道。四居大臣之位，柔而得正，止承九五。聖天子制禮作樂於上，四率天下循而行之，毫無勉強，此孔子從周之事也。卦詞之「亨」，歸之此爻矣。

九五：甘節，吉，往有尚。

《象》曰：「甘節」之「吉」，居位中也。

此「當位以節，中正以通」者也。不傷財，不害民，節之無不宜於人，猶味之無不宜於口，故曰「甘節，吉」。施之可大，垂之可久，故「往有尚」。甘者，味之中正者。五者，位之中。「剛得中而能節，乃為九五之甘；柔失中而過節，則為上六之苦。」〔註55〕】

《易膳》曰〔註56〕：「《書》曰『稼穡作甘』，夫稼穡豈有如飴之味哉？然人不能終日服飴，而可以服稼穡，則爻所謂『甘』者可得而知矣。節即禮之嚴，甘即禮之和。」

---

〔註51〕見董真卿《周易會通》卷十一《節》、胡廣《周易大全》卷二十《節》、葉良佩《周易義叢》卷十二《節》、張振淵《周易說統》卷八《節》。

〔註52〕以下至九五爻「則為上六之苦」，四庫本注「闕」，加【 】以明起止。

〔註53〕不詳。

〔註54〕見焦竑《易筌》卷四《節》。

〔註55〕見胡廣《周易大全》卷二十《節》，稱「胡氏應回曰」；葉良佩《周易義叢》卷十二《節》、張振淵《周易說統》卷八《節》，稱「吳應回曰」。又見張獻翼《讀易紀聞》卷四《節》，後潘士藻《讀易述》卷十《節》引用，稱「《紀聞》曰」。

〔註56〕不詳。

胡仲虎曰〔註57〕：「『甘臨，無攸利』，甘在下，佞而說人也『甘節，往有尚』，甘在上，和以說天下也。」

上六：苦節，貞凶，悔亡。

《象》曰：「苦節，貞凶」，其道窮也。

《書》曰「炎上作苦」，上居卦極，故曰「苦節」。苦與甘對。「五得中故甘，上過中故苦。」〔註58〕「苦者，異眾以取名，貴難而自刻，鮑焦、於陵仲子之徒也。」〔註59〕「『甘節』可以範一身，亦可以範天下。『苦節』不可以繩天下，而可以繩一身。聖天子、賢公卿不可無『甘節』之度，士君子不可無『苦節』之心。」〔註60〕聖人憫其人而戒之以「凶」，嘉其節而許之以「悔亡」，又哀之曰「道窮」，蓋以道而窮，不以非道而窮也。

荀慈明曰〔註61〕：「道曷有窮？節之苦者，窮之也。或可艱難困厄於一人，而未可公行於天下；或可勉強植立於一時，而未可通行於萬世，皆窮之凶也。」

陸庸成曰〔註62〕：「觀下卦『通塞』二字、上卦『甘苦』二字，可以知節道之貴中矣。大抵通處味甘，塞處味苦，而因時以調劑者，中也。時不一而中一，時不一故二不得狃於初之塞，中一故四當安於五之甘。塞極必潰，故三受焉；甘失反苦，故上受焉。」

丘行可曰〔註63〕：「《節》六爻各相比而相反，初與二比，初不出而无咎，二不出而凶；三與四比，三不節而嗟，四安節而亨；五與上比，五得中而甘，上過中而苦。」聖人於爻義，用意之精如此。

---

〔註57〕胡炳文《周易本義通釋》無此語。按：此引文見錢士升《周易揆》卷九《節》。另外，焦竑《易筌》卷四《節》、潘士藻《讀易述》卷十《節》載：「薛溫其曰：『甘臨，無攸利』者，在下用甘，佞而進也；『甘節，往有尚』者，在上用甘，民悅隨也。」

〔註58〕係丘行可之說，見董真卿《周易會通》卷十一《節》、胡廣《周易大全》卷二十《節》。又見焦竑《易筌》卷四《節》，不言係引用。

〔註59〕歐陽修《易童子問》卷二：「童子曰：『敢問其人？』曰：『異眾以取名，貴難而自刻者，皆苦節也。其人則鮑焦、於陵仲子之徒是矣，二子皆苦者也。』」

〔註60〕見蘇濬《生生篇・節》。

〔註61〕見潘士藻《讀易述》卷十《節》、張振淵《周易說統》卷八《節》。

〔註62〕見張振淵《周易說統》卷八《節》。

〔註63〕見胡廣《周易大全》卷二十《節》、姜寶《周易傳義補疑》卷八《節》、曹學佺《周易可說》卷四《節》、焦竑《易筌》卷四《節》、潘士藻《讀易述》卷十《節》、錢士升《周易揆》卷九《節》。

洪景盧曰〔註64〕：「孔子序卦，《革》居四十九大衍之數，其用四十九也；《節》居六十，天地甲子之數六十也。天地周行，三百六十餘日而成一歲，有中氣，有節氣，共二十有四。聖人序《易》，至六十卦而為《節》，已備三百六十爻，尚餘四卦計二十四爻，以當二十四氣之數。」

〔註64〕　按：此非洪邁之說。史繩祖《學齋占畢》卷四《天地節而四時成》：

余嘗作《易菴記》，其中云：「《易》上經為卦三十，下經為卦三十有四者，乾配甲而起於子，故六十四卦上經起於《乾》之甲子，歷《泰》之甲戌、《噬嗑》之甲申，至於《離》，凡三十卦，而三甲盡矣。下經起於《咸》之甲午，歷《損》之甲辰，《震》之甲寅，至於《節》，亦三十卦，而三甲又盡。且自《乾》至《節》六十卦，凡三百六十爻，爻當一日，而盡一年之候矣。故曰『天地節而四時成』，是起於子而終於亥也。而《中孚》等四卦繼於《節》之後，是《中孚》復起甲子而為『一陽來復』之兆，故上元、太初以十一月甲子朔旦冬至為起歷之數，本諸此也。」此《記》已為蜀郡板行繆槁有年矣。

洎至公安竹林書院，有來問曰：「公之《易菴記》中『天地節而四時成』之說，可謂發明至矣。然《節》之後，《中孚》四卦於何施焉？諸生所疑也。」余應之曰：「余於『七日來復』說已詳之矣。余之此說，蓋為《序卦》而言之也。孔子序卦，《革》何以居四十九，而《象》曰『天地革而四時成』？蓋《革》之《象》言『君子以治歷明時』，欲以大衍之數作歷，而大衍之數其用四十有九也。唐一行作《大衍歷》，以為古今不易之數，中黃之大寶是也。《節》卦又何以居六十？蓋《節》之《象》言『天地節而四時成』，蓋一爻為一日，六十卦有三百六十爻，所以《節》之卦居六十也，故《象》曰『君子以制數』，則於以數而推天度之說合矣。此蓋以序卦之爻數言之也。若夫以六十四卦而配一年之候，則其義又別。蓋歷之為書，取《易》六十四卦，先以《坎》、《離》、《震》、《兌》四卦列子、午、卯、酉，為冬、夏、春、秋四時之正。每卦分內外，兩之以為八節，是為分至啟閉也。四卦凡二十四爻，配二十四氣。每爻直十五日，以應七十二候，而成三百六旬之朞。除此四卦之外，餘六十卦以《復》、《臨》、《泰》、《壯》、《夬》、《乾》、《姤》、《遯》、《否》、《觀》、《剝》、《坤》十二卦為自子至亥十有二月君辟之卦，又以辟卦各統公卿大夫諸侯四卦凡五，而共為六十卦，總成三百六十爻，為一歲值日之爻，而每卦主六日七分，積餘分成閏，以定四時成歲。所謂君辟之卦，氣皆自前月中氣而起，故揚子雲作《太玄經》，以其初卦準《中孚》。故先儒言卦起《中孚》，此歷家以配《坎》之初六為十一月中氣而為算歷之首。蓋《易》以卦起《乾》、《坤》，至《節》凡六十卦，為三百六十爻，而天度盡，故曰『天地節而四時成』。而《中孚》繼於《節》卦之後，是陽氣復生於子，故以為十一月之中氣，而七日來復，以《復》繼《中孚》為十有二月君闢之卦之首，以為陰陽消長循環之候，皆自然之理也。大率《乾》、《坤》至《節》六十卦，凡三百六十爻者，此以序卦而言也。而《節》之後，餘《中孚》四卦，則是已除起《坎》、《離》、《震》、《兌》四正卦以配春、夏、秋、冬節氣，故以《中孚》等四卦雜糅於六十卦中，而為辟統公卿大夫諸侯之爻，而《中孚》與《乾》同起於甲子，實同而異、異而同也。《易》具萬變而包萬用，若執一以求之，可謂固矣。」問者說，曰：「微公之詳辨，無以袪其惑也。」上手稱謝而去。

# 中孚☲ 兌下巽上

中孚：豚魚吉，利涉大川，利貞。孚，信也。徐鍇曰：鳥之孚卵，皆如其期，不失信也。從爪從子。鳥孚卵，恒以爪反覆其卵也。

《彖》曰：中孚，柔在內而剛得中。說而巽，孚，乃化邦也。「豚魚吉」，信及豚魚也。「利涉大川」，乘木舟虛也。中孚以「利貞」，乃應乎天也。《舉正》：「信及」下無「豚魚」字。

孚，信也。中孚，信之在內者也。此卦三、四柔而在內，二、五剛而得中。柔在內則靜而虛，剛得中則直而和。內說外巽，說則和順而易從，巽則漸漬而不迫。其在於人，含淳抱樸，無分毫客氣之動、私意之雜，而一團真意，沁人心脾，如飲醇醪，不覺自醉，故曰「孚乃化邦」。大抵聖賢學問與豪傑不同。孑孑之義，硜硜之信，如荊軻、聶政、尾生、孝己，何嘗不是精誠？但激烈太過，非中庸之學。聖人只是保養天機，無絲毫詐偽之雜，真意盎然，自能感動得人，如鳥之孚卵，凝神定氣，穆然肅然，時至氣到，子從中出。以此想像中孚，最為親切。私記。

程正叔曰〔註65〕：「存於中為孚，見於事為信。為卦二陰在內，四陽在外，而二五之陽皆得其中。以一卦言，為中虛。以二體言，為中實。中虛，信之本。中實，信之質。」朱元晦曰〔註66〕：「一念之間，中無私主，便謂之虛；事皆不妄，便謂之實。不是兩件事。」楊用修曰〔註67〕：「人慾淨盡則中虛，天理充滿則中實。」

卓去病曰〔註68〕：「柔內之人，慈祥惻怛，溫然在中，人人蒙其煦育而不覺，亦人人見其肝膽而不疑。二、五中孚，人知之。三、四中孚，人不知也。」

---

〔註65〕黎靖德《朱子語類》卷七十三：「問中孚孚字與信字，恐亦有別。曰：『伊川云：『存於中為孚，見於事為信』，說得極好。』」程頤《伊川易傳》卷四《中孚》：「內外皆實而中虛，為中孚之象。又二、五皆陽，中實，亦為孚義。在二體則中實，在全體則中虛。中虛，信之本。中實，信之質。」

〔註66〕見朱熹《晦庵集》卷四十五《答廖子晦》。

〔註67〕不詳。
　　按：趙采《周易程朱傳義折衷》卷三十二《中孚》：
　　愚曰：中者，心孚之宅也。孚者，誠心之充也。心猶虛器，孚乃實理。心以虛納孚，孚以實充心。卦有此象，故曰中孚。《象》謂「柔在內而剛得中」者，言二柔居四剛之內則中虛，中虛則人慾淨；二剛得二五之中則中實，中實則天理充。此以內四爻言中孚也。

〔註68〕卓爾康《周易全書》未見此說。

　　兩「乃」字俱含二義：一則究極其功用，言其孚乃至化邦，非腐儒小信〔註69〕；一則鄭重其事理，言必如此乃化邦，不則未有能動人者〔註70〕。「應天」例此。私記。

　　豚魚，魚之似豕者，大江中有之，俗名江豚。將有風，則浮出水面。南風，口向南；北風，口向北。舟人稱為風信。唐人詩云「江豚吹浪夜還風」是也。兌為澤，巽為風，豚魚澤物風性，風動澤中，遊行水面，不約而信，天機之動也。〔註71〕「信及豚魚」，「及」猶如也，言信與豚魚相等也。

　　大川，兌澤之象。巽為木，《益》言「木道」，《巽》言「乘木」，俱以巽言。而此獨發「舟虛」之義，因巽兌合體，有中虛之象，故以虛立論。凡人涉險，能虛中以遊，豈有沉溺之患？

　　**胡仲虎曰**〔註72〕：「信而或失其正，則如盜賊相群，男女相私，士夫死黨，小人指肺肝相示，皆人為之偽，非天機之合也。」人有為，天無為。鳥之伏卵、魚之知風、木之浮水，皆天也，非人也。

　　**郝仲與曰**〔註73〕：「初、上象卵甲，二、五象中白，三、四象中黃。中黃化五臟，外白化羽毛，卵中有虛竅，是為祖氣陽靈所棲也。」

　　**《象》曰：澤上有風，中孚。君子以議獄緩死。**

　　**錢塞庵曰**〔註74〕：「坎，流水，風行其上，散而流，渙之象也。澤，止水，

────────────

〔註69〕「信」下，四庫本有「也」。

〔註70〕「者」下，四庫本有「也」。

〔註71〕何楷《古周易訂詁》卷六《中孚》：「『魚』，水族之總名。豚魚其一也，以似豚得名，俗謂江豚。澤將有風，則浮出水面。有南風則口向南，有北風則口向北，舟人稱為風信。唐人詩云『江豚吹浪夜還風』是也。兌為澤，巽為風，亦為魚，故取『豚魚』象。夫豚魚澤處而知風，不爽其信，全乎天者也，可以人而不如乎？」

　　　　按：所引唐人詩見唐・許渾《丁卯集》卷上《金陵懷古》。

〔註72〕胡炳文《周易本義通釋》卷二《中孚》：「然信而或失其正，則如盜賊相羣，男女相私，士夫死黨，小人出肺肝相示，而遂背之。其為孚也，人為之偽，非天理之正，故又戒以『利貞』。」

〔註73〕按：郝敬《周易正解》無此語。錢士升《周易揆》卷九《中孚》：「初、上象卵甲，二五象中白，三四象中黃。卵中有虛竅，祖炁之所藏也。」

〔註74〕明・錢士升《周易揆》卷九《中孚》：

　　　　坎，流水，風行其上，散而流，渙之象。澤，止水，其上有風，寂而感，虛而通，中孚之象。「君子以議獄緩死」，獄與死，兌秋之肅殺；議與緩，巽風之長養。《周禮》：王聽之司寇，聽之三公，聽之議獄也。旬而職聽，二旬而職聽，三月而上之，緩死也。

其上有風，寂而感，虛而通，中孚之象也。『君子以議獄緩死』，王聽之，司寇聽之，三公聽之，『議獄』也；旬而職聽，二旬而職聽，三月而上之，『緩死』也。獄與死，兌秋之肅殺。議與緩，巽風之長養。」郭鵬海曰〔註75〕：「『議獄』、『緩死』不是兩事，緩死正以待議耳。」

「用刑者中心有毫髮之疑，受刑者中心有毫髮之憾，即非中孚。」〔註76〕

初九：虞吉，有它不燕。「他」，《石經》作「它」。

《象》曰：「初九虞吉」，志未變也。

《中孚》六爻皆以孚言，無不孚者，猶《節》之六爻皆以節言，無不節者。

此爻只據《象詞》「志未變」一句，就卦初說道理。中孚工夫全在此爻。郝楚望云〔註77〕：「其中有信，而外若悶悶，凝神抱一，慮始謹初，有虞之象。」《曲禮》曰「儼若思」，《老子》曰「惕兮其若驚」，蓋體信之象，存誠之法也。

人止有一誠。一誠之外，無非偽妄，所謂「他」也。「不燕〔註78〕」，不安也。一有他念，即惕然不安。不安是心之本體。誠則安，不誠則不安。「有他不燕」，正是虞之警醒處。曾子三省，止從「不燕」一念做工夫。私記〔註79〕。

九二：鳴鶴在陰，其子和之。我有好爵，我與爾靡之。

《象》曰：「其子和之」，中心願也。

---

明・錢一本《像象管見》卷四下《中孚》：

坎，流水，風行其上，散而流，渙之象。澤，止水，其上有風，寂而感，虛而通，中孚之象。「君子以議獄緩死」，獄與死，兌秋之肅殺；議與緩，巽風之長養。獄曰議，求入中之出，而況其未入。死曰緩，求死中之生，而況其未死。心術隱微中，絕無一毫殺根，即對獄死之人，盎然生意之流形，此所以為澤上之風而為君子之中孚。

〔註75〕郭鵬海其人不詳。張振淵《周易說統》引起說數次。

《周易說統》卷八《中孚》：「按：『議』與『緩』不是兩項事。『議獄』正所以『緩死』也。大抵議生於疑，疑則當緩。緩死亦只是欲察其未盡之情，緩正所以待議耳，不是姑息。」未言係郭鵬海之說。

〔註76〕見焦竑《易筌》卷四《中孚》。按：呂巖《呂子易說》卷下《中孚》：「凡用刑者中心有毫髮之疑，受刑者中心即有毫髮之恨，有不中之枉，即非中孚之化也。」

〔註77〕見郝敬《周易正解》卷十七《中孚》。

〔註78〕「燕」，四庫本作「安」，誤。

〔註79〕「記」，四庫本無。

主卦之美，全在九二。「王《注》云：『處於內體，居重陰之下，而履不失中，任其真者也。立誠篤志，雖在闇昧，物亦應焉』，故為『鳴鶴在陰，其子和之』之象。『在陰』以喻幽隱之誠，『子和』以喻同聲之應。」〔註80〕按：母子、爾我，皆忘分。交孚之喻，不必專屬何爻。

九二一爻不論道理，只以詩體詠歎中孚感應之妙，音旨雋永，令人有言外之想。在朝都俞，在野嚶鳴，皆是此意。

「《禽經》：鶴為露禽，八月白露降，即鳴而相驚。兌乃正秋，故以鶴言之。鶴行依洲嶼，不集林木。二為陰位，在二陰之下，故曰在陰。爵者，雀也，其鳴節節足足，故象其形為酒器。大夫以上與燕，享然後賜爵，因謂命秩為爵。」〔註81〕然則「我有好爵」，即「我有旨酒」之義，正見中孚之味也。

楊用修曰〔註82〕：「『靡』音摩，葉『其子和之』。相觀而善謂之摩。鳴鶴以相和成音，好爵以相摩成德，子夏之《易》說也。」

**六三：得敵，或鼓或罷，或泣或歌。**

**《象》曰：「或鼓或罷」，位不當也。**

「得敵」，有指六四者，有指上九者。六四柔而得正，雖與六三同為卦主，而三爻柔位剛，不得其正。四與三同類異情，趨向各別，絕之而上從於五，則所謂「得敵」者，不宜指四矣。三與上相應，上爻剛位柔，與三之爻柔位剛相遇，如棋逢敵手，各抱偏至之性，同為殊絕之行。三見上之矯矯慕義，欲為登天之事也，不勝其鼓舞；見上之肝腦塗地，一跌不收也，不勝其悲憤。「或鼓或罷，或泣或歌」，中心憒憒，不得而知其故也。讀「鳴鶴在陰，其子和之」，何其和平有味。讀「或鼓或罷，或泣或歌」，何其感慨不平。天地間自有此一種人，自有此一等事，若無六三爻詞，則亦不見中孚之變態矣。私記。

胡仲虎曰〔註83〕：「三與上俱上下卦之極，體均力敵者也。中孚六爻，惟取柔而正、剛而中者。九二、九五，剛而中者也，上九不中矣；六四，柔而正者也，六三不正矣。以柔而不正者，應剛而不中者，此為說之極，彼當信之窮，所以不能自主。『或鼓或罷』，作止之無常。『或泣或歌』，哀樂之無常。凡爻以柔居陽者，多以『或』言。」

---

〔註80〕見潘士藻《讀易述》卷十《中孚》。
〔註81〕見何楷《古周易訂詁》卷六《中孚》。
〔註82〕見何楷《古周易訂詁》卷六《中孚》。
〔註83〕見胡炳文《周易本義通釋》卷二《中孚》。

六四：月幾望，馬匹亡，无咎。

《象》曰：「馬匹亡」，絕類上也。絕，從刀從卪。

三與四，《彖》所謂「柔在內」者。三不正而四正，中孚之體充實輝光，「月幾望」之象。四正而三不正，非其儔類，「馬匹亡」之象。並驅而馬亡，宜有咎矣。而「无咎」者，何也？《象》曰「馬匹亡，絕類上也」，聖人之意，恐人疑「馬匹亡」為三之棄四而去也，故發明其義，謂此非三之故，乃四之絕其儔類而上從於五也。夫四以陰柔之質，而能棄其同好，委心於「攣如」之五，非中孚何以至此？《坤》以「喪朋」為吉，《中孚》以「絕類」為无咎。私記。

「古者駕車用四馬，不能備純色，則兩服兩驂各一色，又小大必相稱，故兩馬為匹，謂對也。」〔註84〕

九五：有孚攣如，无咎。

《象》曰：「有孚攣如」，位正當也。

「孚乃化邦」，正在此爻，故六爻不言孚，惟九五言之。〔註85〕沈氏曰〔註86〕：「此卦中虛，而二、五中實，五又為之主，則使一卦六爻交結而不可解者，惟九五也。為上可望而知也，為下可述而志也，則君不疑其臣，臣不疑其君矣。」更有何咎？

《象》只以「位正當」盡「攣如」之誼，可見中孚之道不必如何求誠，如何去偽，只是君君、臣臣、父父、子子，各當其位，自然我無爾詐，爾無我虞，涉川應天，盡在此矣。私記。

上九：翰音登於天，貞凶。

《象》曰：「翰音登於天」，何可長也！

侯果謂「信不由中」〔註87〕，非也。卦名中孚，爻未有信不由中者。《本義》謂「知信而不知變」〔註88〕，庶幾近之。此爻蓋節俠之流，欲以匹夫小信，

---

〔註84〕見程頤《伊川易傳》卷四《中孚》。

〔註85〕胡炳文《周易本義通釋》卷二《中孚》：「六爻不言孚，惟九五言之，九五孚之主也。」

〔註86〕見沈一貫《易學》卷八《中孚》。

〔註87〕李鼎祚《周易集解》卷十二《中孚》：「侯果曰：『窮上失位，信不由中，以此申命，有聲無實，中實內喪，虛華外揚，是翰音登天也。巽為雞，雞曰翰音。虛音登天，何可久也！』」

〔註88〕朱熹《周易本義》卷二《中孚》：「雞非登天之物，而欲登天，信非所信，而不知變，亦猶是也。」

圖經國大事，如荊軻刺秦王，精誠所感，能使白虹貫日，然身死國亡，曾不旋踵其貞也，乃其所為凶也。此正與「柔在內而剛得中，說而巽」相反。私記。

「登天」與「在陰」相反。肫肫之信，此感彼應，雖幽隱而必和；矯矯之信，聲大實喪，雖揚詡而不長。〔註89〕

《曲禮》：雞曰翰音。雞鳴必先振其羽，古詩「膈膈膊膊雞初鳴」是也。《漢書》「朱博翰音」〔註90〕，言音飛而不從也。雞飛易墜，雞鳴易絕。雞，巽象，在卦上，登天之象。「豚魚知風，鶴知秋，雞知〔註91〕旦，皆物之有信者，故取三物為象。」〔註92〕

凡人誠不誠，止看初念。初者，中孚之胚胎也。卵翼醞釀，一卦之工夫根領全在初爻。二、五則此感彼應，所謂誠之不可掩者也。三、四、上地位不同，性情亦異，或牢騷不平，或違世絕俗，或不度德量力，為匹夫匹婦之諒，雖非聖人中和之道，然皆皎皎不欺，不可不謂之中孚也。私記。

## 小過 ䷽ 艮下震上

小過：亨，利貞。可小事，不可大事。飛鳥遺之音，不宜上，宜下，大吉。過，去聲。凡過失之過、超過之過，去聲；經過之過，則平聲。

《彖》曰：小過，小者過而「亨」也。過以「利貞」，與時行也。柔得中，是以小事吉也。剛失位而不中，是以「不可大事」也。有飛鳥之象焉。「飛鳥遺之音，不宜上，宜下，大」吉，上逆而下順也。《舉正》：「是以小事吉也」作「是以可小事也」。

《小過》一卦見聖人權衡之妙。易之大分，陽大陰小，陽過陰為大過，陰過陽為小過。《小過》兼二義。凡人才性有剛柔，勢位有上下，此卦四陰二陽，言乎人則柔順太過，言乎時則威力不足，但當度德量力，審勢安分，方為與時偕行，避凶趨吉。〔註93〕

---

〔註89〕潘士藻《讀易述》卷十《中孚》：「趙氏曰：『和在陰之鶴，凶登天之音。』信由中，則此感彼應，雖幽隱而必和；信不中，則聲大實喪，雖揚詡而不長。」

〔註90〕《漢書》卷一百下《敘傳第七十下》：「博之翰音，鼓妖先作。」

〔註91〕「知」，四庫本無。

〔註92〕見吳澄《易纂言》卷二《中孚》。

〔註93〕錢士升《周易揆》卷九《小過》：「凡人才性有剛柔，勢位有上下，處小過之時，但當度德量力，審勢安分，方為與時偕行，可以避凶趨吉。」

「小者過」，此釋卦名義。「而亨也」三字，就小過看出一種妙用，事固有過而亨者，因其過而善用之，所謂聖人無死地也。六十四卦皆有利貞，皆與時行，此不直曰「利貞」而曰「過以利貞」，過即其所謂貞也，貞即其所謂時也。「過而亨」、「過以利貞」，過之作用如此。點鐵成金，非聖人孰能言之？

「可小不可大」，正是貞之所在。「不宜上宜下」，又從小事中申明之，言大事固不可，即以小事論，亦宜下不宜上。〔註94〕「『可小不可大』者，當小過之時；『不宜上宜下』者，行小過之事。」〔註95〕總詳論「利貞」、「時行」之義。

二、五柔而得中，有委蛇適宜之用，補偏救弊，猶能奏功，故「可小事」。三、四剛失位而不中，無揮霍闊大之用，撥亂反正，無益有害，故「不可大事」。可不可只爭個中不中，中則過亦不過，不中則不過亦過。

下卦之剛，不居二而居三；上卦之剛，不居五而居四。皆失位也。三以剛居下之上，四以剛居上之下，皆不中也。失位則無權，不中則無德。〔註96〕

「小過有飛鳥之象，四陰其翼也，二陽其腹背也。翼欲往，腹背不能止；翼欲止，腹背不能作。鳥之權盡在于翼。」〔註97〕此君弱臣強，小人得志，君子失職之時也。夫子讀《易》而歎曰：「有飛鳥之象焉」，謂其得勢乘風，不可禁遏。天下大勢，儼然一飛鳥矣。因卦象而歎飛鳥，因飛鳥而及遺音，因遺音而悟知難而退之理。蓋鳥之遺音，必順風而下，不能逆風而上。鳥不宜逆，人而可以逆乎？鳥宜於順，人而可以不順乎？

---

〔註94〕張振淵《周易說統》卷八《小過》：「『可小不可大』，正是貞之所在。『不宜上宜下』句，又從小事中抽出以申戒。抑之，所以成其為貞。」

〔註95〕見來知德《周易集注》卷十二《小過》、曹學佺《周易可說》卷四《小過》。

〔註96〕蔡清《易經蒙引》卷八下《小過》：「三、四皆以剛失位而不中，故不可大事。卦惟二陽，然下體之陽不居二而居三，上體之陽不居五而居四，皆失位也。又三則以陽居下之上，四則以陽居上之下，皆不中也。失位則權奪，不中則善虧，『不可大事』也。」其後，張振淵《周易說統》卷八《小過》：「按：『失位不中』，下卦之剛不居二而居三，上卦之剛不居五而居四，皆失位也；三以剛居下之上，四以剛居上之下，皆不中也。『不可大事』，謂大者不可過也。」

〔註97〕蘇軾《東坡易傳》卷六《小過》：「小過有鳥之象。四陰據用事之地，其翼也；二陽囚於內，其腹背也。翼欲往，腹背不能止。翼欲止，腹背不能作也。故飛鳥之制在翼。」

卓去病曰〔註98〕:「『不宜上宜下』言鳥音也,『大吉』言小過也。以喻語解正語,以正語解喻語,聖人立言,離合相關,圓通不礙若此。」

「上逆下順」,味《傳》意,止借鳥音以明宜上不宜下之意。後儒以四陰之上下分順逆,此與卦體相合,立言之旨未必其然。

陸君啟曰〔註99〕:「陰多於陽,過也。剛之失位,不如柔之得中,亦『小者過』也。行貴得中,事期當可,而氣或稍偏,勢有極重時,須損餘以補闕。事必矯枉而後平,必小有所過,然後得亨,豈可復以不正為過哉?以大小言,小為貞;以上下言,下為貞;以順逆言,順為貞。所謂可過於小而不可過於大,可以小過而不可以大過也。」楊用修曰〔註100〕:「《中孚》四陽外而二陰中,有鳥爪抱子之象;《小過》四陰外而二陽中,有羽翮飛肉之象。」

錢塞庵曰〔註101〕:「上經之末,《頤》象離,《大過》象坎,而《坎》、《離》終之;下經之末,《中孚》象離,《小過》象坎,而《既濟》、《未濟》終之。序卦之精如此。」

《象》曰:山上有雷,小過。君子以行過乎恭,喪過乎哀,用過乎儉。
恭從小,小即心字。

雷在地中為《復》,出地上為《豫》,在天上為《大壯》,在山上為《小過》。

晁崇德曰〔註102〕:「有舉趾高之莫敖,故正考父矯之以循牆;有短喪之宰予,故高子羔矯之以出血;有三歸反坫之管仲,故晏子矯之以敝裘。雖非中行,亦足以移風勵俗。」

初六:飛鳥以凶。

《象》曰:「飛鳥以凶」,不可如何也。

楊用修曰:「《小過》六爻,初與上作一例看,二與五作一例看,三與四作一例看。」

卦有飛鳥之象,初居卦下,不過鷦鷯、斥鷃之類,非有垂雲之翼,扶搖

---

〔註98〕卓爾康《周易全書》未見此說。
〔註99〕見陸夢龍《易略·小過》。《四庫全書存目叢書》經部第19冊,第526頁。
〔註100〕不詳。
〔註101〕見錢士升《周易揆》卷九《小過》。
〔註102〕見胡廣《周易大全》卷二十一《小過》、姜寶《周易傳義補疑》卷八《小過》、李贄《九正易因·小過》張獻翼《讀易紀聞》卷四《小過》、張振淵《周易說統》卷八《小過》。

而上也。而曰「飛鳥以凶」，何也？鳥不論大小，其權在翼，翼之權在翰。初與上當翰之處，附會二、五，以成其上逆之勢。其飛也，乃其用以凶也。以輕颺重，以外制內，以末馭本，宦官、宮妾不過一小人，一旦用事，傾危社稷，有如反掌。《詩》詠桃蟲，《易》言飛鳥，雖欲制之，誰得而制之，故曰「不可如何」。神聖至此袖手矣。私記。

胡仲虎曰〔註103〕：「《大過》陽過於陰，象棟橈。棟之用在中，故於三、四言之。《小過》陰過於陽，象飛鳥。鳥飛在翼，故於初、上言之。然初、二、五、上皆翼也，獨初、上言之，何也？鳥飛不在翼而在翰，初、上其翰也，翰舉則身從之，以卑陵尊之象。飛於初已凶，飛於上可知矣。」

六二：過其祖，遇其妣。不及其君，遇其臣。无咎。

《象》曰：「不及其君」，臣不可過也。

小過之時，不獨陽剛「可小不可大」、「宜下不宜上」，在陰柔亦當引分自安。卦中四陰，惟六二柔順中正，《彖》之所謂「柔得中」，可小事者也，隨處隨時，循理安分。以言乎家，則過祖而遇妣，創業於家者，其祖類多謹慎，而妣又加飭焉。二之自守，「過其祖」而「遇其妣」，制義於國者，其君類多英毅，臣不過順承而已。二之有為，不及其君，而遇其臣。家與國咸宜，過與不及盡善，所謂寧為小不為大、寧為下不為上者，復有何咎？易者，象也。祖妣君臣皆象也。譚者紛紛指某爻某爻，見指忘月，有如說夢。窮經經亡，此之謂夫。私記。

胡仲虎曰〔註104〕：「相過之謂過，過是有心。邂逅之謂遇，遇是無意。我所欲曰及，如《春秋》『公及宋公遇於清』，及則不惟與之齊，且主在我矣。遇與及相反，過與不及相反。他爻過者不遇，遇者不過，惟六二過亦遇，不及亦遇。柔順中正，所以如此。」

天下之道，中而已矣。過與不及，皆非中也。縱肆之人，無一而可。小心謹慎，或過或不及，往往適合，故過亦遇，不及亦遇。遇則過、不及不必言矣。《象》曰「臣不可過」，孫過其祖，有裕後之美；臣及其君，犯專上之罪；聖人止提「臣不可過」一句，立綱常之準，凡父子、兄弟、朋友亦可類推矣。私記。

---

〔註103〕見胡炳文《周易本義通釋》卷二《小過》。「陽過於陰」、「陰過於陽」，《周易本義通釋》原無。

〔註104〕見胡炳文《周易本義通釋》卷二《小過》。按：馮椅《厚齋易學》卷三十一《易輯傳第二十七·小過》：「張知常曰：『相過之謂過，邂逅之謂遇。』」

九三：弗過。句。防之。句。從。句。或戕之。句。凶。

《象》曰：「從或戕之凶」，句。如何也！

兩「弗過」，謂小過之時，陽不能過乎陰，故稱「弗過」。此理之明白易見者，亦死語耳。聖人作用不同，立言亦異。人皆謂「過」，聖人獨謂「弗過」。眾陰之中，二陽巋然並立，何謂過哉？蓋慰其心，令有轉身處也，故於三曰「防之」，於四曰「遇之」。三以剛居剛，而當二陰浸長之勢，故戒其防，又諄諄而戒其從、戒其戕；四以剛居柔，而當二陰將過之時，故勸其遇，又諄諄而止其往、勸其貞。一再誦讀，憂深慮遠，如慈母之護赤子。嗟乎！以此立教，而漢、唐諸賢覆轍相尋，何也？私記。

「從」謂不逆其詐，而順從之則必貽累於後日，子厚、禹錫是也。「戕」謂或不容其惡，而戕害之則必反噬於目前，陳蕃、竇武是也。〔註105〕

張彥陵曰〔註106〕：「初特始進之小人耳，聖人即曰『如何』，惕以必然之禍，欲其謹之於微。九三乃剛正之君子也，聖人又曰『如何』，動以意外之憂，欲其防之於早。」

「九三為艮，成卦之爻，若隄防然，所以止下之不上者，皆其力也，故曰『防之』。」〔註107〕「『從』之一字，有乘間抵隙，巧以入人之意。」〔註108〕《春秋傳》：「在內曰殺，在外曰戕。」

《象傳》「凶」字聯上，「如何也」三字為句。從亦凶，戕亦凶，然則君子於此當何以為計耶？欲其深思自得，免於凶害也。私記。

九四：无咎。弗過。遇之。往厲。必戒。勿用。永貞。俱二字為句。

《象》曰：「弗過遇之」，位不當也。「往厲必戒」，終不可長也。

卓去病曰〔註109〕：「九四以剛處柔，行過乎恭，小人雖盛，窮於莫校。聖人喜得其免於難，故未暇措詞，遽曰『无咎』，快之之詞也。已乃道其實曰

〔註105〕何楷《古周易訂詁》卷六《小過》：「若不逆其詐而順從之，則必貽累於後日，柳子厚是也。或不容其惡而戕害之，則必反噬於目前，陳蕃、竇武是也。二者皆致凶之道。」黃正憲《易象管窺》卷十二：「若不逆其詐而順從之，則必貽累於後日；或不容其惡而戕害之，則必反噬於目前。故曰『凶如何也』。此所以貴善防之也。」

〔註106〕見張振淵《周易說統》卷八《小過》。

〔註107〕見錢士升《周易揆》卷九《小過》。

〔註108〕見張振淵《周易說統》卷八《小過》。

〔註109〕《周易全書·小過》，四庫全書存目叢書補編第90冊，第579頁。

『弗過』，已乃勸其和曰『遇之』，慰喜戒勉，婆心絮語，溢於言表如此。舉足即危，故曰『往厲』。中心若惕，故曰『必戒』。凡事不可徑行，故曰『勿用』。操持益當堅固，故曰『永貞』。」李氏曰〔註110〕：「當小過之時，止有勿用一著可商量，更無別策。」

又曰〔註111〕：救小者之過，惟有防、遇兩塗。「『遇之』是作意調停之法，亦是無心任處之法。『遇』之一字最是善待小人處。然使君子居位得中，其駕馭小人固自有道，何必許多防維警戒。『位不當』者，歉之也，亦憫之也。」讀古人書，不能味其語氣，即使道理明白，總屬河漢。

鄒黍回曰〔註112〕：「從者順而下，陰宜承陽，陽不宜狥陰。往者仰而上，陰已乘陽，陽不宜再往。」

六五：密雲不雨，自我西郊。公弋取彼在穴。

《象〔註113〕》曰：「密雲不雨」，已上也。「已上」，《舉正》作「已止」，鄭本作「已尚」。

五為四陰之主，多方以謀二陽，而二陽防者防、遇者遇，既不墮其術中，五又值將衰之際，向來深謀秘計，俱歸無用，故有「密雲不雨，自我西郊」之象。「西郊」者，弋射之地。既不能為雨，則當為六二之不飛不鳴，退處窟穴，無效初、上之翱翱天際，自取凶災也。故曰「公弋取彼在穴」。蓋呼而告之之辭。大丈夫當雄飛無雌伏，然非所論於小過之時也。二在艮山之下，有穴之象。私記。

爻言「密雲不雨」，雲而不雨雲，亦無用幸之也。《象》言「已上」，謂雲雖不雨而雲氣已上矣，所謂不宜上者，今已上而不可復下矣，戒之也。兩聖各自一意，無非為君子謀也。私記。

張希獻曰〔註114〕：「《小畜》、《小過》皆言『密雲不雨，自我西郊』，何也？陰陽二氣以均調適平而後雨，陽多陰少則不雨，《小畜》是也；陰多陽少亦不雨，《小過》是也。」

---

〔註110〕不詳。
〔註111〕《周易全書・小過》，四庫全書存目叢書補編第90冊，第579頁。
〔註112〕不詳。其人參本書《益》卦。
〔註113〕「象」，四庫本作空格。
〔註114〕見胡廣《周易大全》卷二十一《小過》。

張有如曰〔註115〕：「《小畜》陰為主，統一卦言，故取『密雲』於《彖》。此卦四陰而五為主，故取『密雲』於爻。一是小畜大而諸陽不為四用，一是小過大而二陽不為五用。」

楊廷秀曰〔註116〕：「《易》有詞同而旨異者。《履》之幽人為男子，而《歸妹》之幽人則為女子；《歸妹》之跛眇為女子，而《履》之跛眇則為男子。然則《小畜》之與《小過》同於『密雲不雨』，《中孚》之與《小畜》同於『有孚攣如』，豈可比而同之哉？董子曰『《易》無達旨，《詩》無達詁，《春秋》無達例』，孟子曰『以意逆志』，是為得之。」

上六：弗遇過之，飛鳥離之，凶，是謂災眚。

《象》曰：「弗遇過之」，已亢也。

楊用修曰〔註117〕：「『弗遇』者，隔六五而勢絕於陽爻。『過之』者，處卦終而躐居於陽上。蓋居動體之上，陰過之極，乘時勢而不顧道理，故曰『弗遇過之』。譬如飛鳥不能斂戢羽翼，必致逢觸網羅，故曰『飛鳥離之』。有逾分凌節之非，犯上逆下順之戒，故曰『凶』。時之既極，則劄瘥夭昏，天之作孽不可逭；勢之既亢，則罟擭陷阱，人之眾怒不可犯；故曰『是謂災眚』。」張雨若曰〔註118〕：「『是謂』二字有味。无妄之災，君子猶以為福也。惟孽自我作，是謂『災眚』耳。」六五已過曰已上，上六又過曰已亢。亢則種種凶災俱胚胎於此，不必更加注釋矣。

陸君啟曰〔註119〕：「過以時行，則適與時遇矣，與時遇則仍弗過矣，過則弗遇矣。有以過而遇之者，二是也。有以弗過而遇之者，四是也。有弗遇而過之者，上是也。」

丘行可曰〔註120〕：「初、上兩爻皆陰，而不中過者也，故戒之曰『凶』。

〔註115〕不詳。俞琰《周易集說》卷十《小過》：「『藏雲不雨，自我西郊』，其象與《小畜》同。《小畜》以小畜大，而諸陽不為六四用；《小過》則以小過大，而二陽不為六五用也。」熊過《周易象旨決錄》卷四《小過》：「《小畜》以小畜大，而諸陽不為六四用；《小過》以小過大，而二陽不為六五用也。故辭同繇。」潘士藻《讀易述》卷十《小過》引熊氏之說。
〔註116〕見楊萬里《誠齋易傳》卷十六《小過》。
〔註117〕不詳。
〔註118〕見張振淵《周易說統》卷八《小過》。
〔註119〕見陸夢龍《易略·小過》。《四庫全書存目叢書》經部第19冊，第527頁。
〔註120〕見胡廣《周易大全》卷二十一《小過》、姜寶《周易傳義補疑》卷八《小過》。又見焦竑《易筌》卷四《小過》，不言係引用。

二、五兩爻柔而得中，不過者也，故無凶咎之戒。此四陰爻之別也。至三、四兩陽，在三則曰『弗過防之』，謂防下二陰也，不防則陰必害己，故凶；四曰『弗過遇之』，謂遇上二陰也，不遇而往則厲，故曰『往厲必戒』。此兩陽爻之別也。」皆反覆發明可小不可大、宜上不宜下之旨。

# 既濟☲☵離下坎上

**既濟：亨小，利貞。初吉，終亂。**《說文》：「既，盡也。從皀旡聲。」旡，今作无。濟，水名，出常山。從水齊聲。《爾雅》：濟，渡也，通也。其有以二物相資為濟者，如《左傳》「寬以濟猛，猛以濟寬」是也。

**《彖》曰：既濟，亨，小者亨也。「利貞」，剛柔正而位當也。初吉，柔得中也。「終止」則「亂」，其道窮也。**《舉正》〔註121〕、《本義》〔註122〕「既濟，亨，小者亨也」更多一「小」字。

坤上乾下為泰，以天地之交也。坎上離下為既濟，以水火之交也。坎離者，乾坤之大用也。天地之氣以交不交分否、泰，水火之功亦以交不交分既濟、未濟。君臣父子治亂離合之關，總在交與不交之間耳。

**蘇子瞻曰**〔註123〕：「凡陰陽各安其所，則靜而不用。將發其用，必有以縕之者。水下火上，火欲炎而不達，火之所以致其怒也。陰皆乘陽，陽欲進而不遂，陽之所以奮其力也。火致其怒，雖陰必達。陽奮其力，雖難必遂。此所以為既濟也。」

既濟何以謂小者之亨也？「既濟以皆濟為義。小者不遺，乃為既濟。」〔註124〕易之為道，陽大陰小。此卦三陰得位，在三陽之上，故舉小者以明既濟也。其在人事，則匹夫匹婦咸得其所，匪人異類各安其分，更無拂鬱不平之氣，所謂「小者亨」也。坎上離下，「剛柔正」也。陰居陰位，陽居陽位，「位當」也。「剛柔正而位當」，則邪者無所容矣。此極治之象也。「柔得中」指六二。既濟之時，不用更張有為，故不取剛之正當，而止歸吉事於柔中，見

〔註121〕郭京《周易舉正》卷下：「按：《彖》『亨小』下脫『小』字。既濟之義只在『小者亨』，若小者不亨，不為既濟，故夫子先舉爻辭『既濟，亨小』，然後以『小者亨也』為義結之。若『小』字空者，『亨』兩字實不成義也。審而詳之，義則明矣。」
〔註122〕朱熹《周易本義》卷二《既濟》：「『濟』下疑脫『小』字。」
〔註123〕見蘇軾《東坡易傳》卷六《既濟》。
〔註124〕見《周易正義》卷十《既濟》王《注》。

得守成大業只在柔道，致治不必躁妄更張。此聖人之深意也。「初吉」、「終亂」，《彖》止言天道，而《傳》乃歸之人事，故不徒曰「終亂」，而曰「終止則亂」。非終止必亂也，終而止則亂所由生也。此卦下離上坎，火遇水則止，火止而水之用亦息，故曰「道窮」。道窮謂上六。

胡庭芳曰〔註125〕：「味『止』之一字，即《雜卦傳》所謂『既濟定也』之義。蓋既濟之陰陽各歸其家，易於伏而不動。履其運者，若一切止而不為，則亂之所由起。蓋剛柔雖正，位雖當，而氣機之運不可一息或停，譬之人身心，火既降，腎水既升，可謂既濟矣，然善於調劑者，豈可使升者不降、降者不升？必如所謂靜極復動，動極復靜，一動一靜，循環無窮而後可耳。此夫子以『終止』為『道窮』之微意也。」

郭子和曰〔註126〕：「六爻皆應者八卦。《泰》、《否》、《咸》、《恒》、《損》、《益》、《既濟》、《未濟》。」應而皆得其位者，六十四卦獨此一卦而已。

涉川曰濟。二卦皆以濟名，似專主水者何？天一生水，火所以為水之用也。不惟火為水用，凡四行亦只成就此一點水耳。醫家心火降，腎水升，取坎離交濟之義。

《象》曰：水在火上，既濟。君子以思患而豫防之。

水在火上，水溢則火滅，火熾則水涸，故君子享水火之利，不能不思水火之患；思水火之患，不能不豫水火之防。

沈氏曰〔註127〕：「水火二物，相尅亦相成。火欲炎而反在下，水欲流而反在上。火不燥，水不寒，皆有所忌，而不敢縱恣以成其功，故防水必以火，防火必以水。而用水火之術，在於上下之際。」

初九：曳其輪，濡其尾，无咎。
《象》曰：「曳其輪」，義无咎也。

「《既濟》六爻，陰陽相應，聖人以陰陽立義，不以相應立義。」〔註128〕

濟以濟渡為義。初九登岸之始，「曳其輪」者，曳而前也，用力之象。以剛質而居濟始，如駕車涉川，川將離而未離，岸將登而未登，竭股肱之力，雖

---

〔註125〕見董真卿《周易會通》卷十一《既濟》、胡廣《周易大全》卷二十一《既濟》。
〔註126〕見馮椅《厚齋易學》卷二十《易輯傳第十六·既濟》。
〔註127〕見沈一貫《易學》卷八《既濟》。
〔註128〕見何楷《古周易訂詁》卷六《既濟》。

勞不恤，雖險不避，雖污辱不辭，有「曳輪」、「濡尾」之象。《象》單言「曳輪」，而以「義」斷之，為天下國家，義不容辭，亦有何咎？濟者自內適外，故《既濟》、《未濟》皆以初為尾，上為首。《字書》：曳，牽也，引也，輓車而前也。《本義》謂「曳輪則車不前」，何也？私記。

離為牛，「曳其輪」，牛曳車以行也；「濡其尾」，水濕牛尾也。郭相奎曰〔註129〕：「《未濟》稱狐，《既濟》不稱狐，故濡尾、濡首俱不以狐言。」舊以濡尾為戒謹。夫小狐濡尾由不謹致，然難以濡尾為戒謹。

六二：婦喪其茀，勿逐，七日得。

《象》曰：「七日得」，以中道也。

此《彖》所謂「柔得中」者。初九陽剛，御車之人。六二柔順，車中之婦也。初曳輪濡尾，而車未能遽進，則車亦未免傾崎，而「喪其茀」矣。「茀」，車後之蔽，婦人車所用者。凡人臨事，有如御車，豈能步步康莊，自有許多跌磕蹭蹬。若心氣安和，靜以俟之，時候到來，自然有濟。苟少有利鈍，便狂躁妄動，車敝馬煩，非徒喪茀，必有破輻折輪之患。《象傳》不釋「勿逐」，單拈「七日得」，恐人以七日得為天運之自然，或可幸獲，故探本於「中道」。「中道」是「勿逐」本領。見得事真，養得氣定，思患預防，已非一日。「七日」之「得」，如執券而取，其所從來者微矣。錢塞庵曰〔註130〕：「凡急於求濟，安於不濟，即知可濟未濟。而不能操其機於將濟未濟，皆非中也。惟『勿逐』而『七日得』，乃為『中道』。」私記。

茀與笰異。笰從竹，音弗。《爾雅》：輿革後謂之笰。郭璞曰：以韋靶後戶也。此茀從艸，音廢。《字書》；車傍御風塵者。《詩》「翟茀」、「簟茀」俱從艸。〔註131〕「七日」者，每爻為一日，自二數至上為五，復自初數至二，凡七。〔註132〕

---

〔註129〕見郭子章（字相奎）《郭氏易解》卷十《既濟·濡其尾》（第160頁）。

〔註130〕見錢士升《周易揆》卷九《既濟》。

〔註131〕焦竑《易筌》卷四《既濟》：「《爾雅》：輿革前謂之鞎，後謂之笰。竹前謂之御，後謂之蔽。《詩》『翟茀』、『簟茀』是也。」

〔註132〕潘士藻《讀易述》卷十《既濟》：「朱氏曰：『七日得』，自二數之至上為五，復自初數至二，凡七日。」焦竑《易筌》卷四《既濟》：「『七日得』，自二數之至上為五，復自初數至二，凡七日。」按：原出朱震《漢上易傳》卷六《既濟》。

九三：高宗伐鬼方，三年克之。小人勿用。

《象》曰：「三年克之」，憊也。

「九三以陽剛處欲變之位，剛陽則過於有為，欲變則動而之外，內治已濟將求功於外，故為之戒，曰以高宗之威，而伐鬼方猶三年而後克，成功之難如此，其可用小人而啟多事之源乎？無事之世，捨內治而幸邊功者，皆小人啟之也。」〔註133〕高宗不屬五而屬三者〔註134〕，取其中興在變易之際也。三處水火之交，有攻戰之象，故以克伐為言。

開創時征伐易，守成時征伐難。人但知盛時物力之甚裕，不知盛時舉事之易憊也。子瞻曰〔註135〕：「未濟，未出於難也，上下一心，如同舟遇風，雖厲民以犯難可也。及其既濟，已出於難，則上之用其民也，易以致怨；而下之為上用也，易以致疑。故《未濟》之九四『三年有賞』而《既濟》之九三以是為憊也。」

小人、戎寇，皆為陰類。戎寇之禍小，小人之禍近，故作《易》者於用兵之後，必以「小人勿用」戒之。《師》之「小人勿用」，言於行賞之日。《既濟》之「小人勿用」，言於用兵之時。

《丹鉛錄》〔註136〕：「鬼方，莫靡之屬。匡衡疏云：『成湯化異俗而懷鬼方。』《西羌傳》曰：『殷室中衰，諸侯皆叛。至武丁伐鬼方，三年乃克。《詩》云『自彼氐羌，莫敢不來享』，是其證也。』」離為戈，兵伐之象。由三至上，『三年』之象。〔註137〕

六四：繻有衣袽，終日戒。「繻」，王本作「濡」。

《象》曰：「終日戒」，有所疑也。

繻作濡。衣袽，所以塞舟之罅漏。此王輔嗣說。〔註138〕以四在坎體故也。「《說文》：繻，繒綵也。袽，絮縕也。」〔註139〕蓋繒綵將敗而有絮縕也。

〔註133〕見鄭汝諧《易翼傳・既濟》。
〔註134〕焦竑《易筌》卷四《既濟》：「《既濟》上三爻猶《泰》上三爻，有向衰之漸，故高宗不屬五而屬三。」焦氏之說，何楷《古周易訂詁》卷六《既濟》曾引用。
〔註135〕見蘇軾《東坡易傳》卷六《既濟》。
〔註136〕見楊慎《丹鉛總錄》卷二《鬼方》。
〔註137〕此一節除「《丹鉛錄》」外，見焦竑《易筌》卷四《既濟》。
〔註138〕《周易正義》卷十《既濟》王《注》：「繻宜曰濡。衣袽，所以塞舟漏也。」
〔註139〕焦竑《易筌》卷四《既濟》。

六四當坎之初，是初吉之時已過，而終亂之期將至，猶繻之為衣而將敗也，故「終日戒」。〔註140〕此與輔嗣說不同，而理則一。

陰性多疑。「『疑』者，疑禍患之將至也。」〔註141〕張彥陵曰〔註142〕：「人所以苟止偷安，不為終日計者，只是自信得無事故耳。若不敢自信，則何事不為難端，何處不是瑕隙，安能一刻忘戒懼乎？」

楊廷秀曰〔註143〕：「秦滅六國而秦自滅，晉平吳亂而晉自亂，隋取亡陳而隋自亡。此鄢陵之勝，范文子所以憂晉之必禍也。」

九五：東鄰殺牛，不如西鄰之禴祭，實受其福。

《象》曰：「東鄰殺牛」，「不如西鄰」之時也。「實受其福」，吉大來也。

初曳輪，二勿逐，三伐，四戒，致濟之道已備。九五至此，心志浸廣，侈汰易生，未免粉飾太平，而於祈天永命之道無當也，故借「東隣殺牛」、「西隣禴祭」，以明事神在誠不在物、保治以實不以文之義。「西隣之時」，言急時而不懈也。東、西者，彼此之詞，不以二、五對言。《象詞》一氣讀下。五取祭議者，水火烹飪，薦享為大。陰陽交際，人鬼斯和也。凡居官而循分愛民，事親而守新致養，學道而庸言庸行，皆禴祭之類也。私記。

上六：濡其首，厲。

《象》曰：「濡其首，厲」，何可久也！

此《象》所謂「終亂」。蓋晉武平吳之後，明皇天寶之末也。〔註144〕上六以柔懦之資，當治安之極，怠弛念勝〔註145〕，耳目口鼻沉淪汩沒，「濡其首」之象。公於此不言凶，止曰厲。厲即《乾》九三之厲也。洪覺山曰〔註146〕：

另，潘士藻《讀易述》卷十《既濟》：「趙汝楳曰：『繻，繒綵也。袽，絮緼也。』」按：趙汝楳《周易輯聞》無此語。

〔註140〕潘士藻《讀易述》卷十《既濟》：「趙汝楳曰：繻，繒綵也。袽，絮緼也。六四當坎之初，初吉之時已過，而終亂之兆已萌，猶繻美而有殘敝見也，故『終日戒』。」趙汝楳《周易輯聞》無此語。

〔註141〕見來知德《周易集注》卷十二《既濟》。

〔註142〕見張振淵《周易說統》卷八《既濟》。

〔註143〕見楊萬里《誠齋易傳》卷十六《既濟》。

〔註144〕楊萬里《誠齋易傳》卷十六《既濟》：「此晉武平吳之後，明皇天寶之末也。」

〔註145〕張振淵《周易說統》卷八《既濟》：「葉爾瞻曰：『濟何以濡首？蓋自以為濟，而怠弛念勝，不至於淪溺不止矣。』」

〔註146〕不詳。

「《易》中言『厲』，皆聖人起死回生妙訣，不得與悔吝等一例。『何可久』，即『厲』之深意，求可以長久之道也，不是決絕語。」

郝仲輿曰〔註147〕：「初之濡尾，自水升陸。上之濡首，復自陸入水。盛而復衰，循環之象。」

「《大過》上六澤水之深，故滅頂。《既濟》上六坎水之深，故濡首。」〔註148〕此卦初、二兩爻是任事之人，濟之作用全在於此；三、四、五反覆發明保濟之道，不過安思危治思亂而已；上六則所謂「終止則亂」，天時人事相與轇合，古今無不敗之家，無不亡之國，蓋為此也。傷哉！私記。

## 未濟 ䷿ 坎下離上

未濟：亨。小狐汔濟，濡其尾。無攸利。《六書正譌》：未，古味字，借為十二支午未字。六月建未，以萬物皆成有滋味也。又借為未然之未。《字書》：未，已之對也。

《彖》曰：未濟，亨，柔得中也。「小狐汔濟」，未出中也。「濡其尾，無攸利」，不續終也。雖不當位，剛柔應也。循文繹義，「雖不當位」二句當在「柔得中也」下，正發明「亨」字。

鄭申甫曰〔註149〕：「水上火下，二者交相為用，而亦可以互制其過，故曰『既濟』。火上水下，不惟不得其用，且水不能制火則火熾，火不能制水則水滔，故曰『未濟』。」按：「未」者，既之對也。說一既濟，百事俱廢；說一未濟，萬化維新。「聖人於既濟，無一日非未濟之心；於未濟，無一日非欲濟之念。」〔註150〕易道不過如此。

「聖人作《易》，每卦必求所以亨之理。在《既濟》有既濟之亨，《未濟》有未濟之亨。」〔註151〕洪覺山曰〔註152〕：「未濟之亨，何復以柔言也？五行

〔註147〕見郝敬《周易正解》卷十七《既濟》。
〔註148〕見來知德《周易集注》卷十二《既濟》。
〔註149〕見張振淵《周易說統》卷八《未濟》。
〔註150〕見錢士升《周易揆》卷九《未濟》。另外，李贄《九正易因·未濟》：「吾以是觀之，聖人之處世也，無一日而非既濟之時，則無一日而非未濟之心；無一時而非未濟之日，則無一日而非欲濟之念。」
〔註151〕馮椅《厚齋易學》卷三十二《易輯傳卷二十八·未濟》：「李子思曰：『聖人作《易》，一卦必求其亨之之理。使當未可以濟之時，坐視而不求所以濟者，無是理也。故在既濟之時，則有既濟之亨；在未濟之時，則有未濟之亨。既濟，已用之亨也。未濟，方來之亨也。』」
〔註152〕張振淵《周易說統》卷八《未濟》：「洪覺山曰：『未濟之亨，何復以柔言也？

之難伏者火，七情之難制者躁。五柔得中，下與陽應，則能以坎水制離火，而躁者不躁矣。」可見濟天下事，未有不自沉潛巽順而得者。凡事每賴於老成，敗於少年，故以小狐象之。**卓農山曰**〔註153〕：「老狐知深識老，探跡聽聲，終不敢濟，尾亦不濡。然使人皆若老狐，世必無拯救生民之人，自善則得矣，如蒼生何？」聖人特言小狐，見惟慷慨直前。眾謂不老成的人方做得幾分事，但膽欲大，心欲小，終始如一，方能有濟耳。嗟乎！吾安得小狐而與之講濟世安民之術也哉！

**周省貞曰**：〔註154〕「人生有幾，事會難逢，今日也未，明日也未，何日得濟？故處未濟者，當有惜分陰之勤，當有不捨命之勇，宇內方有擔當。象詞『無攸利』之占，所以策人必濟也。」

六十四卦六爻當位者，惟既濟；六爻不當位者，惟未濟。「不當位」者，才性之偏。「剛柔應」者，補偏救敝之道。「不當位」，故未濟。「剛柔應」，故濟。六爻雖皆「不當位」，皆「剛柔應」。畢竟以二、五為主。五與二應，納剛自輔，以坎中之水制離中之火，濟之最善者也。此句重釋「亨」字之義，應在「柔得中也」下。

**郭鵬海曰**〔註155〕：「既濟之吉以柔得中，未濟之亨亦以柔得中，則敬慎勝也。既濟之亂以終止，未濟之無攸利以不續終，則克終難也。既濟之貞以剛柔正，未濟之可濟以剛柔應，則交濟之功也。既曰『柔得中』，而又有『不續終』之戒，可見濟事無可輕忽之時。既曰『不當位』，而又著『剛柔應』之善，可見得人無不可濟之事。」

**項平甫曰**〔註156〕：「水上火下，情之交也。火上水下，分之定也。情之交，不可以久而無弊，故以情之正者終之。人之心腎，其氣何嘗不交，而心必在上，腎必在下，不可易也。觀此可以知既濟、未濟之義〔註157〕矣。」

---

曰：重離也。五行之所難伏者火，七情之所難制者燥。五柔得中則能下，與陽應而有可交之漸矣。』」

〔註153〕不詳。

〔註154〕不詳。

〔註155〕見張振淵《周易說統》卷八《未濟》、卓爾康《周易全書·未濟》。（《四庫全書存目叢書補編》第90冊，第590頁）

〔註156〕見董真卿《周易會通》卷十四《序卦》、胡廣《周易大全》卷二十四《序卦》、何楷《古周易訂詁》卷六《未濟》。

〔註157〕「義」，《周易會通》、《周易大全》、《古周易訂詁》作「象」。

仲虎謂〔註158〕:「《既濟》下離互坎,上坎互離,《既濟》之中互《未濟》。《未濟》下坎互離,上離互坎,《未濟》之中互《既濟》。非惟見時變之相為反覆,而水火互藏其宅,復於《易》中見之。」如此譚互卦,亦自有味。

《韓詩外傳》:「官怠於宦成,病加於小愈,禍生於懈惰,孝衰於妻子。」《易》曰:「小狐汔濟,濡其尾。」〔註159〕

坎為水、為穴、為隱伏。物之穴居隱伏而往來水際者,狐也。狐尾豐於身,必揭其尾而後濟,亦必大有力者能揭其尾。小狐力未強,故汔濟而濡尾。汔,幾也。〔註160〕《詩》曰〔註161〕:「汔可小康。」

《象》曰:火在水上,未濟。君子以慎辨物居方。

沈氏曰〔註162〕:「水火異處,雖無濟於用,而亦可以無相害,有可法者。」「水火異物,故以之辨物。各居其所,故以之居方。」〔註163〕

初六:濡其尾,吝。

《象》曰:「濡其尾」,亦不知極也。

徐衷明曰〔註164〕:「未濟在初,正英雄作事之始,宜昂首掀眉,有擊楫澄清之志。乃腳酸手頓,望洋欲沒。始事如此,更復何望!曰「吝」,恥之甚也。不言「凶咎」者,不忍以始進而竟其終局也。」

《既濟》之「濡尾」、「曳輪」,而「濡尾」也狐,非「曳輪」之物。坎為馬,離為牛,蓋馬牛之類也,濟之象也。《未濟》不曰「曳輪」而直曰「濡尾」,此《象》之所謂「小狐」也,未濟之象也。私記。

「極」字之說多端。或曰極者究竟之謂,初居坎下,猶水之底也。不知極者不能知水之淺深,故濡其尾。此解於爻詞親切。

〔註158〕見胡炳文《周易本義通釋》卷二《未濟》。

〔註159〕此一節見沈一貫《易學》卷八《未濟》。按:《易學》無「韓」。前一則引文見《說苑·敬慎》,非《韓詩外傳》。

〔註160〕趙汝楳《周易輯聞》卷六《未濟》:「小狐,狐之小者。汔,幾也。幾濟猶未濟也。狐尾豐於身,濡則身隨以溺。老狐負之以涉,故能濟。小狐力未強,幾及於濟,而尾為之濡,濡則不得終濟,『無攸利』也。」

〔註161〕《詩經·大雅·民勞》。

〔註162〕見沈一貫《易學》卷八《未濟》。

〔註163〕見朱長文《易經解·未濟》。

〔註164〕不詳。

九二：曳其輪，貞吉。

《象》曰：九二「貞吉」，中以行正也。

孔《疏》〔註165〕：「九二居未濟之時，處艱難之內，體剛中之質，以應於五。五體陰柔，委任於二。經綸屯塞，任重憂深。『曳其輪』者，言其勞也。」按：竭力求濟，便是貞，便得吉。坎為曳、為輪。兩陰夾一陽，輪之象。

胡仲虎曰〔註166〕：「《既濟》初九兼『濡尾』、『曳輪』二象，此初與二分言之者，何也？初在下，當為尾；九剛動，當為輪。初『濡尾』，才柔不能進；二『曳輪』，剛而得中，進而正者也。」中者，無過不及之謂。九二之『曳輪』，不犯險而過涉，不畏險而不涉。當未濟之時，以濟為正，中以行正也。〔註167〕

六三：未濟，征凶，利涉大川。

《象》曰：「未濟，征凶」，位不當也。

六三居坎體之上，當初、二兩爻竭力求濟之後，人皆謂已濟矣，聖人獨曰「未濟」。「未濟」二字提醒最有力，非徒未濟已也，上下卦之交，水火相剋之際，是何等世界。「征凶」，危之也。事到面前，迴避不得，奮勇上前，死中求活，庶克有濟。「利涉大川」，激之也。曰「涉大川」，非徒馮河冒險，舟楫帆檣一切在其中矣。「征凶」以時勢言，「利涉大川」以道理論。古之定大難，成大功，誰非於征凶之時奏涉川之功者？私記。

---

〔註165〕見《周易正義》卷十《未濟》。

〔註166〕見胡炳文《周易本義通釋》卷二《未濟》：「《既濟》初九兼『濡尾』、『曳輪』二象，《未濟》初與二分之。初在下，當為尾；九剛動，當為輪。初『濡其尾』，才柔不能自進。二『曳其輪』，剛居柔而得中，能自止而不進也。中則無有不正，故吉。」

〔註167〕潘士藻《讀易述》卷十《未濟》：「敬仲曰：『曳其輪』，未濟也，時在險中，勢未可濟，不敢欲速易之道也。貞正之道也，故吉。中者，無過不及之謂。九二之曳輪，不犯險而過涉，不畏險而不涉，中以行正，與時偕行，其出險而有濟，必矣。」

《讀易述》所引楊簡之說見《楊氏易傳》卷十九《未濟》，云：

『曳其輪』，未濟也，勢未可濟，不敢欲速易之道也。貞正之道也。不出於貞正，以急而不濟，以私意而不濟，則凶道也。中者，無過不及之謂。九二之曳輪，雖無過亦無不及，中以行正，與時偕行，故吉。

故「不犯險而過涉，不畏險而不涉」二語系潘士藻之說。

諸爻皆未濟，皆位不當，獨於六三言之。徐衷明曰〔註168〕：「三，利害之關。衝風破浪，幾於不出而凶者，三也。轉眼之間，風恬浪靜者，亦三也。聖人作用之妙，全於六三見之。」

九四：貞吉，悔亡。震用伐鬼方，三年有賞於大國。

《象》曰：「貞吉，悔亡」，志行也。

王《注》〔註169〕：「處未濟之時，出險難之上，居文明之初，體乎剛質，以近至尊。」「時已大通，有不濟，濟斯順矣；有不行，行斯通矣。按〔註170〕九四之『貞』，貞在濟時。能『貞』則事皆盡善，故『吉』。能『貞』則無悔於心，故「悔亡」。其貞也，豈但小有振作而已哉！當震其威武，以伐鬼方，至於三年成功，而有賞於大國焉。」〔註171〕「震用」二句，正「貞吉，悔亡」之象。「志行」不是志得以行，乃打起精神，努力求濟，即「震用伐鬼方」之意。

陸君啟曰〔註172〕：「《未濟》之四即《既濟》之三。既濟之時利用靜，三復過剛，故雖克而猶憂其憊。未濟之時利用動，四復居柔，故必伐而後得其賞。」

馮時可曰〔註173〕：「《未濟》之為卦也，以水火不交也，是以居中者其責重。三出坎而承離，故以涉川為利；四居離而履坎，故以伐國為功。三以位，四以才，拔難樹功，上下所倚藉也。」

《既濟》三在離上，《未濟》四在離下，離為兵戈，故皆以征伐為事。

焦弱侯曰〔註174〕：「《詩》：『柬兮柬兮，方將萬舞。』申公曰：『柬，伶官

---

〔註168〕不詳。
〔註169〕見《周易正義》卷十《未濟》。
〔註170〕「按」，《讀易述》作「故」。
〔註171〕見潘士藻《讀易述》卷十《未濟》，稱「質卿曰」。
〔註172〕見陸夢龍《易略·未濟》。《四庫全書存目叢書》經部第19冊，第530頁。
〔註173〕見潘士藻《讀易述》卷十《未濟》、張振淵《周易說統》卷九《未濟》。又見錢士升《周易揆》卷九《未濟》、焦竑《易筌》卷四《未濟》、曹學佺《周易可說》卷五《未濟》，均不言係引用。其中，僅《讀易述》於「未濟之為卦」下注「中闕」。按：馮時可，字元成，又字元敏，號敏卿，松江華亭人。隆慶辛未進士。《經義考》卷五十七著錄馮時可《易說》五卷。《馮元成雜著九種》十九卷，有明萬曆間刻本，含《文所易說》五卷，俟訪。
〔註174〕此引文又見張次仲《待軒詩記》卷一《國風·簡兮》，亦稱「焦弱侯曰」。按：此引文見焦周《焦氏說楛》卷三，作「焦弱侯」誤。

名。恥居亂邦，故自呼而歎曰：柬兮柬兮，汝乃白晝而舞於此乎？正如《東觀漢記》『淮陰侯拊胸而歎曰：信乎信乎，碌碌乃與噲等為伍乎？』毛本譌『柬』為簡，故朱《傳》以傲釋之，謬矣。《易》曰：『震用伐鬼方』，郭璞謂震乃摯伯之名，王季妃太任父也，程《傳》以震揚威武釋之，則三年有賞何人也？《書》曰：『巧言令色』，孔壬、郭氏亦謂孔為共工之氏，壬其名也，蔡《傳》以包藏奸惡釋之，與驩兜、三苗不類。考古之學，其難如此。」

**六五：貞吉，無悔。君子之光，有孚，吉。**

**《象》曰：「君子之光」，其暉吉也。**

當未濟之時，惟以能濟為貞。初「畏首畏尾」則「吝」，二「曳輪」不辭勞苦，三「涉川」不避風波，四「伐鬼方」，不畏金革，則「吉」、則「利」、則「悔亡」，則所謂「貞」者可知矣。六五柔中居尊，王《注》所云「使武以文，御剛以柔」者也。諸爻之貞皆其貞，諸爻之吉皆其吉。五復何恨於心哉？禮樂文章，燦然明備，而返樸還醇之味，即在光暉發越中，非君子而能若是乎？「貞吉」之吉，五自持之吉也。「有孚吉」之吉，天下治安之吉也。「有孚」即在光中看出。周公於三百八十四爻告成之際，曰「貞」、曰「吉」、曰「無悔」、曰「君子之光」、曰「有孚」、又曰「吉」，辭繁而不厭，蓋深有味於柔中之旨也，成、康之治從此而興矣。離，文光明之象。中虛，有孚之象。私記。

吳幼清曰〔註175〕：「散暉及物為光，斂光在體為暉。」言君子之光照萬國，被四表，發越之盛，皆『有孚』之誠，積中而不可掩者也，故曰「其暉吉」。〔註176〕暉者，光中之氣也。

來矣鮮曰〔註177〕：「未濟漸濟，故雖六五之陰，而亦有暉光之吉。既濟

〔註175〕見吳澄《易纂言》卷六《未濟》。

〔註176〕潘士藻《讀易述》卷十《未濟》：「吳草廬曰：『散暉及物為光，斂光在體為暉。』言君子之光照萬國，被四表，發越之盛，皆『有孚』之誠，積中而不可掩者也，故重雲吉。」

〔註177〕來知德《周易集注》卷十二《未濟》：「未濟漸濟，故雖六五之陰，而亦有暉光；既濟漸不濟，故雖九五之陽，而必欲如西鄰之禴祭。凡天地間造化之事，富貴功名，類皆如此。」何楷《古周易訂詁》卷六《未濟》：「愚按：未濟漸濟，故雖六五之陰，而亦有暉光；既濟漸不濟，故雖九五之陽，而不能如西鄰之禴祭。」曹學佺《周易可說》卷四《未濟》：「未濟漸濟，故雖六五之陰，而亦有光輝；既濟漸不濟，故雖九五之陽，而不如西鄰之禴祭。」
其中，「未濟不如既濟之初，既濟不如未濟之終」見李過《西溪易說》卷十二《未濟》。

漸不濟，故雖九五之陽，而『不如西鄰之禴祭』。以時而言，未濟不如既濟之初，既濟不如未濟之終也。凡天地間富貴功名，類皆如此。」

項平甫曰〔註178〕：「《未濟》諸爻皆失正，凡用事之爻皆曰貞吉，九二、九四、六五是也。九二剛中，不假言悔。六五柔中，故言『無悔』。『無悔』者，自無悔也，與之之詞也。九四不中，故言『悔亡』。『悔亡』者，有悔而亡。言不如是，則悔不亡也，勉之之詞也。」

上九：有孚於飲酒，无咎。濡其首，有孚，失是。

《象》曰：「飲酒」濡首，亦不知節也。

楊廷秀曰〔註179〕：「《未濟》六五已變而既濟矣，至於上九則成、康之世也。夫何為哉？燕兄弟，燕朋友，燕群臣嘉賓，推誠待下，與天下樂其樂而已，故曰『有孚於飲酒，无咎』。然治亂同門，憂樂同根，天之道也，故又戒

---

〔註178〕潘士藻《讀易述》卷十《未濟》：
六五爻，項氏曰：六五雖不當位，而與九二剛柔相應，同心以濟難者也。離雖為光，而人君之光非一人之所能獨成，乃因與賢臣有孚，以致其光，故其光也吉，而非剛明自任之光也，故曰『君子之光，有孚，吉』。《象》曰『君子之光，其輝吉也』，蓋以深辨此意。按：管輅曰：日中為光，朝日為輝。夫中則日在上，朝則日在下。在上之光，以在下之暉而獲吉，則五以二而獲吉，明矣。先儒謂暉為光之散，非也。暉者，光中之氣。《詩》曰「庭燎有暉」，《周禮》「眂寢以十暈為十暉」，皆謂光中之氣。五離為虛，故為光。二坎中實，故為光中之氣也。《未濟》諸爻皆失正，凡用事之爻皆曰貞吉。九二、九四、六五是也。九二剛中，不假言悔。六五柔中，故言無悔。九四不中，故言貞吉悔亡。言不如是，則悔不亡也。
焦竑《易筌》卷五《未濟》：
「有孚」謂五孚於二。六五雖不當位，而與九二剛柔相應，同心以濟難者也。離為光，而人君之光非一人所能獨成，乃因與賢臣有孚，以致其光，故其光也吉，而非剛明自任之光也。故曰「君子之光，有孚，吉」。《象》曰「君子之光，其輝吉也」，管輅曰：「日中為光，朝日為暉。」天中則日在上，朝則日在下。在上之光，以在下之暉而獲吉，則五以二而獲吉明矣。先儒謂暉為光之散者，非。
焦氏之說，見錄胡居仁《易像鈔》卷十三
《易筌》：「人君之光，非一人所能獨成，乃因與賢臣有孚以致其光，故其光也吉。管輅曰：『日中為光，朝日為暉。』中則日在上，朝則日在下。在上之光，以在下之暉而獲吉，五以二而獲吉也。先儒以暉為光之散者，非。」
故《讀易述》所引「項氏曰」實出自《易筌》，而此處所引「項氏曰」實為潘士藻之按語。
〔註179〕見楊萬里《誠齋易傳》卷十六《未濟》。

之曰『濡其首，有孚，失是』，又戒之曰『飲酒濡首，亦不知節也』。」「有孚」者，九五之有孚也。上即飲食之人。酒之為物，最易昏亂。五之孚，能使飲酒者溫恭自持，無失儀之咎，孚之至也。若「濡首」，則並其孚而失之矣，故動色而戒之。《詩》曰：「無已太康，職思其居。」私記。

「聖人言造次顛沛必於是。程子曰：『天下之事，歸於一是。』朱子曰：『學者只求一個是。』」〔註180〕方正學曰〔註181〕：「人讀書一生，不曾識得個是字。」

沈氏曰〔註182〕：「『節』者，事幾之適，即所謂『是』也。飲食宴樂待其事會而乘之，『无咎』之道也。顧飲酒可矣，可至於『濡首』乎？用兵者言：『始如處女，敵人開戶。後如脫兔，敵不及拒。』此之謂『節』，間不容髮。時乎時乎，其再來乎？沉湎則信我者與我之自信者失其所謂『是』矣。」

「亦」字對初「不知極」而言。

焦弱侯曰〔註183〕：「《既濟》之終有亂之理，故上六以『濡首』表人事之危。《未濟》之終有濟之理，故上九以『濡首』表人事之失。」《易》言人，不言天。既濟、未濟，皆人為之也。

張獻翼曰〔註184〕：「《未濟》緣《既濟》立象。故『濡尾』、『濡首』兩卦既同，而『伐鬼方』與『曳其輪』先後一位。諸爻之義，內卦皆未濟之事，欲人之謹於求濟；外卦皆已濟之事，欲人之謹於處濟也。」「既濟之善在初，未濟之善在終。既濟之險在外，未濟之險在內。」〔註185〕

未濟之時，惟剛乃克有濟，故九二、九四『貞吉』，上九『无咎』；惟柔中居尊乃能用剛，故《彖》以『亨』歸六五，而爻以諸吉語歸之。初、三皆柔而不中，爻詞皆無吉語。〔註186〕卦之所以未濟在此。

---

〔註180〕見胡居仁《易像鈔》卷十三。

〔註181〕不詳。

〔註182〕見沈一貫《易學》卷八《未濟》。

〔註183〕見焦竑《易筌》卷五《未濟》。

〔註184〕見潘士藻《讀易述》卷十《未濟》。按：原見張獻翼《讀易紀聞》卷四《未濟》，無「《未濟》緣《既濟》立象」。

〔註185〕見張振淵《周易說統》卷八《未濟》，稱「洪覺山曰」。又見曹學佺《周易可說》卷四，不言係引用。

〔註186〕胡炳文《周易本義通釋》卷二《未濟》：「況未濟之時，惟剛乃克有濟，故九二、九四『貞吉』，上九『无咎』。如六三陰柔又不中正，未濟終難濟矣，故以征則凶，亦不利涉川也。六三居坎上，可以出險。陰柔非能濟者，故明言未濟征凶。然乘承皆剛，有助利涉大川，則可濟也。」

　　李衷一曰〔註187〕：「《未濟》一卦，《彖詞》盡之矣，六爻不過發明彖詞之意。諸爻皆不當位，獨於三言之者，三陰柔居險極也。諸爻皆剛柔相應，獨二、五言『貞吉』者，以其居坎離之中也。九四非中矣，而亦言『貞吉』者，以其出乎坎也。九五言『貞吉』，又言『有孚，吉』、『其暉吉』者，以其居離中也。卦所重者離也。《既濟》離在下，故既濟在下卦而未濟在上卦。《未濟》離在上，故未濟在下卦，而既濟在上卦。未濟有既濟之理，既濟懷未濟之心。既濟、未濟合為一卦，而易道終矣。」

　　李季辨曰〔註188〕：「上篇首《乾》、《坤》，終《坎》、《離》。下篇首《咸》、《恒》，終《既濟》、《未濟》，亦坎、離也。天地之道，不過陰陽。五行之用，莫先水火。上篇首天地，陰陽之正也，故以水火之正終焉。下篇首夫婦，陰陽之交也，故以水火之交終焉。」

　　李子思曰〔註189〕：「陰陽之氣，往來天地之間，或不能無過差，故聖人作《易》，於《頤》、《大過》之後繼之以《坎》、《離》，蓋以陰陽之中而救大過之弊；於《中孚》、《小過》之後繼之以《既濟》、《未濟》，亦以陰陽之交而中者救小過之弊也。」

　　趙胥山曰〔註190〕：「邵子云：『天下將治，地氣自北而南，將亂則自南而北。』未濟從坎入離，則自北而南；既濟從離入坎，則自南而北。」

　　莊生曰〔註191〕：「以禮飲酒者，始乎治，嘗〔註192〕卒乎亂。」事無大小，未有不以亂終者。亂從方寸之地起，所以聖人教人，只要惺然不昧，朝氣用事，為始然之火，勿為既倒之瀾，方是致治保邦長策。故《既濟》、《未濟》皆以「濡首」為戒。《乾·傳》曰：「首出庶物，萬國咸寧。」私記補遺。

---

〔註187〕見張振淵《周易說統》卷十八《未濟》。按：此指二十五卷本《周易說統》，十二卷本無。

〔註188〕見李過《西溪易說》卷十二《未濟》。

〔註189〕見張振淵《周易說統》卷八《未濟》、何楷《古周易訂詁》卷六《既濟未濟》。

〔註190〕趙胥山即趙振芳，著《易原》二卷，有清順治蕉白居刻本，見《四庫全書存目叢書》經部第30冊。此語尚未檢得，俟再檢。

〔註191〕見《莊子·人間世》。

〔註192〕「嘗」，《莊子》作「常」。

# 《周易玩辭困學記》卷十三

## 繫辭上傳

吳幼清曰〔註1〕：「繫者，謂如綴繩於物。辭者，易書之言也。」胡庭芳曰〔註2〕：「《繫辭》乃象數之總括、義理之淵藪。《易》無《繫辭》，猶天無日月，人無眼目。」按：舊本無「傳」字。程、朱本稱上傳下傳，以別於經。《歐陽石經》分章，悉依韓注。今俱遵《本義》。《本義》有未安者，私附數語以明經旨。

天尊地卑，乾坤定矣。卑高以陳，貴賤位矣。動靜有常，剛柔斷矣。方以類聚，物以群分，吉凶生矣。在天成象，在地成形，變化見矣。是故剛柔相摩，八卦相盪。鼓之以雷霆，潤之以風雨。日月運行，一寒一暑。乾道成男，坤道成女。乾知，讀。大始；坤作，讀。成物。乾以易知，坤以簡能。易則易知，簡則易從。易知則有親，易從則有功。有親則可久，有功則可大。可久則賢人之德，可大則賢人之業。易簡，而天下之理得矣。天下之理得，而成位乎其中矣。卑，從ナ從甲。徐鍇曰：右重而左卑，ナ在甲之下，卑也。會意。《石經》作「卑」。鼓從支。徐鍇曰：陰陽相激而為雷，雷激而為霆。霆，霹靂也。《爾雅》：疾雷謂之霆。

此《繫辭》第一義，言伏羲作《易》，本於易簡易成。而易簡之道，察於天地，徵於人事。天、地、人並立，而為三矣。

---

〔註1〕見吳澄《易纂言》卷七《繫辭上傳》。
〔註2〕見胡一桂《周易本義啟蒙翼傳》下篇《辯疑‧歐公圖書恠妄之疑》。

「天尊地卑」數句，非徒說畫前有易，正發明易簡道理，見得乾坤、貴賤、剛柔、吉凶、變化。易中所有，不假安排，件件端正，充滿流動，劃然透露。剛柔八卦相摩相蕩，雷霆風雨盤旋薆激，男男女女生生化化，成此一個世界，不知其為天地、為聖人、為易。夫子到此，亦不知是說天地、說聖人、說易，但見乾清坤寧。「始」者始，「成」者成，無聲無臭，至易至簡，默而成之，存乎其人而已。私記。

尊卑與卑高不同。卑高不過形體之高下而已。「尊者，能主於上之意；卑者，能屈於下之意。尊非健不能，卑非順不能尊。」〔註3〕卑即乾始坤承之至理，故曰「乾坤定矣」。動亦有時靜，而動者其常；靜亦有時動，而靜者其常。剛者必動，而動者決，由於所性之剛；柔者必靜，而靜者決，由於所性之柔。

「方」即東南西北，東南柔脆，西北剛強，各以類而聚。「物」者，萬物。人與人為群，而人之中又各自為群；物與物為群，而物之中又各自為群。兩不相與，則無失得，有何吉凶？「聚」者聚，「分」者分，愛惡相攻，而「吉凶生矣」。「象」者，形之精華發於上者也。「形」者，象之體質留於下者也。一而兩，兩而一，所以謂之「變化」。

《大傳》首提出「乾坤」二字。若「貴賤」、「剛柔」、「變化」，乃夫子《彖傳》、《象傳》中標出，卦爻中原無此名目，獨有「吉」、「凶」二字耳。六十四卦總是一「乾坤」，而此等乃其中所具之對象。夫子論「乾坤」而並及之，不可以「貴賤」等與「乾坤」並列也。〔註4〕

「是故」二字，不是文章家接角鬭筍套語，此與上五「矣」字語脈相承，正描畫「易簡」二字精神。蓋氣機到此，遏捺不住，自然「相摩相蕩」，自然為雷為霆，自然成男成女。若說聖人作《易》，便是有為之法，便不是「易簡」。私記。

「相摩相蕩」，總此乾坤世界，故疊言「乾」、「坤」，而歸諸「易簡」。乾坤，《易》中所有。「易簡」二字，夫子獨得之秘，文王、周公所不言。伏羲仰觀俯察，將天地人物許多道理收拾在奇耦二畫，即此便是「易簡」。夫子從此悟入，覺有無窮意味，曰「易知」、「易從」，曰「有親」、「有功」，曰「可久」、

---

〔註3〕潘士藻《讀易述》卷十一《繫辭上傳》：「彭山曰：『尊者，能主於上之意。卑者，能屈於下之意。定者，一定而不易也。尊卑以道言，乾坤以德言。尊非健不能，卑非順不能。尊者不能自尊，卑者不能自卑，則乾坤毀矣，不可以為定。』」
〔註4〕此一節見焦竑《易筌》卷五《繫辭上傳》。

「可大」，曰「賢人之德」、「賢人之業」。「易簡」之妙如此。不知是天地、是人、是易，總此乾坤而已。私記。

**歸熙甫曰**〔註5〕：「造化一氣也，而分為先後；生成一物也，而別為乾坤。有始之機，無始之跡；有成之功，無成之事。始者不能不始，成者不能不成，故曰『易簡』。」

**張常甫曰**〔註6〕：「事莫難於造始，而『乾以易知』；能常見於多事，而『坤以簡能』。是故厚於力者力不費，周於才者才不顯。力不費故動而不測，才不顯故功成而人不知。」按：此知不與行對。知行之知，涉於情識，從此知中流出，是第二念，非「大始」也。此知乃太虛中一點靈氣。生天生地，生人生物，在萬有之先，故曰「大始」，即所謂太極也。晦庵以主訓知，謂如知州知縣之知，以末俗語言釋太古文字，相去遠矣。私記。

「易簡」如就人事言，只是良知良能，更無別物。如孺子入井，奔走營救，一時俱到，何曾擬議商量？可見一舉念之頃，乾也在此，坤也在此，天地也在此，聖賢也在此。此是作《易》根源。會得此旨，六十四卦、三百八十四爻，一言可蔽。孟子謂「不學而知，不慮而能」，此千聖滴骨之血。後之譚《易》者，圖書象數，支支離離，異端小道，聖學之罪人也。私記。

**郭相奎曰**：謂之「成位」，則「成男」、「成女」為不虛矣。「夫以藐然之身，而與天地頡頏，宜有異人術，而止一易簡。」〔註7〕則聖賢大非難事，人特自暴自棄耳。

**韓康伯曰**〔註8〕：「順萬物之情，故曰『有親』。通天下之志，故曰『有功』。」親，親切也。功，功效也。親切乎中，亹亹而不息，故「可久」，功同乎人，自積漸而日益，故「可大」。〔註9〕

賢即「賢於堯舜」之賢，非下聖人一等。

**張邦奇曰**〔註10〕：「所謂『天下之理』者，何也？高者、卑者、動者、靜者、類聚者、群分者、成形成象者，莫不由於『易簡』而各得其分位也。」

---

〔註5〕見歸有光《易經淵旨》卷下《繫辭上傳》。（第58頁）
〔註6〕見張邦奇《張邦奇集》養心亭集卷三《易說下·繫辭上傳》。又見曹學佺《周易可說》卷五《繫辭上傳》，未言係引用。
〔註7〕見郭子章（字相奎）《郭氏易解》卷十一《繫辭上傳·首章總論》（第160頁）。
〔註8〕見《周易正義》卷十一《繫辭上》。
〔註9〕此一節見潘士藻《讀易述》卷十一《繫辭上傳》。
〔註10〕見潘士藻《讀易述》卷十一《繫辭上傳》。

讀《語》、《孟》書，覺有首尾蹤跡可尋。《繫辭》此章，一片天機化工之筆，讀之如登泰山之巔，將天地萬物從容指點。一部《易》書，森然羅列，意到筆隨，冉冉收歸。「易簡」起結過渡，絕無痕跡。學者但當靜觀冥會，領其大意。著一語言，如描畫虛空。添一筆，便多一筆色象。虛空安在哉？私記。

《本義》：「右第一章。」

聖人設卦觀象，繫辭焉而明吉凶。虞翻本「吉凶」下有「悔吝」字。剛柔相推，而生變化。是故吉凶者，失得之象也；悔吝者，憂虞之象也；變化者，進退之象也；剛柔者，晝夜之象也。六爻之動，三極之道也。是故君子所居而安者，《易》之序也；虞翻本「序」作「象」。所樂而玩者，爻之辭也。是故君子居則觀其象而玩其辭，動則觀其變而玩其占。是以自天祐之，吉無不利。《字書》：占，測也。從卜從口。

上章言伏羲畫卦，此言文、周繫辭。而以君子學《易》終之，非贊君子也，正見辭中道理須臾不可離之意。郝仲輿曰〔註11〕：「聖人所以泄造化之秘，繼往開來者，至辭無餘法矣。世儒欲捨辭而譚《易》，多見其不知量也。」

「觀象」、「繫辭」是一篇綱領。「剛柔」、「變化」乃聖人所觀之象，為繫辭張本。張有如曰〔註12〕：「此章以辭歸象，以象歸變，以變歸道，節節遡上，如迎龍取脈，蓋後後推於前前，所謂『易有太極』者可思矣。」

從有《易》以來，吉凶之理雖具，卻未嘗明白說出。自文、周繫辭，而吉凶始大明於天下。然辭非象，則無根據，故「繫辭」工夫全在「觀象」。蓋觀某卦之吉凶生於某畫之變化，某畫之變化生於陰陽之推移，而辭乃若江河之決矣。

諸景陽曰〔註13〕：「剛柔無跡，豈有為之推，而前之所移若迫於後，故因而謂之推。奇耦無心，豈有為之生，而彼之所易若根於此，故因而謂之生。」

龔深父曰〔註14〕：「悔從心從每，心每有之不忘，故積之而成吉。吝從文從口，口以為是而不改，故積之而成凶。虞，娛樂也。方其娛樂，自謂得意，

〔註11〕郝敬《周易正解》、《談經》未見此語。
　　　　按：郝敬另有《易領》四卷、《問易補》七卷、《學易枝言》四卷，或恐出其中。
〔註12〕不詳。
〔註13〕見張振淵《周易說統》卷九《繫辭上傳》、曹學佺《周易可說》卷五《繫辭上傳》。
〔註14〕不詳。

而聖人以為可羞也。」《易旁通》曰〔註15〕：「或謂虞為度」，非也。憂則悔矣，度何以吝乎？古字「虞」與「娛」同。《孟子》：「霸者之民驩虞。」《戰國策》：「顏斶云：『清淨貞正以自虞。』」《毛詩序》：「以禮自虞。」《漢書・郊祀歌》：「合好效歡虞。」太史〔註16〕《魏相傳》：「君安虞而民和睦。」

「變化」者，剛柔之流行。「剛柔」者，變化之體質。「進退」者，造化消息之機。「晝夜」者，造化晦明之序。

「六爻之動」總括上文。動即變化也。天一息不動則天道缺，地一息不動則地道裂，人一息不動則人道滅。「極」，屋棟也。屋非棟不成，三才非道不立。「立天之道，曰陰與陽。立地之道，曰柔與剛。立人之道，曰仁與義。」陰陽、柔剛、仁義變化無端，所謂「動」也。非動不立，非立不動。合言之為太極，分言之為「三極」。

「序」猶時序。卦有《否》、《泰》、《剝》、《復》，爻有潛、見、飛、躍，如階級次第，不容攙越，故居之而安。一爻自為一義，一事自為一理，圓轉活潑，愈研窮愈有味，故玩之而樂。胡仲虎曰〔註17〕：「居安是安分，樂玩是窮理。安分則窮理愈精，窮理則安分愈固。」

孔仲達曰〔註18〕：卦與爻俱有辭，但爻有變化，取象既多，析理更精，尤君子所愛樂，故特云『爻之辭』。

「居則觀象」二句，見用《易》工夫無間，不以無事而自遠於《易》。及其謀及蓍龜，又不以為已精已熟，而遂忽於心。

朱康流曰〔註19〕：「卦爻未立，極渾而為一，故主靜。卦爻既立，極殽而為三，故主動。動者，變變化化，不滯於一，而未始不一也。一則未有不吉也。居而安之，樂而玩之，易之理得則天之理得，天之理得則天下之理無不得。有得無失，又何憂虞？故曰「自天祐之，吉無不利」。吉凶悔吝者，聖人作易以垂教。有吉無凶悔吝者，君子用易以立命。」

---

〔註15〕不詳。

〔註16〕語見班固《漢書》卷七十四《魏相傳》。作「太史」誤。

〔註17〕見胡炳文《周易本義通釋》卷五《繫辭上傳》。

〔註18〕《周易正義》卷十一《繫辭上》孔《疏》：「卦之與爻，皆有其辭，但爻有變化，取象既多，以知得失。故君子尤所愛樂，所以特云『爻之辭』也。」而錢士升《周易揆》卷十《繫辭上傳》：「孔《疏》：『卦與爻俱有辭，但爻有變化，取象既多，以知得失，尤君子所愛樂，故特云『爻之辭』。』」此節恐據此引錄。

〔註19〕見朱朝瑛《讀易略記・繫辭上傳》。（《四庫全書存目叢書》經部第24冊，第827頁）

吉凶悔吝，辭耳，而得失憂虞寓焉。變化剛柔，象耳，而進退晝夜寓焉。六爻之動，爻耳，而三極之道寓焉。易之精妙若此。君子能捨此而別有所安、別有所樂哉？能捨此而別有所觀、別有所玩哉？人見君子之「吉無不利」，以為此有「天祐」，孰知自易中來哉？聖人「觀象」、「繫辭」之功用若此。

《本義》：「右第二章。」

彖者，言乎象者也。爻者，言乎變者也。吉凶者，言乎其失得也。悔吝者，言乎其小疵也。无咎者，善補過也。是故列貴賤者存乎位，齊小大者存乎卦，辯吉凶者存乎辭，憂悔吝者存乎介，震无咎者存乎悔。是故卦有小大，辭有險易。辭也者，各指其所之。

上言繫辭，此言辭中通例，以明其憂世覺民之意。蓋恐讀《易》者不解立言旨趣，故反覆發明若此。

歸熙甫曰〔註20〕：「易有實理而無實事，故謂之象，卦立而象形。彖者，言乎象者也。易有定理而無定用，故謂之變，爻立而變生。爻者，言乎變者也。」○〔註21〕「言乎象」二句，多二「者」字宜會。「吉凶者」二句，二「其」字指卦爻言。

爻言乎變。言變者，言其位之貴賤，「故列貴賤者存乎位」。《彖》言乎象。言象者，言其卦之小大，故「齊小大者存乎卦」。

楊中立曰〔註22〕：天道貴陽而賤陰，陰陽有貴賤之理，而列貴賤者，必託六位而後明。陽大而陰小，陰陽有大小之理，而齊小大者，必假卦象而後顯。

「『齊』者，有所統一之謂。陰小陽大，雖若不齊，惟當其時位者，能為一卦之主而用事焉，故曰『齊』。」〔註23〕

孫質庵曰〔註24〕：「吉凶皆已定之局，轉關處全在『介』、『悔』兩字。易中陰陽消息之間，剛柔當否之際，所謂『介』也。『介』即天理人慾路口。此

---

〔註20〕張振淵《周易說統》卷九《繫辭上傳》：「易有實理而無實事，故謂之象。卦立而象形，語意峻潔而渾成。易有定理而無定用，故謂之變。爻立而變著，條理精密而疎暢。」另外，此處引文又見程廷祚《大易擇言》卷三十四《繫辭上傳》，稱「張氏彥陵曰」。

〔註21〕此處原為空格，今以「○」區分。

〔註22〕見胡廣《周易大全》卷二十二《繫辭上傳》、姜寶《周易傳義補疑》卷九《繫辭上傳》、張振淵《周易說統》卷九《繫辭上傳》。

〔註23〕見焦竑《易筌》卷五《繫辭上傳》。

〔註24〕見張振淵《周易說統》卷九《繫辭上傳》。

處一失，挽回甚難，故須『憂』。『憂』有臨深履薄之意。易中時位既極之餘，機緘變動之候，所謂『悔』也。悔即良心覺悟時節。此念一墮，因循過了日子，故須『震』。『震』有迅雷烈風之象。『介』在事前，『悔』在事後。」

孫淮海曰〔註25〕：「君子之居而動也，盡善之謂得，盡不善之謂失，小不善之謂疵，不明乎善而誤入於不善之謂過。盡善而得則吉，盡不善而失則凶。覺其小不善，欲改而不及，則有悔。□□□□□〔註26〕，猶可以改，□□□□〔註27〕或苟安而不肯改，則為吝。當悔吝之萌，不以小疵自恕，以求補過，則无咎。積疵則為過，積過則為失，積失則為凶，積補過則為无咎，積无咎則為得，積得則為吉。此一念之微，而關係甚大，君子所以貴慎獨與？」

聖人憂世覺民，不險其辭，則人將懈怠而無震懼之心；不易其詞，則人又危疑而無自全之策。〔註28〕惟就險易中，指其當行之路，則趨避者有定準，就理者無他岐。天下後世知有大道，而不可欺以邪徑；信有易地，而不可惑以險途。

《本義》：「右第三章。」


《易》與天地準，故能彌綸天地之道。準，從水。

前三章言畫卦繫辭，此則以聖人用易而贊易道之大，觀諸「故」字便知脈絡。

《字書》：準，擬也，倣也。「準」非與天地齊，「準」乃取準於天地，即效天法地之謂。「彌」是彌縫，兼陰兼陽，合萬為一，無少滲漏之謂。「綸」是經綸，分陰分陽，一實萬分，各有條理之謂。〔註29〕「準」字內有無數工夫

---

〔註25〕見潘士藻《讀易述》卷十一《繫辭上傳》，稱「淮海曰」。按：原出孫應鰲《淮海易談》卷四。(《四庫全書存目叢書》經部第 7 冊，第 702 頁)

〔註26〕「□□□□□」，《淮海易談》、《讀易述》作「不覺其小不善」，四庫本作「不善雖未改」。

〔註27〕「□□□□」，《淮海易談》、《讀易述》作「或不及改」，四庫本作「乃」。

〔註28〕張振淵《周易說統》卷九《繫辭上傳》：「吳因之曰：『此可見聖人繫辭，無非示人之向往，當由乎易而不可入於險也。不險其辭，則使天下懈怠而無震攝之心；不易其辭，則使天下危疑而無自全之策。險易自當兩存而不廢，故曰『辭也者，各指其所之』。』」

〔註29〕張振淵《周易說統》卷九《繫辭上傳》：「孫賢菴曰：『天地之道，即下文幽明死生 神仁知與夫天地之化育萬物之生成，揔不出乎陰陽之變而已。準是准其道，非准其形，兩句一直說下，故能字要看得省力。彌是種種周密，綸是件件分明。易只是陰陽而已，兼陰兼陽，合萬為一，無少滲漏，便是彌；分

氣力，故下一「能」字。二句是一篇綱領，下乃反覆發明此意，理無淺深，而語有次第。

**仰以觀於天文，俯以察於地理，是故知幽明之故。原始反終，故知死生之說。精氣為物，遊魂為變，是故知鬼神之情狀。**

朱康流曰〔註30〕：「仰以觀於天文，而知天者，乾之氣；風雷日月者，震巽坎離之氣也。俯以察於地理，而知地者，坤之氣；水火山澤者，坎離艮兌之氣也。健順、動入、陷麗、止說，幽而託於性情者，明而達於天文地理。凡幽明之所以相感者，觀於易而知其不隔也。『帝出乎震』而其始寔原於艮，『勞乎坎』而其終寔反乎艮。艮為萬物之終始。以是知物之死者，為天命之時止則止；其生者，為天命之時行則行。凡死生之所以相禪者，觀於易而知其不二也。乾為陽物，魂與坤遊而變為巽離兌；坤為陰物，魂與乾遊而變為震坎艮。以是知二老退居，鬼之屈者，『藏諸用』；六子用事，神之伸者，『顯諸仁』。凡鬼神之所以相濟者，觀於易而知其不窮也。」

馮元敏曰〔註31〕：「雲漢氣通於河海，山川呈精於列宿，人事昭彰於象緯，三垣包六合之圖，分野定九州之域，可見天地幽明，默相感通，本同一氣。」

「原」者，追究於未有之先。「反」者，要歸於不到之地。原所以始，而反所以終，則知天地有無始無終者在，而吾身有不生不死者存，此死生之說也。

「『精氣』即『遊魂』之所凝聚，『遊魂』即『精氣』之所運用。精氣遊魂，具而為人，故曰『人者，陰陽之交，鬼神之會』。」〔註32〕《左傳》曰：「人生始化曰魄，既生魄陽曰魂始。」化者，略成形質，初結胚胎，於是成魄。既成魄已，然後成魂。魂者，陽之靈而氣之英。魄者，陰之靈而體之精也。《易》曰：「精氣為物，遊魂為變。」魂即神也，精氣即魄也。遊魂非死，而魂升即心之神，出入無時，莫知其鄉者也。「為物」、「為變」，便是鬼神情

---

陰分陽，一實萬分，各有條理，便是綸。二字不平。彌是就其中包括得盡說，綸是就其中各有條理說。不但彌綸天地，而曰彌綸天地之道，直舉天地所以定位之理，聯合而分理之，非精通造化者不能也。』

〔註30〕見朱朝瑛《讀易略記‧繫辭上傳》。（《四庫全書存目叢書》經部第 24 冊，第 828 頁）

〔註31〕馮時可《易說》卷五《易系雜解》未見此語，俟考。

〔註32〕潘士藻《讀易述》卷十一《繫辭上傳》，稱「章氏曰」。

狀。「聖人教人，只在自身中認取。」〔註33〕若謂生則為物，為神之伸；死則為變，為鬼之歸；則所知亦淺矣。鬼神情狀，大端有數種。有一種効靈造化，主持世運，如社稷山川之屬；有一種聰明正直，精爽不磨，如忠臣孝子之屬；有一種焄蒿悽愴，洋洋如在，如木本水源之屬；有一種強魂怒氣，鬱結不散，如國殤嫠婦之屬；有一種依草附木，為妖為孽，如魑魅魍魎之屬。至於山林曠野，燐火聚散，難以悉數。要之，福善禍淫是其情，不見不聞，體物不遺是其狀。情狀多端，聖人只在魂氣聚散倏有倏無之處，洞如觀火。天下極奇幻之事，聖人只作平常看，大要若此。私記。

　　**與天地相似，故不違。知周乎萬物而道濟天下，故不過。旁行而不流，樂天知命，故不憂。安土敦乎仁，故能愛。**

　　《易揆》〔註34〕：「『無遠近幽深，遂知來物』是『知周萬物』。『開物成務』是『道濟天下』。『窮則變，變則通，皆天則』是『旁行不流』。『隨時消息，與化俱徂』，是『樂天知命』。『隨其所處，體元長人』是『安土敦仁』。」

　　沈氏曰〔註35〕：「『知周萬物』者，常懷輕世之心，以為是區區者不足為。所謂過猶不及，易智愈大，心愈細，必以道濟天下，故『不過』。」

　　玩「故」字語氣，「旁行不流，樂天知命」是一串意，此言《易》也須以人事論，道理始透。大抵事值險阻，正路行不去，須是旁行。旁行則如水之泛濫，易至於流。流則事求可、功求成，逆天違命，自投陷阱，其為可憂，莫大於此。聖人欛柄在手，隨他經權曲折，只是盡其理之當然，任其數之自然，坦坦蕩蕩，何憂之有？安土與懷土不同。懷是繫戀，安是隨遇而安。人惟不安土，便思損人利己，本來慈祥之體，漸就刻薄，雖欲愛人而不能矣。聖人不

────────────

〔註33〕潘士藻《讀易述》卷十一《繫辭上傳》：「聖人只教人從自家身中認取。」
〔註34〕錢士升《周易揆》卷十《繫辭上傳》：「惟相準故相似，惟相似故不違。何謂？相似『知周萬物』似『天道濟』天下似地程子云：義之所包，知也。二篇之策，當萬物之數。『無遠近幽深，遂知來物』，是『知能周萬物』也。『以通天下之志，以定天下之業，以斷天下之疑』，是『道能濟天下』也。過即大過、小過之過。毗陰毗陽，皆謂之過。易貴時中，故不過也。『易窮則變，變則通而皆合天則』，故『旁行而不流』。『審時知數莫如易』，故『樂天知命』而『不憂』。『體元長人莫如易』，故『安土敦仁』而『能愛』。『不流』、『不憂』申『知周萬物』，『能愛』申『道濟天下』，凡此皆易之為教也。易非有憂愛之情，聖人以其知仁寓之於易。易之不憂能愛，即聖人之不憂能愛也。」
〔註35〕見沈一貫《易學》卷九《繫辭上傳》。

論順境逆境，死心塌地，培植自家這點良心，惻怛之誠，觸處發見，遏他不住，故不徒曰愛而曰「能愛」。私記。

範圍天地之化而不過，曲成萬物而不遺，通乎晝夜之道而知，故神無方而《易》無體。

天地之化，滔滔不窮，若無分至啟閉為之節限，有何程度？所謂過也。易以陰陽範圍之，生長收藏，截然不逾，如金在範，各成形器；如牆有圍，各分界限；何過之有？

一物有一物之性情，任我的性不得，任物的性不得，以一物之性御眾物又不得，須是婉轉圓通，相其陰陽、胎卵、濕化，各得其所，謂之「曲成不遺」。私記。

晦明者，一日之晝夜也。寒暑者，一歲之晝夜也。元會運世，古今之晝夜也。戚然寐，蓬然覺，眾人之晝夜也。「出息不隨眾緣，入息不墮陰界」〔註36〕，至人之晝夜也。相隔者，其時也。相通者，其道也。通乎晝夜之道而知。知者，無晝無夜，萬古不息者也。動存息養，朝乾夕惕，是通晝夜本領。私記。

人心之神棲息於方寸，可謂有方矣。出入無時，莫知其鄉，何方之有？聖人之易託象於奇耦，可謂有體矣。上下無常，剛柔相易，何體之有？「無方」、「無體」這兩句話，人人曉得，但說到此未免空虛莽蕩，毫無實用。聖人推原其故，歸諸「範圍」、「曲成」、「通知」。見〔註37〕所謂無方無體者，實樸樸有許多妙處。若不是「範圍」、「曲成」、「通知」，不見無方無體之功用。若有方有體，則囿於一隅，著於形跡，如何範天地、成萬物、通晝夜？有無雙泯，虛實互用。聖學之別於異端，全在於此。私記。

《本義》：「右第四章。」

一陰一陽之謂道。繼之者善也，成之者性也。仁者見之謂之仁，知者見之謂之知，百姓日用而不知，故君子之道鮮矣。顯諸仁，藏諸用，鼓萬物而不與聖人同憂，盛德大業至矣哉！富有之謂大業，日新之謂盛德，生生之謂易，成象之謂乾，效法之謂坤，極數知來之謂占，通變之謂事，陰陽不測之謂神。

---

〔註36〕釋普濟《五燈會元》卷一《西天祖師‧二十七祖般若多羅尊者》：「貧道出息不隨眾緣，入息不居蘊界。」

〔註37〕「見」上，四庫本有「不」，誤。

前章言道言易言神，皆言陰陽也，尚未曾說破，至此則滿盤托出。何謂道？「一陰一陽之謂道。」何謂易？「生生之謂易」。何謂神？「陰陽不測之謂神」。《易》之精蘊發洩無餘矣。

渾淪世界，只是陰陽兩件。大而天地，微而洪纖動植，更無別物。聖人於陰陽上加兩「一」字，有對峙不易之義，有流轉不滯之義，又有次序相因之義，即此是道。道者，自然無為，不落形器之名也。「陰陽相續，貞又為元，此太和渾淪之體，則謂之善。陰陽化生，成男成女，此秉彝各足之真，則謂之性。善者，性之原。性者，善之實。」〔註38〕性善之名立，而陰陽漸非其初矣。於是有仁知之偏見，有百姓之無知，求其有得於陰陽而為君子者，亦鮮矣。而道之在天地者，固自若也。其顯也，「顯諸仁」。其藏也，「藏諸用」。一顯一藏，鼓舞萬物，語其業則「富有」，語其德則「日新」。富有日新，生生不窮，而易行乎其中矣。「生而成象則謂之乾，生而效法則謂之坤」〔註39〕，乾坤立而有數。「極數知來之謂占。」數極而有變，「通變之謂事」。若是者，皆陰陽也。陰陽其可測乎？為天地、為聖人、為仁知、為百姓、為乾坤、為占事，孰非陰陽又孰為陰而孰為陽，「神」也。「神」也者，妙萬物而為言者也。私記。

聖人文字，言簡理盡，直指陰陽為道，本以明民。儒者好為高論，反墮幽渺。程氏謂〔註40〕「道非陰陽。所以陰陽，是道」；朱氏謂〔註41〕「陰陽迭運者，氣也。其理則所謂道。」多一轉折，即多一意見，即多一語言，即多一障礙，不如屏除諸論，靜中涵泳，覺「一陰一陽」句有自然之味也。私記。

「一陰一陽」就造化流行上說，「繼善」就天所賦、人所受中間過接上說，「成性」就人心稟受上說。善如金方在鎔，性如金已成器。性而曰成，原是完全。纔過人身，便落氣質，便有偏全，便分仁智、百姓。

---

〔註38〕見潘士藻《讀易述》卷十一《繫辭上傳》。按：朱長文《易經解·上繫》：「繼者，陰陽相續成者。陰陽化生，天命流行，元氣渾淪，所謂『善』也。人物所稟，各正保合，所謂『性』也。善者，性之原。性者，善之實。」

〔註39〕熊過《周易象旨決錄》卷五《繫辭》：「一陽生而成象之謂乾，一陰生而效法之謂坤。」

〔註40〕程顥《二程遺書》卷三《謝顯道記憶平日語》：「一陰一陽之謂道，道非陰陽也。所以一陰一陽，道也。如一闔一闢謂之變。」按：黎靖德《朱子語類》卷七十四：「一陰一陽之謂道，陰陽是氣，不是道。所以為陰陽者，乃道也。」

〔註41〕見朱熹《周易本義》卷三《繫辭上傳》。

「顯仁」、「藏用」正是「一陰一陽」之實際，正是「繼善」、「成性」之根源。顯而藏，藏而顯，循環無端，如鑄者之吹洪爐，如舞者之伐鼉鼓，要生便生，要成便成，萬紫千紅，何等酣暢，何等興趣，與聖人之悲天憫人者大不同矣。程正叔曰〔註42〕：「天地無心而成化，聖人有心而無為。」私記。

龍藏於潛，聖藏於密，天地藏諸用。知用之為藏，則知仁之為顯矣。私記。

胡仲虎曰〔註43〕：「『顯』、『藏』二字與《中庸》『費』、『隱』相似。隱在費中，費之外無所謂隱。藏在顯中，顯之外無所謂藏。蓋『顯仁』是用之跡，而『盛德』之所以行；『藏用』即仁之心，而『大業』之所以立。藏而愈有，顯而愈新，即所謂『生生之易』。」

「盛德」、「大業」是聖人分中事。以此贊天地，是極奇語，故復為明白指點。張子厚謂〔註44〕：「『富有』者，大而無外；『日新』者，久而無窮。」「富有」、「日新」是說造化生理，即從生理轉到《易》上，了無痕跡。趙震潛曰〔註45〕：「『生生之謂易』是一篇關鍵。若就本節論，是造化人物相生之理。若兼上文言，則繼成之相因、仁知之遞用、德業之互根，皆生生所在。若兼下文言，則法象之相禪、占事之相因，亦皆生生所在。」

不獨曰「生」而曰「生生」，曰「生」是死語，曰「生生」是去故就新，不捨晝夜之意。陸機曰〔註46〕：「謝朝華於已披，啟夕秀於未振。」眼前所見，無一故物；胸中所思，無一宿垢。彼此互換，今昔相乘，是之謂易。造化人事盡於此矣。私記。

「成象」謂奇畫，「效法」謂耦畫。自無而有謂「成象」，自奇而耦謂「效法」。「效法」者，效法乎乾也，效乾之一奇而為二耦也。有乾坤即有數，究而極之，彰往而知來。有數即有變，推而行之，開物而成務。

綱維於「繼善」、「成性」之中，迭用於「顯仁」、「藏用」之際，變化於陰陽「生生」之內，流行於「乾」、「坤」、「占」、「事」之間，節節有「一陰一陽」之道，則節節有「陰陽不測」之神。「陰陽不測」，就在兩「一」字看出。

〔註42〕程頤《程氏經說》卷一《易說・繫辭》。
〔註43〕見胡炳文《周易本義通釋》卷五《繫辭上傳》。按：朱長文《易經解・上繫》：「藏而愈有，顯而愈新，動靜相生，循環不已，是之謂易。」
〔註44〕見李衡《周易義海撮要》卷七《繫辭上》、朱震《漢上易傳》卷七《繫辭上傳》、董真卿《周易會通》卷十二《繫辭上傳》、胡炳文《周易本義通釋》卷五《繫辭上傳》。
〔註45〕不詳。
〔註46〕見陸機《文賦》。

　　**王輔嗣曰**〔註47〕：「兩儀之運，萬物之動，豈有使之然哉？莫不獨化於太虛，欻爾而自造矣。造之非我，理自玄應；化之無主，數自冥運。故不知所以然，而況之曰神。是以明兩儀以太極為始，言變化而稱極乎神也。夫唯知天之所為者，窮理體化，坐忘遺照。至虛而善應，則以道為稱。不思而玄覽，則以神為名。蓋資道而同乎道，由神而冥於神者也。」

　　**《本義》**：「右第五章。」

　　夫《易》，廣矣大矣。以言乎遠則不禦，以言乎邇則靜而正，以言乎天地之間則備矣。夫乾，其靜也專，其動也直，是以大生焉。夫坤，其靜也翕，其動也闢，是以廣生焉。廣大配天地，變通配四時，陰陽之義配日月，易簡之善配至德。

　　**蘇君禹曰**〔註48〕：「此章非徒鋪張易之廣大，欲人知其所以廣大也。」

　　前數章俱洗發易理，此乃贊《易》之廣大。何以見其廣大也？遠不禦，邇靜正，天地之間備，非廣大而何？其所以廣大者，何也？《易》不外乾坤。〔註49〕乾坤力量，於動靜間見之。試以人事論，凡人不專一，不能直遂，不直遂則氣力不全，生何以得大？不翕聚，不能發散，不發散則氣力不厚，生何以得廣？〔註50〕今乾靜專而動直，坤靜翕而動闢，則「大生」、「廣生」而「廣大配天地」矣。天地中之寒暑日月，有不與之相配者乎？凡靜而不專、動而不直，便不是「易」；靜而不翕、動而不闢，便不是「簡」。蓋一有擬議，一有作為，便非無思無為、不學不慮之體，故曰「易簡之善配至德」。

　　**蘇子瞻曰**〔註51〕：「乾之靜也，絕意於動，而其動也不可復回。坤之靜也，斂之無餘，而其動也發之必盡。」**季明德曰**〔註52〕：「乾靜專，坤靜翕，譬如

〔註47〕王《注》見《周易正義》卷十一《繫辭上》。
〔註48〕見蘇濬《生生篇·繫辭上傳》。
〔註49〕張邦奇《張邦奇集》養心亭集卷三《易說下》：「《易》之所有，不過乾坤，則其遠不禦、邇靜正，而備有天地之間，豈虛語哉！」
〔註50〕程顥《二程遺書》卷十一《師訓》：「乾，陽也，不動則不剛。其靜也專，其動也直，不專一則不能直遂。坤，陰也，不靜則不柔。其靜也翕，其動也闢，不翕聚則不能發散。」
〔註51〕見蘇軾《東坡易傳》卷七《繫辭傳上》。
〔註52〕見季本《易學四同》卷五《繫辭上傳》。又見潘士藻《讀易述》卷十一《繫辭上傳》，稱「彭山曰」。又見曹學佺《周易可說》卷五《繫辭上傳》，不言係引用。

人之在家，乾端居靜攝，而坤則為之闔戶。乾動直，坤動闢，譬如人之出外，乾掉臂直行，而坤則為之辟戶。」

靜專動直，靜翕動闢，不必於卦上尋求，只在自心中理會。若是無心則墮頑空，所謂專直翕闢者何物？若是有心則涉妄想，又不得稱專直、稱翕闢矣。大抵天地人毫無兩樣。朕兆未啟，一真不散，謂之專；任真而出，無所回曲，謂之直；收斂得固，生意不泄，謂之翕；氣機一到，通達無礙，謂之辟。此是何等力量，故謂之廣大；何等自然，故謂之易簡。不易簡必不能廣大，不廣大亦非易簡之本體也。

「大」言周徧之不遺，「廣」言包含之無盡。《本義》曰〔註53〕：「乾一而實，故以質言而曰『大』；坤二而虛，故以量言而曰『廣』。」廣大雖分屬乾坤，然動則俱動，靜則俱靜，有乾坤之分，而無先後之別，行文不得不分析言之耳。私記。

論廣大至配天地，極矣。然不說到「四時」、「日月」，則天地之所為廣大處猶未見得；不推到「易簡」，則天地之所以廣大處猶未盡得。故究極言之。《中庸》「為物不貳，生物不測」二語，足盡天地之道。本傳「寂然不動，感而遂通」二句，足盡聖賢之學。

坎，陽也，而月象。離，陰也，而日象。五陰未消也，而曰「七日」；二陽正長也，而曰「八月」。其盈皆陽，而其昃則皆陰；其魄皆陰，而其明又皆陽。莫不有精義存焉，故不徒曰「陰陽」，而曰「陰陽之義」。

**胡仲虎曰**〔註54〕：「首章言乾坤之尊卑而歸諸『易簡』，此章言乾坤之廣大而亦歸諸『易簡』，總見易不在天地，而在人心也。」按：上傳贊《易》至此章作一小結束，故下特標「子曰」以起義。

《本義》：「右第六章。」

子曰：《易》其至矣乎！夫《易》，聖人所以崇德而廣業也。知崇禮卑，崇效天，卑法地。天地設位，而易行乎其中矣。成性存存，道義之門。

---

〔註53〕見朱熹《周易本義》卷三《繫辭上傳》。
〔註54〕胡炳文《周易本義通釋》卷五《繫辭上傳》：「首章論乾坤之尊卑，結之以『易簡而理得』；此章論乾坤之廣大，結之以『易簡配至德』。然則『易簡』不徒在乾坤，而自在吾之心中矣。」

此章贊《易》之至，而以聖人之學《易》明之。開口說聖人所以「崇德廣業」，工夫全在用《易》。下乃不說用《易》，而說效天法地，蓋天地即《易》，故承之曰「天地設位，而易行乎其中」。位即高卑，高卑即易，效天法地即用易。然天高地厚，所謂效法何處下手？此不可向外尋求。就天地所賦之「成性存存」不已，則道義自此出，而德業之崇廣不待言矣。蓋易不出天地外，道義不出成性外。若曰天之崇如何，而知必如何傚之；地之卑如何，而禮必如何。法之亦支離瑣屑，而不足以言易矣。

陳器之曰〔註55〕：「『知崇』即是『尊德性』、『致廣大』、『極高明』的事，禮卑即是『道問學』、『盡精微』、『道中庸』的事。知欲高明，故崇如天；禮欲平實，故卑如地。『崇效天』即是以易，『卑法地』即是以易，『成性存存』即是以易，此外更無有易也。」

韓《注》〔註56〕：「窮理入神，其德崇也；兼濟萬物，其業廣也。知以崇為貴，禮以卑為用。極知之崇，象天高而統物；備禮之用，象地廣而載物也。」

質卿曰〔註57〕：「德是上通神明者，故曰崇，不崇即不能『首出庶物』。業是博及生民者，故曰廣，不廣即不能帡幪眾類。德之崇只在知上，業之廣只在禮上。」○〔註58〕知崇如天，著一毫滓穢不得。禮卑如地，著一毫虛驕不得。

大抵識見高曠的人，輕世傲物，不肯循規蹈矩，究竟如夢裏青山，有何事業？聖人於此，放倒幔幢，事事循禮，步步踏實。其卑也如地，則其廣也亦如地。振河海，載華嶽，皆等閒事耳。若有意求高，便局面狹小。私記。

《易贖》〔註59〕：「『存存』是『勿忘勿助』，如雞抱卵，如龍養珠，不著有心路上，亦不拋在無事甲裏，方是『存存』真訣。」按王文成公云〔註60〕：「學者好言『勿忘勿助』，我今問他勿忘個恁麼，勿助個恁麼，此與煮空鐺何異？孟子說『勿忘勿助』，先說必有事。知有事之為何事，則『勿忘勿助』始有下落。」所以詞不徒曰「存存」，而曰「成性」，性體渾全，不假修為，不屬外來，但存之而已。此效天法地之樞紐也。私記。

《本義》：「右第七章。」

---

〔註55〕不詳。
〔註56〕見《周易正義》卷十一《繫辭上》。
〔註57〕見潘士藻《讀易述》卷十一《繫辭上傳》。
〔註58〕此處原為空格，今以「○」區分。
〔註59〕不詳。
〔註60〕不詳。

聖人有以見天下之賾，而擬諸其形容，象其物宜，是故謂之象。聖人有以見天下之動，而觀其會通，以行其典禮，繫辭焉以斷其吉凶，是故謂之爻。言天下之至賾而不可惡也，言天下之至動而不可亂也。擬之而後言，議之而後動，擬議以成其變化。

此章推原象、爻命名之義，以見聖人作易用心處。吳因之曰〔註61〕：「首節言畫卦本於陰陽，次節言繫辭本於一理，為下文『不可惡』、『不可亂』張本。『有以』二字有力，與『是故』相應。」

「有以」字有二義。一曰有以云者，有所據而見之也，正設卦觀象之實事。蘇君禹則謂〔註62〕「賾與動，人誰不見，而不見其所以賾所以動之處。聖人見天下之至一，故有以見天下之至賾；見天下之至靜，故有以見天下之至動」。

張彥陵曰〔註63〕：「『擬諸形容』在未畫之先，『象其物宜』正畫卦之事。擬是擬其所象，像是象其所擬。」「擬之在心，可知而不可言；象之在畫，可象而不可執。」

鄭申甫曰〔註64〕：「象與形不同。形則確定，象則鏡花水月，依稀影響。天下許多物形，若一一摹寫，何以能盡？只是得個意思以影照之，可見而不可捉，可想而不可摸，故謂之象。」

焦弱侯曰〔註65〕：會如省會之會，自彼而來者，面面可至。通如通都之通，自此而往者，處處可達。

朱晦庵曰〔註66〕：「『會』，謂理之所聚。『通』，謂理之可行。如庖丁解牛，會則其族，而通則其虛處也。」世間常有一事，關著許多道理也，有父子之倫也，有君臣之倫。此所謂「會」也。若父子恩重，則委致之說不可行，而務全天性。若君臣義重，則毀傷之說不暇顧，而力扶大義。此所謂「通」也。又曰

〔註61〕見張振淵《周易說統》卷九《繫辭上傳》。

〔註62〕見蘇濬《生生篇·繫辭上傳》。

〔註63〕二十五卷本《周易說統》卷二十《繫辭上傳》：「『擬諸形容』者，擬諸陰陽也，在未畫卦之先，『象其物宜』，正畫卦之事。擬是擬其所象，像是象其所擬。」十二卷本《周易說統》卷九《繫辭上傳》：「『擬諸形容』，擬之在心，可知而不可言；『象其物宜』，象之在畫，可象而不可執。」

〔註64〕見張振淵《周易說統》卷九《繫辭上傳》。

〔註65〕見焦竑《易筌》卷五《繫辭上傳》。此引文又見錢士升《周易揆》卷十《繫辭上傳》。

〔註66〕見朱熹《周易本義》卷三《繫辭上傳》。

〔註67〕:「爻者，交也。六爻相承，有交之義。惟其交，故有會意。亦惟其交也，此通於彼，彼通於此，又有通意。」

聖人論道，極其奧妙，至於踐履處，不過一禮。王臨卿曰〔註68〕:「『典禮』二字，亦有分別。典為常法，萬世不易。禮以義起，因時制宜。」

潘去華曰:「至」者，理之極至處也。「象自賾之不可見處名之，是言『天下之至賾』。爻自變之不可窮處通之，是言『天下之至動』。賾之至處，有至一者存，所以『不可惡』。動之至處，有至常者存，所以『不可亂』。」〔註69〕按:「不可惡」、「不可亂」，人第見聖人之易千變萬化，不離故常，而孰知其變化從「擬議」中來，非苟焉而已者乎？欲學者從容尋繹，無為鹵莽之獲也。私記。

「變化」無端，「擬議」有跡。「擬議」之於「變化」，相去遠矣，而曰「擬議以成其變化」，何也？吳因之曰〔註70〕:「『擬議』不是跡象摹擬。心神涵泳，獨會於意言象數之表。時然後言，即是『擬之後言』。時然後動，即是『議之後動』。語默動靜，隨處咸宜，即是『成變化』。」

蘇子瞻曰〔註71〕:「變變化化，間不容髮。然且擬之後言，議之後動，則虛以一物，雍容之至也。」

焦弱侯曰〔註72〕:「上章『存存』，本原之功也。此章『擬議』，言動之功也。『存存』則『擬議』者自明，『擬議』則『存存』者益熟，相須為用者也。首章『易簡』，學《易》之原也，非『存存』何以能至？次章『觀』、『玩』，學

---

〔註67〕不詳。

〔註68〕見張振淵《周易說統》卷九《繫辭上傳》。

〔註69〕張振淵《周易說統》卷九《繫辭上傳》，稱「潘雪松曰」。
　　　　按:潘雪松《讀易述》卷十二《繫辭上傳》:「象自賾之不可見處名之，是『言天下之至賾』也，惡猶厭也;辭自變之不可窮處通之，是『言天下之至動』也，卦名與辭皆言也，亂猶棼也。」乃引季本《易學四同》卷五《繫辭上傳》之說而不言。。

〔註70〕曹學佺《周易可說》卷五《繫辭上傳》:「故曰『擬議以成其變化』。上『擬議』二字有工夫，下『擬議』二字無工夫。擬有比倫詳度意，議有商確裁定意。然擬之議之，亦不是一一求合他，全把我心神意念，運用這段精髓奧義，而獨會於意言象數之表者也。要之，一時盡之矣。時然後言，即是擬之而言;時然後動，即是議之而動。隨時變易，時措皆宜，即是成變化。」

〔註71〕見蘇軾《東坡易傳》卷七《繫辭傳上》。

〔註72〕見焦竑《易筌》卷五《繫辭上傳》。胡居仁《易像鈔》卷十四引用。此引文又見曹學佺《周易可說》卷五《繫辭上傳》。按:「首章易簡」以上文字引自金貴亨《學易記》卷四《論繫辭傳》而不言。

《易》之功也，非『擬議』於言動，則所謂『觀』、『玩』者亦空言耳。四章蓋互相發也〔註73〕。」

首節聖人，有言伏羲者，有言文王者。若是伏羲，則文王《彖辭》何無一言之及？若是文王，則「形容」、「物宜」皆畫卦時事，於繫辭殊不相涉。此淺淺者，尚未能定，何況深遠者乎？附記。○〔註74〕《說文》：賾，雜亂也。《本義》：「『惡』，猶厭也。」

「鳴鶴在陰，其子和之。我有好爵，吾與爾靡之。」子曰：「君子居其室，出其言善，則千里之外應之，況其邇者乎？居其室，出其言不善，則千里之外違之，況其邇者乎？言出乎身，加乎民；行發乎邇，見乎遠。言行，君子之樞機。樞機之發，榮辱之主也。言行，君子之所以動天地也，可不慎乎！」

「《同人》：『先號咷而後笑。』」子曰：「君子之道，或出或處，或默或語。二人同心，其利斷金。同心之言，其臭如蘭。」

余德新曰〔註75〕：「以出處語默發明號笑之義，聖人讀《易》，不滯於故而知其所以然，有如此者。」

「初六：藉用白茅，无咎。」子曰：苟錯諸地而可矣，藉之用茅，何咎之有？慎之至也。夫茅之為物薄，而用可重也。慎斯術也以往，其無所失矣。術從術。

「勞謙，君子有終，吉。」子曰：「勞而不伐，有功而不德，厚之至也。語以其功下人者也。德言盛，禮言恭。謙也者，致恭以存其位者也。」

楊廷秀曰〔註76〕：「人之謙與傲，繫其德之厚與薄。德厚者無盈色，德薄者無卑辭。如鍾磬焉，愈厚者聲愈緩。」俞玉吾曰〔註77〕：「『存位』猶《乾》九三之『存義』，謂禮極其恭，所以存其分義而不敢逾越。」

---

〔註73〕「也」，四庫本無。
〔註74〕此處原為空格，今以「○」區分。
〔註75〕見董真卿《周易會通》卷十二《繫辭上傳》、胡廣《周易大全》卷二十二《繫辭上傳》。
〔註76〕見楊萬里《誠齋易傳》卷十七《繫辭上》。
〔註77〕見俞琰《周易集說》卷二十九《繫辭上傳二》。

「亢龍有悔。」子曰：「貴而無位，高而無民，賢人在下位而無輔，是以動而有悔也。」

「不出戶庭，无咎。」子曰：「亂之所生也，則言語以為階。君不密則失臣，臣不密則失身，幾事不密則害成，是以君子慎密而不出也。」

沈氏曰〔註78〕：「聖人雖甚易簡，亦甚謹密，第與陰謀權詐殊耳。世人不知託輕脫為易簡，而詆慎密為機械，所以敗事。」

子曰：「作《易》者，其知盜乎？《易》曰：『負且乘，致寇至。』負也者，小人之事也。乘也者，君子之器也。小人而乘君子之器，盜思奪之矣。上慢下暴，盜思伐之矣。慢藏誨盜，冶容誨淫。《易》曰：『負且乘，致寇至。』盜之招也。」《字書》：盜從次。次音涎。俗從次，誤。器，中從犬。《說文》：犬，所以守器也。

「知盜」謂知盜之所由招也。觀下「盜思奪」、「盜思伐」可見。冶銷也，遇熱則流，遇冷則合，與冰同志，故冶字從冰。女之艷媚亦能銷神流志，故美色曰冶。

《本義》：「右第八章。」按：《疏》以「聖人有以見天下之賾」至「其臭如蘭」為第六章，以「藉用白茅」至「盜之招也」為第七章；程氏以「有以見天下之賾」至「成其變化」為一章。其不同如此。季氏曰〔註79〕：「古本自『聖人有以見天下之賾』至『擬議以成其變化』九十五字，與後『鳴鶴在陰』至『負且乘』七節相連，朱子因之定為第八章。吳草廬則別出下七節附於《文言傳》而獨存『聖人有以見天下之賾』至『成其變化』九十五字自為一章。但此九十五字者，前五十六字本重出，而後三十九字則錯簡，故彬陽何氏去重出之五十六字，而移置後三十九字於第十二章『極天下之賾者存乎卦』之上，蓋本熊勿軒之說也，當從之。」

天一，地二；天三，地四；天五，地六；天七，地八；天九，地十。天數五，地數五，五位相得而各有合。天數二十有五，地數三十。凡天地之數五十有五，此所以成變化而行鬼神也。韓康伯《注》以「天一地二」至「天九地十」在「子曰：『夫易何為』」之上。班固《律厤志》、衛元嵩《元包·運蓍篇》在「天數五」

〔註78〕見沈一貫《易學》卷九《繫辭上傳》。
〔註79〕見季本《易學四同》卷五《繫辭上傳》。

－529－

之上，程、朱從之。「天數五」至「行鬼神」，康伯《注》在「再扐後掛」之下，「乾之策」之上，朱子移置在此。劉念臺以「天一地二」至「行鬼神也」，與下「大衍」意義不相屬，自為一章，而以《說卦傳》首章「昔者聖人」至「倚數」廿三字冠於「大衍之數」之上。「二十」，《石經》作「廿」；「三十」，《石經》作「卅」。

韓《注》〔註80〕：「易以極數通神明之德，故明易道，先舉天地之數。」
《本義》謂〔註81〕：「此章言天地大衍之數，揲蓍求卦之法。」首言奇屬天，耦屬地，次乃分積而言其妙。天地間只是一個太極，乘陰陽二氣以行，無終始首尾，何數之有？但行之以漸，有節度界限，如一年十二月，一月三十日，一日十二時，則數之為也。故兼理而言，謂之理數；兼氣而言，謂之氣數。

蔡伯靜曰〔註82〕：「天地者，陰陽對待之定體。一至十者，陰陽流行之次序。對待非流行，則不能變化；流行非對待，則不能自行。五十五者，流行之分數也。」

「天數五，地數五」，則十位也，而曰「五位」，是奇耦一體，多寡同功。「相得」、「有合」，即在五位看出。朱氏所謂「相得如兄弟，有合如夫婦」〔註83〕是也。「天數二十有五」四句，更見相得有合之處。比如五十五人，在此若不相得、不相合，則叄差零落，渙散不齊。縱有五十五之數，亦虛名耳。惟相得有合，則一氣聯絡。分之則天數二十五，地數三十，天自為天，地自為地。合之則天地之數五十有五，天與地一，地與天一，多不得，少不得。如用兵者，部伍森嚴，九地九天皆從此出，故曰「成變化」、「行鬼神」。私記。

郭鵬海曰〔註84〕：「『天數二十有五』四句，若只言總計天地全數，殊無意味，且與下文義不相蒙。故解者謂『成變化』、『行鬼神』止於『相得』、『有合』上見之，而於此四句全無著落。愚謂『此所以』三字總承上文八句說來，前四句以天地之數分合言之也，後四句則以天地之全數分合言之也。奇耦，天地之定數也。而二十有五又成奇數，三十又成耦數，見得陽奇陰耦，定分不易。五十，天地之全數也。五十而又有五，則既生既成之後，復肇生成之

〔註80〕見《周易正義》卷十一《繫辭上》。
〔註81〕見朱熹《周易本義》卷三《繫辭上傳》。
〔註82〕見董真卿《周易會通》卷十二《繫辭上傳》。
〔註83〕見胡方平《易學啟蒙通釋》卷上《本圖書第一》，稱「朱子曰」。
〔註84〕不詳。

端，見得陽變陰合，流行不已。如此說，方於『成變化』、『行鬼神』句意義聯貫。」

張敬夫曰〔註85〕：「『成變化』，若《月令》所謂『鳩化為鷹』、『爵化為蛤』、『草木乃茂』、『草木黃落』，可以歷數推而迎之，此天地之數有以成其變化也。『行鬼神』，若《月令》所謂『其神句芒』、『其神祝融』、『其神蓐收』、『其神玄冥』，各司其時，各治其職，此天地之數有以行乎鬼神也。」

五行，古今大道，載在《洪範》，《易》中無此語。竊謂《洪範》自《洪範》，《繫辭》自《繫辭》，立言各有指歸，不必旁摭遠拾，混淆耳目。《本義》謂一變生水，至六化始成〔註86〕，已屬支離。而《繫辭》「變化」二字，或分言，或合言，原無不可。《本義》於首章言陰變陽化，此言陽變陰化，殊無確論。崔子鍾曰〔註87〕：「以五行釋變化者，荒誕無稽；以屈伸釋鬼神者，疎謬無據。」按：「一生六成」之說，出《鍾呂問答》。儒者以屬養生，故用其語，而諱其來歷。

河圖之說，沿襲已久，近來諸儒頗有斥言其非者。究竟如堅白異同不知孰是執河圖之說者以此章為據，而章內止言「天地之數」，絕不說明「河圖」二字，則亦未見其確然也。若謂此言「天地之數」與河圖無涉，則經文明言「五位」，位則有方所之可按。圖可以言位，而數不可以言位。不言圖，則位字終無著落，當起羲皇而問之矣。私記。

大衍之數五十，其用四十有九。分而為二以象兩，掛一以象三，揲之以四以象四時，歸奇於扐以象閏。五歲再閏，故再扐而後掛。乾之策二百一十有六，坤之策百四十有四，凡三百有六十，當期之日。二篇之策，萬有一千五百二十，當萬物之數也。韓《注》以「大衍之數」至「再扐後掛」，在「天數五」之上；以「乾之策」至「可與祐神」，在「行鬼神」之下。「揲」，《石經》作「挃」。「奇」，《字書》從大從可，《石經》從立。《爾雅》：歲，取歲星行一次也。從步者，其躔度可推步也；從戌者，木星生於亥，自亥行至戌而周天也。閏，從門從王，不從玉。

此言大衍數法，合天地人物之道也。大衍是揲蓍名目，此句是提綱挈領之語，下乃疏明大衍之法。衍，從水從行，猶水行而衍溢也。「大衍」者，以蓍策大敷衍之以求卦也。分、掛、揲、扐，引申觸類，皆衍也。曰「五十」者，

〔註85〕見董真卿《周易會通》卷十二《繫辭上傳》、胡廣《周易大全》卷二十二《繫辭上傳》。
〔註86〕朱熹《周易本義》卷三《繫辭上傳》：「『變化』，謂一變生水，而六化成之。」
〔註87〕見崔銑《讀易餘言》卷四《繫辭輯上》。

舉其凡而言之，無他奧旨，不必深求。京、馬、荀、鄭以及晦庵諸說，非穿穴則傅會，愈求而愈遠矣。

韓《注》〔註88〕：「大衍之數，所賴者五十也。其用四十有九，則其一不用也。不用而用以之通，非數而數以之成，斯易之太極也。」

「大衍之數五十，其用四十有九。」陸秉曰：「此脫文也，當云『大衍之數五十有五』。蓋天地之數五十有五，而用四十有九者，除六虛之位也。古者先布六虛之位，然後揲蓍而置六爻焉。如京房、馬季長、鄭康成以至王輔嗣，不悟其為脫文，而妄為之說，謂所賴者五十，殊無證據。」〔註89〕附錄。

沈氏曰〔註90〕：「蓍用四十九，其一為掛，實用四十八。掛之得用，不在第一揲，而在二揲、三揲。蓋初揲之時，此策尚在奇耦數外。再揲三揲得此策，而後奇耦可以均齊。不掛則奇三而耦七，不能齊矣。或謂再揲三揲不掛者，非也。」

蔡季通曰〔註91〕：「『五歲再閏』者，一變之中自有五節，掛一為一節，揲左為二節，歸左奇於扐為三節，揲右為四節，歸右奇於扐為五節。一節象一歲。三節一歸奇，象三歲一閏。五節再歸奇，象五歲再閏。再扐而後掛者，再扐之後，復以所餘之蓍合而為一，為第二變，再分再掛再揲也。不言分二，不言揲四，獨言掛一者，明第二變後，不可不掛也。」

張氏曰〔註92〕：「積四揲之策，俱是耦。積歸餘之策，俱是奇。故曰『歸奇』。」四營之法到歸奇、象閏盡矣，而復有後掛者何？蓋「曆法再閏之後，又從積分而起，則筮法再扐之後，又從掛一而起。」〔註93〕按：積分者，謂積而分之也。每年積餘十二日，至三年則分為一閏，五年又分為一閏也。《字書》：置而不用曰掛，「掛一象三」是也；又合而置之曰掛，「再扐後掛」是也。

分二、掛一、揲四、歸奇、象兩、象三、象四時、象閏、當期、當萬物，何其鄭重尊嚴！京氏易以金錢，用便山巫市祝，而《易》之體褻矣。私記。

---

〔註88〕見《周易正義》卷十一《繫辭上》。
〔註89〕此一節見沈作喆《寓簡》卷一。
〔註90〕見沈一貫《易學》卷九《繫辭上傳》。
〔註91〕見董楷《周易傳義附錄·周易繫辭程朱氏說卷之上》。
〔註92〕不詳。
〔註93〕見胡炳文《周易本義通釋》卷五《繫辭上傳》。

　　晦庵曰〔註94〕:「過揲之數雖先得之,然其數眾而繁。歸奇之數雖後得之,然其數寡而約。紀數之法,以約御繁,不以眾製寡,故先儒舊說專以多少決陰陽之老少,而過揲之數亦冥會焉。初非有異說也。」

　　又曰〔註95〕:「揲蓍之法,通計三變之餘,去其初掛之一。凡四為奇,凡八為耦。餘三奇則三三而九,而其揲亦九,策亦四九三十六,是為老陽。三耦則三二而六,而其揲亦六,策亦四六二十四,是為老陰。兩二一三則為七,而其揲亦七,策亦四七二十八,是為少陽。兩三一二則為八,而其揲亦八,策亦四八三十二,是為少陰。此其變化往來進退離合之妙,皆出自然,非人之所能為也。少陰退而未極乎虛,少陽進而未極乎盈,故此獨以老陽老陰計乾坤六爻之策數,餘可推而知也。」

　　又曰〔註96〕:「策者,蓍之莖數。所謂『二篇之策』者,乃掛扐外見存四揲之策也專以二老言,故曰《乾》之策二百一十有六,《坤》之策百四十有四。其實六爻之為陰陽者,老少錯雜,其積而為乾者未必皆老陽,其積而為坤者未必皆老陰。其為六子諸卦者,或陽或陰,亦互有老少焉。老少之別,本所以生爻,而非所以名卦。今但以《乾》有老陽之象,《坤》有老陰之象,六子有少陰、少陽之象,且均其策數,又偶合焉,而因假此以明彼則可;若便以《乾》六爻皆為老陽,《坤》六爻皆為老陰,六子皆為少陽少陰,則非也。但三百六十者,陰陽之合,其數必齊。若《乾》、《坤》之爻而皆得於少陰少陽也,則《乾》之策六其二十八而為百六十八,《坤》之策六其三十二而為百九十二,其合亦為三百六十,此則不可易也。」

　　歸熙甫曰〔註97〕:「大衍者何也?所以求卦也。卦必衍之而後成。其掛〔註98〕、其揲、其扐,所以衍之也。歸奇者何也?四十九之策,若得老陽之九,除初掛〔註99〕必有十二之餘;若得少陰之八,必有十六之餘;若得少陽之七,必有二十之餘;若得老陰之六,必有二十四之餘。其所餘之數,不揲而歸之扐者,此所謂治數之法,舉其要也。九具於揲,則三奇見於餘;六具

〔註94〕見朱熹《晦庵集》卷三十七《與郭沖晦》。
〔註95〕見朱熹《周易本義》卷三《繫辭上傳》。
〔註96〕見朱熹《晦庵集》卷三十七《答程泰之》。
〔註97〕見歸有光《震川先生集》卷一《大衍解》。(上海古籍出版社2007年版,6~7頁)
〔註98〕「掛」,四庫本作「卦」,誤。
〔註99〕「掛」,四庫本作「卦」,誤。

於捄，則三耦見於餘；七具於捄，則二耦一奇見於餘；八具於捄，則二奇一耦見於餘。不必反觀其在捄之數，而已舉其要，此所以為營之終也。其曰『《乾》之策二百一十有六，《坤》之策百四十有四』、『二篇之策，萬有一千五百二十』，何也？此捄之以四之數也。掛扐雖舉其要，而七、八、九、六之數，仍以所捄之策為正。掛扐十二，無當太陽之九，而捄四之三十六，則九也；掛扐十六，無當少陰之八，而捄四之三十二，則八也；掛扐二十，無當少陽之七，而捄四之二十八，則七也。至於太陰之六，雖與歸餘之數相當，而以前三者為比，亦必捄數之二十四而為六也。故七、八、九、六者，自捄之以四而取也。陽道盈而主進，太陽進之極，而數最多。極則退矣，故為少陰之二十二。陰道乏而主退，太陰退之極，而數最少。極則進矣，故為少陽之二十八。若掛扐之策，因過捄而見者也。故陽本進而反見其退，而數之少至於十二；陰本退而反見其進，而數之多至於二十四。此厤象逆行之法也。故曰『捄之以四，以象四時』，又曰『當期之日』，而『歸奇以象閏』也。閏也者，時與日之餘也。」

郝仲輿曰〔註100〕：「一、二、三、四為歸奇之數，六、七、八、九為成爻之數。歸扐之策，除掛一外，得四則為奇，得八則為耦。耦，兩其奇也。奇耦皆以四數之。每三變，除掛一，歸扐者皆四，是乾象也，是為老陽。所以為老陽者，以其得九也。所謂得九者，以捄過之策四數之，為四者凡九也。三變歸扐者皆八，是坤象也，是為老陰。所以為老陰者，以其得六也。所謂得六者，以捄過之冊四數之，為四者凡六也。三變歸扐為八者二，為四者一，是震、坎、艮之象也，是為少陽。所以為少陽者，以其得七也。所謂得七者，以捄過之策四數之，為四者凡七也。三變歸扐為八者一，為四者二，是巽、離、兌之象也，是為少陰。所以為少陰者，以其得八也。所謂得八者，以捄過之策四數之，為四者凡八也。卦之始畫，有陰陽之象而無老少之名，蓋因《說卦》父母男女而分老少。但《說卦》所謂男女者，以卦畫奇耦、乾坤相交而言；筮法所謂老少者，以著策過捄之數而言。非羲聖畫卦本法也。羲聖畫卦，奇耦相推，乾坤交錯，即謂之變。筮法則此爻變彼爻，此卦變彼卦，老變少不變，故卦止用九、六。筮則兼七、八，以為九、六之升降，非七、八則二老無頓變之理，無老少則變與不變無由分，故以九、六象父母，稱老；以七、八象六子，稱

〔註100〕見郝敬《周易正解》卷十八《繫辭上》。

少。三百八十四爻，凡陽皆乾，凡陰皆坤，故夫子但數乾坤之策，不及六子。周公作爻詞，弟用九、六，亦以此。」

康流曰〔註101〕：「《說卦傳》曰：『昔者聖人之作《易》也，幽贊於神明而生蓍，參天兩地而倚數。』蓍之為數，參兩而已矣。蓋數生於象，象統於規矩。規矩之象，莫大乎天地。天用規，規徑一而周三；地用矩，矩徑一而匝四。三者，參天之奇；四者，兩地之耦也。規之周，分三而稍盈，數有未盡，故伸規以為勾，展矩以為股，推而致之，其數可盡也。勾三股四，隅弦必五，是即所謂倚數。數之所齊，無有畸零，此天地自然之數也。衍勾之三以為矩，「以為矩」之「矩」字，即算法之所謂冪。與前「規矩」之「矩」字微有不同，後倣此。而得九；衍股之四以為矩，而得十六；衍弦之五以為矩，而得二十有五。是弦者勾股之合也，故倍弦之矩以為大衍，而得五十，則勾股弦三者之所共積也。勾股之較，適餘其一，以除五十，則得四十有九，以為用策。開而為矩，得勾股之並七。故以不用之一加並而得倍股，減並而得倍勾，勾股於斯進退焉。矩之匝數二十有八，規而周之二十有一，以不用之一加於規周，適合其盈分未盡之數，規矩亦於斯盈縮焉。是以一御七者，天地之數，所謂進退盈縮之準也。凡萬有不齊之數，皆以此數推之，故『大衍之數五十，其用四十有九』。一月之差，氣朔盈虛相視也。一歲之差，日星消長相視也。以不用之一還除所用之策，得十二者四。天地之數成於十二，故掛一而四揲之。數之餘者，天地之樞機，見其末而可以知其本，故歸奇於扐，再扐而掛，陰陽老少損益其間，以之探賾索隱，鈎深致遠，莫不由此，豈有纖毫私意造作而成者哉？《周髀》用之以測天地有形之象，大衍用之以測天地無形之象，縱橫反覆，隨變而合，可以弘紀眾理，裁制萬類，其所同也，而大衍則愈精矣神矣。陰陽未分，始以五十；陰陽既合，終以六十。五十者，二十五之倍也。六十者，三十之倍也。始於天數，終於地數，所以成變化而行鬼神，同符於天地也，非擬之議之以求合，而自然之數固無所不合，故曰『神之所為』。」

〔註101〕見朱朝瑛《讀易略記·繫辭上傳》。（《四庫全書存目叢書》經部第 24 冊，第 831～832 頁）

　　是故四營而成易，十有八變而成卦。八卦而小成。引而伸之，觸類而長之，天下之能事畢矣。顯道神德行，是故可與酬酢，可與祐神矣。子曰：「知變化之道者，其知神之所為乎？」「知變化」二句，《注疏》在「易有聖人之道四焉」之首，程、朱移置於此。

　　此總括上文，而贊數法、變化皆神之所為，非知力能與也。

　　陸公紀曰〔註102〕：「營，經營也。」「『四營』，謂分二、掛一、揲四、歸奇也。『易』，變易也，謂一變也。三變成爻，十八變則成六爻也。」〔註103〕晦庵曰〔註104〕：「易字只當個變字。四度經營，方成一變。這處下未得卦字，亦下未得爻字，只可下個易字。」此相傳古說也。王景孟之論不然，其言曰〔註105〕：「營者，求也。四營者，以四而求之也。筮法以四為準，一四奇也，二四耦也。如老陽數九，以四求之，則四九三十六；老陰數六，以四求之，則四六二十四；少陽數七，以四求之則四七二十八；少陰數八，以四求之，則四八三十二，皆以四求而得之，故曰『四營而成易』。」

　　郭鵬海曰〔註106〕：「八卦而小成，是九變。既言『十八變』，卻說回九變，語氣似倒，講到此多不順直。鄙意『四營』二句，自一變直說至十八變，為一卦之變化。『八卦小成』以下，自小成說至大成，為六十四卦之變化。下即接以『引申』、『觸類』。引如引水之引。伸者，舒展之也。以此抵彼曰觸，物之相同曰類。言引此小成之法而伸之，觸此引申之類而長之，則六十四卦於此成，故曰『能事畢』。」

　　楊廷秀曰〔註107〕：「『顯道』者，象兩儀，象三才，當萬物天地人物之道著也。『神德行』者，分而為二，莫知其數之多寡；揲之以四，莫知其爻之奇耦也。筮則告，占則應，故『可與酬酢』。行吉凶在神，知吉凶在蓍，故『可與祐神』。」

---

〔註102〕馮椅《厚齋易學》卷四十四《易外傳第十二·說卦上二》：「營，經營。也四為分、掛、揲、扐。」按：李鼎祚《周易集解》卷十四《繫辭上傳》：「陸績曰：『分而為二以象兩，一營也；掛一以象三，二營也；揲之以四以象四時，三營也；歸奇於扐以象閏，四營也。謂四度營為，方成易之一爻者也。』」
〔註103〕見朱熹《周易本義》卷三《繫辭上傳》。
〔註104〕見黎靖德《朱子語類》卷七十五。
〔註105〕見王宗傳《童溪易傳》卷二十八《繫辭上》。
〔註106〕見張振淵《周易說統》卷十《繫辭上傳》。
〔註107〕見楊萬里《誠齋易傳》卷十七《繫辭上》。

《詩》「獻酬交錯」，《注》云：「主人酌賓曰獻，賓飲主人曰酢。主人又自飲而復飲賓曰酬。」酬酢者，言陰陽相應，如賓主相交也。功化至於神，極矣！然幽明之隔，神亦無如人何也。自有大衍之數，而道以之顯，德行以之神，則神之所不能告者，數有以助之矣。

象兩、象三、象四時、象閏、當期、當萬物，皆變化之道。變化之道即上文數法是也，皆出於自然，而非人所能為，故曰「神」。

《本義》：「右第九章。」

《易》有聖人之道四焉：以言者尚其辭，以動者尚其變，以製器者尚其象，以卜筮者尚其占。

上章言蓍數變化，歸之於神，此承上章，推本於聖人，而亦歸之於神，見所謂神者，乃聖人之神也。神字始不墮渺茫矣。章中三「聖人」字是一篇眼目，相為照應。

康流曰〔註108〕：「易有四道，分之各得其一，合之則惟卜筮一事。卜筮者，質鬼神以自考也。故下文只以卜筮言之，而結之曰『聖人之道四焉』者，此之謂也。此指『卜筮』而言，若『言』、『動』、若『製器』，以見易之所包者廣。而神之所為，莫神於卜筮也。」

「易」即辭占象變，「聖人之道」即至精至變至神之道。曰道，則非技藝術數可知。「《伊川易傳》止尚其辭，康節數學止尚其象，《漢上易說》止尚其變，晦庵《本義》止尚其占，謂之非易，不可；謂得聖人之道，則恐有所遺也。」〔註109〕

何閩儒曰〔註110〕：「『以』者，用也，謂用《易》也。『尚』者，取也，用《易》以言吉凶之理，則取所繫之辭；用《易》以規行事之動，則取陰陽老少之變。卦爻之中，各有取象。用以製器，則可以盡創物之智。卦爻之設，以前民用。用以卜筮，則可以得前知之明。」

辭、占是一類，象、變是一類，所以下文「至精」合辭、占說，「至變」合象、變說。辭、占、象、變雖四，而下所論皆占。「至精」，占之事；「至變」，

〔註108〕見朱朝瑛《讀易略記‧繫辭上傳》。（《四庫全書存目叢書》經部第24冊，第832頁）
〔註109〕見錢一本《像象管見》卷五《繫辭上傳》，稱「王巽卿曰」。
〔註110〕見何楷《古周易訂詁》卷十一《繫辭上傳》。

占之法；「至神」，占之理。〔註111〕

　　《左傳・宣公六年》：「鄭公子曼滿與王子伯廖語，欲為卿。伯廖告人曰：『無德而貪，其在《周易・豐》之《離》，杜《注》：「《豐》上六變純《離》。《易》尚變，故雖不筮，必以變言其義。弗過之矣。』言不過三年。間一年，鄭人殺之。」胡庭芳曰：「《繫辭》謂『以動者尚其變』，夫所謂動，不特謂我欲動而見諸行事也；見人之善惡是非，忽焉心動，尚易之變以論之，亦是也。」〔註112〕按：此則所謂尚辭、尚象、尚占，亦有不必拘拘者矣。◎《字書》：龜曰卜，蓍曰筮。又云：「卜，赴也，赴來者之心；筮，開也，開來者之事。」〔註113〕

　　是以君子將有為也，將有行也，問焉而以言，其受命也如響，無有遠近幽深，遂知來物。非天下之至精，其孰能與於此？「向」，《石經》作「響」。

　　「此尚辭尚占之事。」〔註114〕「有為」，謂作內事。「有行」，謂作外事。「言即『命』也。自我告蓍曰言，自蓍受我曰命。」〔註115〕「遠近」以時地言，「幽」以天道言，「深」以人事言。「來物」謂吉凶也。聖心窮理，極盡精微，故「至精」。〔註116〕

　　參伍以變，錯綜其數。通其變，遂成天地之文。極其數，遂定天下之象。非天下之至變，其孰能與於此？

　　「此尚變尚象之事。」〔註117〕

　　「參」者，彼此相參，如左一則右必二，左三則右必四之類。「伍」者，前後交互，如一變互於再變，再變互於三變之類。「錯」者，雜也，雜而陳之，

─────────────

〔註111〕此一節見錢士升《周易揆》卷十《繫辭上傳》。

〔註112〕《左傳》及胡一桂語，均見胡一桂《周易本義啟蒙翼傳》下篇《舉要・王子伯廖引易論鄭公子》。

〔註113〕《禮記・曲禮上》：「卜筮不相襲。」《正義》：「劉氏以為卜，赴也，赴來者之心；筮，問也，問筮者之事。赴、問互言之。」此處「開」，恐為「問」之誤。

〔註114〕見朱熹《周易本義》卷三《繫辭上傳》、沈一貫《易學》卷九《繫辭上傳》。

〔註115〕見沈一貫《易學》卷九《繫辭上傳》。

〔註116〕錢士升《周易揆》卷十《繫辭上傳》：「此尚辭尚占之事。『有為』謂作內事，『有行』謂作外事。『以言』，以聖人之言為問也。『其』指蓍。『受命』，受問者之命也。『如向』，答人所問，如響應聲也。聖心窮理，極盡精微，故曰『至精』。」

〔註117〕見沈一貫《易學》卷九《繫辭上傳》。

如歸扐之策列左，過揲之策列右之類。「綜」者，總也，總而合之，如掛扐十三冊，則過揲三十六策；掛扐二十五策，則過揲二十四策之類。「變」者，數之未定。參伍之時，陰陽老少隱躍而不測，故曰「參伍以變」。「數」者，變之已成。錯綜之時，奇耦多寡秩然而可數，故曰「錯綜其數」。此二句止論一爻之法。通六爻之變，得十有八，遂成初、二、三、四、五、上以為剛柔相雜之爻。老少不出乎二象，故曰「天地」。極六爻之數，得七、八、九、六，遂定天地水火雷風山澤之象。動靜實該乎萬物，故曰「天下」。此二句方論成卦之法。〔註118〕私記。

「參伍」者，變之所生，故不曰「其」而曰「以」。「以」字與「其」字不同。「其」是現成語，數已成而錯綜之也。「以」者，用也。一參一伍，變以之而出也。私記。

**程敬承曰**〔註119〕：「天地間陰陽本無定在，而消息盈虛自有至理。象變本此至理來，所以變一通而文遂成，數一極而象遂定。」

玩理脈，「遂知來物」應在「成文」、「定象」之後，蓋有象變而後有辭也。因「受命如響」語勢如此，故相承言之耳。私記。

**易，**讀。**無思也，無為也，寂然不動，感而遂通天下之故。非天下之至神，其孰能與於此？**

**韓《注》**〔註120〕：「非忘象者，無以制象。非遺數者，無以極數。『至精』者，無籌策而不可亂。『至變』者，體一而無不周。『至神』者，寂然而無不應。斯蓋功用之母，象數所由立，故曰非『至精』、『至變』、『至神』，則不能與於斯也。」

精之至，變之至，就是神。神意全在上文幾個「遂」字，下文所謂「不疾而速」也。

---

〔註118〕潘士藻《讀易述》卷十二《繫辭上傳》：「邵二泉曰：『參伍以變』，據掛揲扐時言。『變』者，數之未成者也。『錯綜其數』，總掛揲扐後言。『數』者，變之已成者也。此二句相成，止謂一變。『通變成文』，以成爻言也。老少不出乎二象，故曰『天地之文』。『極數定象』，以成卦言也。動靜實該乎萬物，故曰『天下之象』。『至變』，言其數之不常，蓋尚象必由乎變，而變之至者，所以定所尚之象也。」

〔註119〕張振淵《周易說統》卷十《繫辭上傳》。

〔註120〕見《周易正義》卷十一《繫辭上》。

呂與叔曰〔註121〕：「寂然之中，天機常動。感應之際，本體常靜。洪鐘在虡，叩與不叩，鳴未嘗已。寶鑒在手，照與不照，明未嘗息。」

夫易，聖人之所以極深而研幾也。唯深也，故能通天下之志；唯幾也，故能成天下之務；唯神也，故不疾而速，不行而至。子曰「《易》有聖人之道四焉」者，此之謂也。

上言非至精、至變、至神，不能與此者，正謂惟聖人能之也，故即承之曰「夫易，聖人所以極深而研幾也」。聖人以天地之精變神，會聚於心，即以心之精變神，發揮於易，即以易之精變神，通志成務，於是天地人物共在易中流行矣。非聖人而能若是乎？子曰「易有聖人之道四焉」者，此之謂也。

究未形之理則曰深，「極深」如汲井。適動微之會則曰幾，「研幾」如鑽燧。私記。

聖人作《易》時，擬形容，觀會通，行典禮，著實用一番氣力，故曰「極」、曰「研」。極深以義理言，窮理淺則不能發人聰明。研幾以事變言，見事遲則未免失其幾會。「惟其深，故以吾先知達彼後知，以吾先覺達彼後覺，自一心而通天下之志。惟其幾，故未亂知亂，易亂為治；未亡知亡，轉亡為存；自一心而成天下之務。」〔註122〕

項平甫曰〔註123〕：「四者雖云辭、變、象、占，而自『君子將有為也』以下，則皆論占也。至此又以『易有聖人之道四焉』終之者，蓋占則有辭，變則有象，舉其一則四事在其中矣。」

《本義》：「右第十章。」

子曰：「夫《易》，何為者也？夫《易》，開物成務，冒天下之道，如斯而已者也。」是故聖人以通天下之志，以定天下之業，以斷天下之疑。冒，從曰從目。

此章專言卜筮。蓍龜，卜筮之器。卦爻，卜筮之書。而究極於神明，推原於太極，尤興神物、前民用之本也。洗發讚歎，層見迭出，以「是故」二字為

〔註121〕張振淵《周易說統》卷十《繫辭上傳》。
〔註122〕見楊萬里《誠齋易傳》卷十七《繫辭上》。
〔註123〕見胡廣《周易大全》卷二十二《繫辭上傳》。

轉關眼目，總承「開物成務」一句為根領，不必逐節相承，然自有蛛絲馬蹟，若斷若續之處，須神領意會始得。

春秋之世，禮崩樂壞，文武之政澌滅幾盡。羲皇奇耦二畫，文、周寥寥數語，更不知為何物矣。微言絕而大道衰，聖人懼之，再四提醒，再四洗發。一則曰「夫《易》廣矣大矣」，一則曰「夫《易》崇德廣業」，一則曰「夫《易》極深研幾」，振聾覺聵，可為極矣。至此復自為發難，曰「夫《易》何為者也」，此一句喚醒天下後世。隨正告之，曰「夫《易》開物成務，冒天下之道，如斯而已者也」。「如斯而已」，不是聊且之語，言必如此方才休歇。聖人願力如此其大，心思如此其苦，豈小言曲學可望？下之六「是故」、一「是以」，總是承此句更端發明。學者須逐卦逐爻逐句逐字親切體認，何者為開物，何者為成務，何者為冒道，身心之間，一一受用，方不負讀《易》一番也。私記。

吳因之曰〔註124〕：「天下之物，蒙昧未明，其甚者父師之教不能入，帝王之令不能行，聖賢之言不能化。《易》書昭明吉凶之報，如夢頓覺，故曰『開天下之務』。自建侯、涉川以至纖悉不可枚舉，《易》斟酌從違之宜，吉便趨，凶便避，不至有頭無尾，竟沒收煞，故曰『成』。天下之道，總不出吉凶貞勝，上自造化氣數，下及人心謀慮，千條萬緒，雖巧歷不能記。自卦爻一設，都收拾在裏面，不須逐項開出，自然纖悉備具，故曰『冒』。『如斯而已』，言《易》之為用如此，已含卜筮不可不作意。下三句，『以』字要重看。『以』者，以《易》也。作為卜筮，全在三『以』字內。三句是一篇綱領。」

**是故蓍之德圓而神，卦之德方以知，六爻之義易以貢。聖人以此洗心，退藏於密，吉凶與民同患。神以知來，知以藏往，其孰能與於此哉？古之聰明叡知，神武而不殺者夫？**《六書正譌》：睿，從𣦵從目，從谷省。別作叡，非。《石經》亦作「叡」。張睿父曰〔註125〕：「目擊道存之謂睿。故字從目。聲入心通之謂聖，故字從耳。」

惟《易》為「開物成務冒道」也，是故蓍、卦、爻之妙若此。蓍用於卦未定之先，惟變所適，故曰「圓」。卦成於蓍已定之後，各有其體，故曰「方」。

〔註124〕張振淵《周易說統》卷十《繫辭上傳》。

〔註125〕楊慎《丹鉛總錄》卷十一《睿作聖》：「目擊道存之謂睿，故其字從目。聲入心通之謂聖，故其字從耳。故曰聖人時人之耳目。」

六爻之義，隨其時用，變易以告，故曰「貢」。〔註126〕德統而義析。爻獨以義言者，義，德之制也。〔註127〕「圓轉不滯，便神不可測，圓神只一意，故中著『而』字；方所以知，易所以貢也，故著『以』字。」〔註128〕

玩「洗心」、「退藏」四字，想見文、周精神，與羲皇相對之處。愈洗愈退，愈退愈藏，愈藏愈密。〔註129〕密者，幽隱莫窺，纖毫不漏之謂，非與顯對者也。即共睹共聞之中，自有不睹不聞之妙，故曰「藏於密」。

「吉凶與民同患」，凶固民之所患，吉亦民之所患也。天下之患，皆從吉而不患起。民之所患，吾不得不患。民所不患，吾愈不得不患。《老子》云：「寵辱若驚」。〔註130〕

神即圓神之神，知即方知之知。「神以知來」者，未來之吉凶，其兆已發露於蓍策之間。「知以藏往」者，已往之得失，其理皆包括於卦爻之內。

---

〔註126〕俞琰《周易集說》卷三十一《繫辭上傳四》：「蓍用於卦未定之先，故其德圓。卦成於蓍已定之後，故其德方。……六爻之義，各有所取，蓋隨其時位也。易者，變也。貢者，以吉凶告人也。」焦竑《易筌》卷五《繫辭上傳》：「蓍用於卦未定之先，故曰『圓而神』。卦成於蓍已定之後，故曰『方以知』。六爻之義，隨其時位變易，以吉凶告人，故曰『易以貢』。」何楷《古周易訂詁》卷十一《繫辭上傳》：「蓍用於卦未定之先，分合多少，變化無方，故其為德『圓而神』。卦以八為數，八八六十四，象陰之方也。凡物二而再倍之，為八不能方。必八而八之，為六十四乃方。卦成於蓍已定之後，才象體辭，確然明白，故其為德『方以知』。張乖崖言公事未著字前則屬陽，陽主生也，通變緣之；著字後屬陰，陰主刑也，刑貴正名，名不可改。乖崖所言陰陽即易，所謂方圓耳。貢者，獻也。爻分奇偶，六爻之義，隨其時位變易，以吉凶陳獻於人，德統而義析，故爻以義言。」

〔註127〕沈一貫《易學》卷九《繫辭上傳》：「易有三德焉。蓍無定，其德『圓而神』；卦有定，其德『方以知』；爻雖有定，而錯然不齊，其義變易以告人。德統而義析，故爻獨以義言。義者，德之制也。」

〔註128〕見張振淵《周易說統》卷十《繫辭上傳》，稱「葉爾瞻曰」。

〔註129〕陳仁錫《無夢園初集·兵以治為勝》：「雖然洗心退藏，吉凶同患，愈洗愈退矣，愈退愈藏矣，愈藏愈密矣，此治心也。」錢一本《像象管見》卷五《繫辭上傳》：「愈洗愈退，愈退愈藏，愈藏愈藏。退謂若一無前進，藏謂若一無發露，藏謂若充塞天地，一無疎漏。非特絲毫物慾無可間而入，雖鬼神亦若不能窺，斯謂之藏而已矣。」

〔註130〕《周易正義》卷十一《繫辭上》孔《疏》：「易道以示人吉凶，民則亦憂患其吉凶，是與民同其所憂患也。凶者民之所憂也，上並言吉凶，此獨言同患者，凶雖民之所患，吉亦民之所患也。既得其吉，又患其失。故《老子》云『寵辱若驚』也。」

《別傳》曰〔註131〕：「『聰明睿知』即是人心殺機，以其為宣洩之寶也。『神武不殺』即是『洗心退藏』處。」

古之人即伏羲也，以奇耦二畫，盡天下古今道理。「聰明睿知」，孰有過於此者？言吉使天下不敢不趨，言凶使天下不敢不避，不怒而威，故曰「神武不殺」。私記。

是以明於天之道，而察於民之故，是興神物以前民用。聖人以此齋戒，以神明其德夫！

惟《易》為「開物成務冒道」也，故神物之興、其前民用若此。

晦庵曰〔註132〕：「『蓍之德圓而神』以下是卜筮源頭，『明天道』以下是卜筮作用。惟『聰明睿知』也，故『明天道』而『察民故』。惟『明天道』也，故知神物之可興。惟『察民故』也，故知用之不可以不開其先。齋者，湛然純一之謂。戒者，肅然驚惕之謂。」

吳幼清曰〔註133〕：「『其德』即上蓍卦之德也。」「神而明之，存乎聖人」，不然，枯莖朽甲，何神之有？

張敬夫曰〔註134〕：「天下之民，其蠢蠢不忘而勇於有行者，以其有蓍以前之也。然後聖人深居簡出，利用安身，齋以去其不一之思，戒以防其不測之患，神明自〔註135〕得，有莫知其所以然者矣。」

程正叔曰：「『生生之謂易』，『天地設位，而易行乎其中』，『乾坤毀，無以見易』，易畢竟是何物？」又曰：「『聖人以此洗心』，『以此齋戒』，此畢竟是何物？」又曰：「『退藏於密』，『神明其德』，密與德畢竟是何物？學者當深思而自得之。」〔註136〕

---

〔註131〕 見張振淵《周易說統》卷二十一《繫辭上傳》。按：此指二十五卷本《周易說統》，十二卷本無。

〔註132〕 朱熹《周易本義》卷三《繫辭上傳》：「『神物』，謂蓍龜。湛然純一之謂『齊』，肅然警惕之謂『戒』。明天道，故知神物之可興。察民故，故知其用之不可不有以開其先。是以作為卜筮以教人，於此焉齊戒以考其占，使其心神明不測，如鬼神之能知來也。」

〔註133〕 見吳澄《易纂言》卷七《繫辭上傳》。

〔註134〕 見張栻《南軒易說》卷一《繫辭上》。

〔註135〕 「自」，《南軒易說》作「其」。

〔註136〕 楊時《二程粹言》卷上：「子曰：『乾坤毀，無以見易』；『聖人以此洗心，退藏於藏。』夫所謂易也，此也，藏也，果何物乎？聖人所以示人者，深且明矣。學者深思當自得之，得之則於退藏之藏奚遠乎？」

是故闔戶謂之坤，闢戶謂之乾，一闔一闢謂之變，往來不窮謂之通。見乃謂之象，形乃謂之器，制而用之謂之法，利用出入，民咸用之謂之神。

惟《易》為「開物成務冒道」也，故一戶闔闢之間，為乾為坤，以至於神若此。

朱晦庵曰〔註137〕：「『闔』、『闢』，動靜之機也。先言坤者，由靜而動也。乾坤變通者，化育之功也。見象形器者，生物之序也。『法』者，聖人修道之所為。而『神』者，百姓自然之日用也。」韓康伯曰〔註138〕：「凡物先靜而後動，故先坤而後乾。」按：此則凡言陰陽、鬼神、終始、晦朔，與《歸藏》之首坤皆此意。

余德新曰〔註139〕：一戶也，闔即為坤，闢即為乾。且闢且闔為變，可往可來為通。戶之可見為象，戶之有形為器，制而用之則曰法。千萬世由之，而不自知則曰神。聖人即一物，而發明乾坤之妙。觀天地，則圖書，與得諸此戶無異也。又曰〔註140〕：「治天下之道，有如制戶，使之變通可久。黃帝、堯、舜不過如此。」

「『神明』在聖人，則為聖人之神。『利用出入』在天下，則為天下之神。」〔註141〕「制用」、「利用」、「咸用」三「用」字，應前「民用」一「用」字。

是故易有太極，是生兩儀，兩儀生四象，四象生八卦。八卦定吉凶，吉凶生大業。

惟《易》為「開物成務冒道」也，故有太極以生兩儀、生四象、生八卦如此。

呂祖謙《周易繫辭精義》卷上《上繫》：
「生生之謂易」，「天地設位，而易行乎其中」，「乾坤毀，則無以見易。易不可見，則乾坤或幾乎息」，易畢竟是甚？又指而言曰：「聖人以此洗心，退藏於密」，聖人示人之意，至此深且明矣，終無人理會。易也，此也，密也，是甚物？人能至此深思，當自得之。

〔註137〕見朱熹《周易本義》卷三《繫辭上傳》。
〔註138〕按：韓《注》無此語。李衡《周易義海撮要》卷七《繫辭上》：「凡物先藏而後出，故先坤而後乾。」
〔註139〕不詳。
〔註140〕不詳。
〔註141〕見曹學佺《周易可說》卷五《繫辭上傳》。

**房審權云**〔註142〕：「太極生兩儀、生四象、生八卦，非今日有太極而明日方有兩儀，後日乃有四象八卦也。又非今日有兩儀而太極遯，明日有四象而兩儀亡，後日有八卦而四象隱也。」「太極者，不分之陰陽。陰陽者，已分之太極。」〔註143〕橫目所見，無非兩儀，無非四象八卦，即無非太極。周子云「無極而太極」，蓋恐人誤認太極別有一物，而於陰陽之外求之也。〔註144〕

易有太極，非易之外有太極也。無處非易，無處非太極。太極者，生生之本也。自其含蓄而言曰有，自其根柢而言曰生，有則俱有，生則俱生，非如祖孫父子，仍仍繼繼，相因而至者也。子瞻論畫竹徑尺而有尋丈之勢，蓋竹之萌蘖不過寸許，而全體皆具，非枝枝而綴之，節節而纍之也。若子瞻者，可謂得竹意矣。天下道理，小中見大，論太極者以此觀之。私記。

予向以陽儀之上加一陽，陰儀之上加一陰為四象，隨於四象之上各加一陽一陰為乾坤，是名二老。二老既立，然後遵一索、再索、三索之旨，為震、坎、艮、巽、離、兌之卦，而謂之六子。此於四象八卦，父母六子之說俱相符合。不意楊廷秀有此論，而予友汪惕若亦主此說。蓋老少之名，經中所無，即以老少言，乾坤可稱老，六子可稱少，二奇二耦未可稱老，一奇而加一耦、一耦而加一奇，不可稱少也。俟高明論定。私記。

兩儀四象，康節就畫卦時說。今按此章大旨，專論卜筮，則所謂四象者，即揲蓍之六、七、八、九。蓋老少者，謂老變而少不變也。布蓍有變不變，而畫卦無變不變。康節以布蓍言之，至於畫卦，安所見其變不變，而謂之老少哉？私記。

---

〔註142〕見焦竑《易筌》卷五《繫辭上傳》。

〔註143〕見沈一貫《易學》卷九《繫辭上傳》。

〔註144〕何楷《古周易訂詁》卷十一《繫辭上傳》：「夫既散太極而為兩儀，散兩儀而為四象，散四象而為八卦，則合八卦即四象也，合四象即兩儀也，合兩儀即太極也。故太極者，不分之陰陽；而陰陽者，已分之太極也。太極之形，即兩儀合之形；而太極之名，兩儀合之名也。無處不存，無時不在，非此則陰陽不和，同而往來廢矣。朱子謂『太極在陰陽之中，而非在陰陽之外』；又云『有是理則有是氣』，深為得之。……惟周子云『無極而太極』，乃抉藩啟秘之言，深得聖人言太極之意。而崇超解者猶用之以為詬病，則何不觀其自下轉語曰『太極本無極』也，豈以無極與太極為二物哉？蓋摹擬之辭，恐人誤認太極別有一物，而於陰陽之外求之也，是周子之意也。」

是故法象莫大乎天地；變通莫大乎四時；縣象著明莫大乎日月；崇高莫大乎富貴；備物致用，立成器以為天下利，莫大乎聖人；探賾索隱，鉤深致遠，以定天下之吉凶，成天下之亹亹者，莫大乎蓍龜。「立」字下，《本義》謂疑有闕文。蔡氏謂當有「象」字。荀悅《漢書》作「立象成器」。

惟《易》為「開物成務冒道」也，故世間功用之大，莫大乎蓍龜若此。

以富貴聖人而繼於天地等後，何也？蘇子瞻曰〔註 145〕：「天地、四時、日月，天事也。天事所不及，富貴者制之。富貴者所不制，聖人通之。聖人所不通，蓍龜決之。」

潘去華曰〔註 146〕：「山巫野祝皆能占也，而具神智之全，可以為天下之利者，聖人也。折筵剡箸，毀瓦灼雞，皆可占也，而有探索鉤致之神，有決疑成務之知，可以供聖人之用者，蓍龜也。」

季明德曰〔註 147〕：「隱者藏於賾之奧，故賾與隱為一類，以理之不可見者言也。探如以手入內而取之，索則盡其所求也。深者發於遠之源，故深與遠為一類，以理之不可窮者言也。鉤如以鉤垂下而取之，致則極其所至也。即所謂『無有遠近幽深，遂知來物』。」

張雨若曰〔註 148〕：「『賾』者散於物象，『探』則討而究之，以歸於一。『隱』者藏於事機，『索』則考而求之，以泄其微。『深』者潛於不測，指性命理數說，『鉤』則曲而取之，以使之淺。『遠』者遲於未來，兼地勢世數說，『致』則推而極之，以使之近。」

《紀聞》曰〔註 149〕：「人到疑而不能決處，便有畏難，不肯向前。既得卜筮，知其吉凶，自然勉勉住不得，則其所以『亹亹』者，是卜筮成之也。《詩》曰：『亹亹文王，令聞不已。』」

---

〔註 145〕 見蘇軾《東坡易傳》卷七《繫辭傳上》。

〔註 146〕 見潘士藻《讀易述》卷十二《繫辭傳上》，稱「梅氏《古易考原》曰」。

〔註 147〕 見季本《易學四同》卷五《繫辭上傳》。又見潘士藻《讀易述》卷十二《繫辭傳上》、張振淵《周易說統》卷十《繫辭傳上》。

〔註 148〕 張振淵《周易說統》卷十《繫辭傳上》。

〔註 149〕 見張獻翼《讀易紀聞》卷五《上傳》、潘士藻《讀易述》卷十二《繫辭傳上》。按：此語「詩曰」之前部分，係朱子之說，見董楷《周易傳義附錄》周易擊辭程朱氏說卷之上、董真卿《周易會通》卷十二《繫辭傳上》、胡廣《周易大全》卷二十二《繫辭傳上》。

是故天生神物，聖人則之；天地變化，聖人傚之；天垂象，見吉凶，聖人象之；河出圖，洛出書，聖人則之。

以上闡發讚歎，至矣極矣！此復推原於天地，見聖人之開物成務冒道，非劈空杜撰。此文章結穴處。變化吉凶，俱指卜筮而言。

聖人之則圖書，自有獨見，非規規然摹仿其方位與數也。昔唐人張旭見公孫大娘舞劒而悟草書，夫舞劒之與草書有何交涉，而旭以此得悟，此必有在形器之外者，旭亦不能自喻也。悟一陰陽，便勘破圖書之義。數中有理，豈必虛中儀中即卦？豈必分其合、補其空？甚矣，啟蒙之支也！私記。

石澗曰〔註150〕：「伏羲之時，未有文字，因圖書之文而畫卦，故曰『河出圖，洛出書，聖人則之』。蓋非圖書有天生之數，而聖人就取之也。關子明以五十五數為河圖，四十五數為洛書，劉牧兩易之，謂河圖之數四十五，洛書之數五十五。說者是關而非劉，其實皆不然。按：經止言『河出圖』，不言龍馬負圖。《書·顧命》云：「天球河圖在東序。」天球，玉也。河圖與天球並列，則河圖亦玉之有文者爾。崑崙產玉，河源出崑崙，故河亦有玉。洛水至今有白石，洛書蓋白石而有文者也。『聖人則之』，謂則其文以畫卦。初無所謂五十五數與四十五數也。夫五十五數，《易》固有文也，安有所謂四十五數哉？四十五數者，戴九履一，左三右七，五居中而上列二四，下列六八，分布而為九宮。《子華子》言之，《大戴禮》言之，《乾鑿度》言之，在《易》則無一語及此，蓋非易數也。洛書，他經無所見。孔子國注《洪範》，乃以為書者，禹治水時，神龜負文而列於背，有數至九，禹因而第之，以成九數。夫孔子曰『河出圖，洛出書，聖人則之』，是河圖洛書伏羲時俱有之也，子國何所據，而云禹因而第之以成九數耶？劉子政父子、班孟堅輩皆循子國之說，謂河圖授羲，洛書錫禹，則是伏羲時止有河圖，未有洛書也，不亦謬乎？圖之數十，書之數九，原無所據，蓋皆出於緯書。漢儒習讖緯之學，其為義疏多取諸此。自其有九篇六篇赤文綠字之說，故孟堅以『初一』至『六極』六十五字為本文，顧野王以『農用敬用』十八字為神龜所負，豈不甚可笑哉？蘇東坡、張南軒皆謂鄭康成溺於緯書，乃云河圖有九篇，洛書有六篇，又以河圖為八卦，洛書為九疇，要皆怪妄，不足深信。」

---

〔註150〕見俞琰《周易集說》卷三十一《繫辭上傳四》。

**易有四象，所以示也。繫辭焉，所以告也。定之以吉凶，所以斷也。**

合而觀之，易之大旨亦可知矣。象所以示，辭所以告，吉凶所以斷，伏羲、文、周數聖人其所以為天下後世者，何其真切無已哉！故曰：「夫易，開物成務，冒天下之道，如斯而已者也。」

朱子發曰〔註151〕：「《易》於吉凶，有以利言者，有以情遷言，者有義命當吉當凶言者，非聖人不能定之也。定之者，斷之也。」

此與首節「通志」、「定業」、「斷疑」相應，有起有結，毫不滲漏。

胡庭芳曰〔註152〕：「此章凡八稱聖人，皆指伏羲，只繫辭是文王、周公事。」

《本義》：「右第十一章。」

《易》曰：「自天祐之，吉無不利。」子曰：「祐者，助也。天之所助者，順也。人之所助者，信也。履信思乎順，又以尚賢也，是以『自天祐之，吉無不利』也。」助，從且，不從日。

《本義》謂此爻無所屬，宜附「鳴鶴在陰」諸爻之末。〔註153〕

子曰：「書不盡言，言不盡意。」然則聖人之意，其不可見乎？子曰：「聖人立象以盡意，設卦以盡情偽，繫辭焉以盡其言，變而通之以盡利，鼓之舞之以盡神。」

潘去華曰〔註154〕：「此章議論層疊，揭其大旨，不過曰『立象盡意』、『神而明之，存乎其人』而已。」

陸君啟曰〔註155〕：「象者，乾坤二畫。『設卦』數句，皆所謂立象盡意也。『盡情偽』、『盡言』、『盡利』、『盡神』，都盡在乾坤二畫可見。乾坤二畫，六十四卦之奧府，三百八十四爻之寶藏，故曰『易之縕』。下反覆發明，即接『形上』、『形下』二句。形即象也，『道』、『器』、『變通』、『事業』皆從此出。立象之外，真無餘意矣。當初聖人立象繫辭時，觀察擬議，原不苟且，是以卦在

---

〔註151〕見朱震《漢上易傳》卷七《繫辭上傳》。

〔註152〕見胡廣《周易大全》卷二十二《繫辭上傳》。

〔註153〕朱熹《周易本義》卷三《繫辭上傳》：「釋《大有·上九》爻義。然在此無所屬，或恐是錯簡，宜在第八章之末。」

〔註154〕潘士藻《讀易述》未見此語。

〔註155〕見陸夢龍《易略·繫辭》。《四庫全書存目叢書》經部第19冊，第539頁。

而天下之賾極，詞在而天下之動鼓，有變而足以為人之化裁，有通而足以備人之推行。這等深意，豈常人易識？故歸之神明、默成之人。」

鄭申甫曰〔註156〕：「書畫家有寫意筆意之語。聖人於道，亦意之而已，心知其如此如此而已，不能以言喻也。非不能言，言大則遺小，言費則遺隱，罄南山之竹，其可盡乎？象也者，像也，鏡花水月，不添設一字，悟者自悟，不悟者亦不至。因言生解，開穿鑿之端，後來諸子以言明道，難於正言，而多假借，誤人多矣。」

吳幼清曰〔註157〕：「有象、有卦、有辭，而無變通，則易為凝滯之物，不合於用。於是作十有八變之法，或陽變為陰，或陰變為陽，卦爻之間，彼此相通，則其用愈廣，而足以盡利矣。因變得占，以定吉凶，則知所趨避，而行事不倦。如以鼓聲作舞容，鼓聲愈疾，舞容亦愈疾，鼓聲不已，無容亦不已。自然而然，所謂『神』也。『立象』、『設卦』，象也。『繫辭』，辭也。『變通』，變也。『鼓』、『舞』，占也。」

**乾坤，其易之蘊邪？乾坤成列，而易立乎其中矣。乾坤毀，則無以見易。易不可見，則乾坤或幾乎息矣。**「縕」，《石經》作「蘊」。「邪」與「耶」同。

象之盡意若此。「乾坤，其易之縕耶」，縕，絮胎也；易得乾坤而成易，猶裘得絮而成裘。縕與門不同。門者，從出之路。縕者，衣中之骨。乾坤縕於六十四卦之中，非謂易縕於乾坤兩卦也。

---

〔註156〕不詳。
〔註157〕吳澄《易纂言》卷七《繫辭上傳》：「『立象』，謂羲皇之卦畫，所以示者也。『盡意』，謂雖無言，而與民同患之意，悉具於其中。『設卦』，謂文王設立重卦之名也。『盡情偽』，謂六十四名，足以盡天下事物之情。其情之本乎性而善者曰情，情之怫乎性而不善者曰偽。『辭』，謂文王周公之象爻，所以告者也。羲皇之卦畫，足以盡意矣。文王又因卦之象，設卦之名以盡情偽。然卦雖有名，而未有辭也，又係象辭爻辭，則足以盡其言矣。此三句答上文『不盡言』、『不盡意』二語。『設卦』一句在『立象』之後，『繫辭』之前，蓋竟盡意之緒，啟盡言之端也。『盡意』、『盡情偽』、『盡言』者，皆所以為天下利，又恐其利有所未盡，於是作揲蓍十有八變之法，使其所用之策往來多少相通不窮，而其所得之卦，一可為六十四，亦相通不窮。其象、其辭皆可通用，而不局於一，則其用愈廣，而足以盡利矣。因變得占，以定吉凶，則民皆無疑，而行事不倦。如以鼓聲作舞容，鼓聲愈疾，而舞容亦愈疾，鼓聲不已，而舞容亦不已。自然而然，不知其孰使之者，所謂『盡神』也。項氏曰：『立象、設卦、繫辭三盡者，作易之事。變通、鼓舞二盡者，用易之事。』澄謂立象。設卦，象也。繫辭，辭也。變通，變也。鼓舞，占也。」

「畫以兩而相併，故曰列。道以一而隱乎其中，故曰立。」〔註158〕

是故形而上者謂之道，形而下者謂之器，化而裁之謂之變，推而行之謂之通，舉而錯之天下之民謂之事業。「措」，《石經》作「錯」。《字書》：錯與措同。

何言乎乾坤為易之縕也？一形也，上則謂之道，下則謂之器，化裁則謂之變，推行則謂之通，舉而措之則謂之事業，乾坤非易之縕而何哉？「謂之」者，從畫中指所畫之為何名何義也。

張敬夫曰〔註159〕：「道不離形，特形而上者而已。器具於道，以形而下者也。道託器而後行，器得道而無弊，故聖人悟易於心，在道不墮於無，在器不溺於有。」

總一形也，形而上，形而下，兩「而」字、兩「謂之」字，活潑潑地。若將「以」字換「而」字，移「之」字在「謂」字上，便著跡象，便不是聖人手筆。私記。

化是以漸而移，變是通身改換。比如天地之氣，隆寒盛暑，潛運密移，渾無端倪，所謂化也。聖人裁之為四時，則春變為夏，夏變而為秋為冬矣。張橫渠曰〔註160〕：「約裁其化而指別之，則名體各殊，故謂之變。」

「事者，業之未成。業者，事之已著。」〔註161〕

是故夫象，聖人有以見天下之賾，而擬諸其形容，象其物宜，是故謂之象。聖人有以見天下之動，而觀其會通，以行其典禮，繫辭焉以斷其吉凶，是故謂之爻。

徐衷明曰：「『是故』二字乃原其已然之事，正申所以『盡言』之故，故加『夫象』二字以起之，言聖人繫卦爻辭，不過為象作注腳。學者當由辭以得其意，謂之象。」象字與「立象」象字不同，乃卦下之《象》，辭即所謂《彖》也。

極天下之賾者存乎卦。鼓天下之動者存乎辭。化而裁之存乎變。推而行之存乎通。神而明之存乎其人。默而成之，不言而信，存乎德行。

〔註158〕見胡炳文《周易本義通釋》卷五《繫辭上傳》。
〔註159〕見張栻《南軒易說》卷一《繫辭上》。
〔註160〕見張載《橫渠易說·繫辭上》。
〔註161〕見胡炳文《周易本義通釋》卷五《繫辭上傳》。

卦從極賾而來，故極賾者存乎卦。辭從鼓動而得，故鼓動者存乎辭。惟化裁為變，故化裁存乎變。惟推行為通，故推行存乎通。「謂之」者，就易而著其理。「存乎」者，就人而著其用。

胡仲虎曰〔註162〕：「自『形上』至『事業』，由至微推出至著。自「極賾」至「德行」，由至著收歸至微。」又曰〔註163〕：「窮天地萬物之理而著之卦曰極，發天地萬物之理以振作人心曰鼓。」曰神明，謂明不在見解。曰默成，謂成不在智識。不言而信，不待抱著問《易》，而信其理之不誣。〔註164〕◎四以盡五謂之六。「存乎」轉輾發明「立象盡意」一句。

「《上繫》末章歸重德行，《下繫》末章首揭德行。」〔註165〕

何閩儒曰〔註166〕：「晉荀粲云：『聖人立象以盡意，非通乎象外者也；繫辭以盡言，非言乎繫表者也。』然則象外之意、繫表之言，固蘊而不出矣。夫道器不相離，故求於象則象，求於言則言，求於書則書，必別求所謂象外繫表，非也。惟形而上者不容說，則輪扁所謂『若有數存於其間而不可傳於人者』，亦默然得意於乾、坤兩象之間可耳。聖人傳《繫辭上篇》而終以此，其望學者之意切矣。」

《本義》：「右第十二章。」

---

〔註162〕見胡炳文《周易本義通釋》卷五《繫辭上傳》。

〔註163〕見胡炳文《周易本義通釋》卷五《繫辭上傳》。

〔註164〕沈一貫《易學》卷九《繫辭上傳》：「曰神明，謂明不在見解而在神理；曰默成，謂成不在智達而在沉潛。不言而信，審宜契理，全體是易，豈不見聖人之意乎？」

〔註165〕見張振淵《周易說統》卷十《繫辭上傳》，稱「程敬承曰」。

〔註166〕見何楷《古周易訂詁》卷十一《繫辭上傳》。

# 《周易玩辭困學記》卷十四

## 繫辭下傳

八卦成列，象在其中矣。因而重之，爻在其中矣。剛柔相推，變在其中矣。繫辭焉而命之，動在其中矣。

《上繫》首章言易理在天地間，聖人因之作《易》，總歸易簡。此章言天地間道理在易書，聖人示人學《易》，亦總歸易簡。

陸君啟曰〔註1〕：「卦之形體即象，因重即爻，往來交錯即相推，何所變異而復云『在其中』乎？象也者，像也。得失憂虞之形容，不離成列。爻也者，效也，有等相雜，不當之文物盡貢。因重變而通之，所謂變也。存乎不可典要之中，鼓之舞之，所謂動也。存乎所以告之內。」

連說「在中」，見學《易》者不必遠求。

箋注以一卦為主，而以七卦遞加於其上，謂之相蕩。八卦各自為主，而下者復上，上者復下，謂之相錯。總而言之，則謂之因重。汪惕若《圖說》見讀《易》大意。

郭鵬海曰〔註2〕：「『變』，或謂蓍策之變動，《本義》謂『占者所值當動之爻象』，非也。變當以變化之理言。動則人事之動，所謂『鼓天下之動者存乎辭也』。『吉凶悔吝生乎動』，正與上文『動在其中』、下文『天下之動』相應。」

---

〔註1〕見陸夢龍《易略·繫辭》。《四庫全書存目叢書》經部第19冊，第540頁。
〔註2〕不詳。

何閩儒曰〔註3〕:「重卦之人，王弼、虞翻、孔穎達、陸震、陸德明以為伏羲，鄭康成、淳于俊以為神農，孫盛以為夏禹，司馬遷、揚雄、皇甫謐以為文王。今按:《書・大禹謨》云『龜筮協從』，則重卦其來已久。《周官》『三易』，其經卦皆八，其別皆六十四，亦重卦也。文雖演《易》，非重卦之人。至若稱引神農，尤無稽據。按:《淮南子》曰:『伏羲為六十四變，周室增以六爻。』所謂六爻，蓋指爻辭也。然則伏羲既畫八卦，即自重為六十四卦。淮南比諸儒最為近古，所傳當得其實。」

吉凶悔吝者，生乎動者也。剛柔者，立本者也。變通者，趣時者也。

繫辭而「動在其中」者，何也？寂然不動，非徒無凶悔吝，抑且無吉。一動，則吉一而凶悔吝居其三，聖人所以諄諄而繫辭也。「剛柔相推」，而「變在其中」者，何也？「一剛一柔，各有定體，自此而彼，變以從時。」〔註4〕「卦有卦之時，爻有爻之時。立本者，天地之常經。趣時者，古今之通義。」〔註5〕所以「剛柔相推」而「變在其中」也。

焦弱侯曰〔註6〕:「陰多而陽少，則以剛為本；陽多而陰少，則以柔為本；所謂成卦之主也。故曰『立本』。有一卦之時，有一爻之時，隨時而趨，即『變通』之道。《正義》云:『卦既總主一時，爻又就一時中，各趨其所宜之時。』」

吉凶者，貞勝者也。天地之道，貞觀者也。日月之道，貞明者也。天下之動，貞夫一者也。

《別傳》曰〔註7〕:「言吉而不言凶，令人有幾幸之心。言凶而不言貞，令人有苟免之念。約吉凶而歸於貞，論道義不論禍福，喫緊示人以不可不慎之意。」

---

〔註3〕見何楷《古周易訂詁》卷十二《繫辭下傳》。按:趙汝楳《周易輯聞》卷一上《乾》:「先儒論重卦者，王弼、虞翻、孔穎達、陸震、陸德明以為伏羲，鄭康成、淳于俊以為神農，孫盛以為夏禹，司馬遷、揚雄、皇甫謐以為文王。案:《書・禹謨》『龜筮協從』，則卦已重矣。《周官》『三易』，其別皆六十四，亦重卦也。伏羲作卦，因而重之，宜不待神農以後。」
〔註4〕見朱熹《周易本義》卷三《繫辭下傳》。
〔註5〕見胡炳文《周易本義通釋》卷六《繫辭下傳》。
〔註6〕見焦竑《易筌》卷五《繫辭下傳》。
〔註7〕見張振淵《周易說統》卷二十二《繫辭下傳》。按:此指二十五卷本《周易說統》，十二卷本無。
另外，曹學佺《周易可說》卷六《繫辭下傳》:「陸庸成曰:『(略)夫言吉不言貞，令人有幾幸之心。言凶不言貞，令人有苟免之意。』」

　　吉凶非循環無定，亦非對待相持。天下有常勝之道，貞是也。貞，正也，常也，惟正故常，惟常故勝。〔註8〕……

　　□□□□□□□□□〔註9〕蓋天下固有理當吉而反凶者，究竟凶不勝吉；亦有理當凶而反吉者，究竟吉不勝凶。非正之求勝於凶，而邪之不能勝正也，故曰「貞勝」。貞之為道，自造化而來，天無私覆，地無私載，日月無私照臨，故曰「天地之道，貞觀者也日月之道，貞明者也。天下之動，貞夫一者也。」《書》曰：「德惟一，動罔不吉。德二三，動罔不凶。」世上事千條萬緒，惟此一貞最為穩當，故曰「貞夫一」。一者何？易簡而已。殊塗百慮，便涉煩難。一致同歸，自然易簡。私記。

　　《疏》〔註10〕：「貞之為訓，訓正訓一，正者體無傾邪，一者情無差二，

---

〔註8〕此下有闕文。四庫本注「原缺」。版式行二十字，「勝」後有四格，次闕一行，「蓋」前闕十字。按：闕文前後部分，即自「吉凶非循環無定」至「私記」，可能為一節，也可能為兩節。檢潘士藻《讀易述》卷十三《繫辭下傳》：
質卿曰：「夫是卦爻也，卦爻之辭也。剛柔也，剛柔之變也。總之皆明乎天下之吉凶也。是吉凶者，豈曰循環而無定者哉？亦豈曰對待而相勝者哉？蓋天下有常勝之道，貞是也。貞，正也，常也。惟正故常，惟常故正。吉之能勝夫凶也，非吉之能勝也，以正之勝也。不正，即吉亦凶也。凶之能勝夫吉也，非凶之能勝也，以不正勝之也。若正，即凶亦吉也。吉凶無常而貞有常，此天下趨避之準也。是何也？理一則不容有二，至常則不容有變也。」
可知闕文之前部分係櫽栝質卿之語。而闕文之後部分為私記，故此處應為兩節。
〔註9〕上一則注考定闕文前後應為兩節，此處所闕十字亦可略加窺測。
查慎行《周易玩辭集解》鈔錄《周易玩辭困學記》之文甚多，而未加注明（參拙文《查慎行〈周易玩辭集解〉諸失舉例——兼論史源學對易籍整理之重要性》）。檢《周易玩辭集解》卷十《下繫傳》：
愚按：上文言「吉凶悔吝生乎動」，未曾說吉凶之道理，故此節提出「貞勝」二字，見得吉凶本於一理。吉凶不並立，若相制相剋者然。不曰趨避而曰「貞勝」，猶人定勝天云爾。禍福之來，豈可逆料？天下固有理當吉而反凶者，究竟凶不勝吉，非貞之求勝乎凶，而邪自不能勝正也。《本義》謂「天下之事，非吉則凶，非凶則吉，常相勝而不已」，似非確解。愚又竊按：「貞」字乃一部《易經》之全旨。卦爻辭或言利貞、可貞、永貞，或言貞吉，或言貞凶，惟以貞為主，所謂常勝之道也。此其道自有造化以來，天無私覆，地無私載，日月無私照。「貞觀」、「貞明」者，皆是也。貞者何？「貞夫一」而已。「一」字對「動」字說。天下之動，雖變化無窮，而要歸於一。一者何？即下文所謂「易簡」也。先儒或牽入虞廷「精一」、孔門「一貫」，與此似無交涉。《上繫傳》於吉凶悔吝无咎言之詳矣，獨未及貞字，故於此首發之。
〔註10〕見《周易正義》卷十二《繫辭下》。其中，「夫有動則未免乎累，狥徇吉則未離乎凶」係韓《注》。

寂然無慮任，運而行者也。『夫有動則未免乎累，狗〔註11〕徇吉則未離乎凶』，若守貞靜寂，何吉何凶之有？是貞正能勝其吉凶也。」附錄。

夫乾，確然示人易矣。夫坤，隤然示人簡矣。爻也者，效此者也。象也者，像此者也。爻象動乎內，吉凶見乎外。功業見乎變，聖人之情見乎辭。

一推一敲，直剝到一處吉凶之理，何其約而易操耶！只說得個一，不曾說一是何物。求一而一不可見，因恍然有會於乾坤。乾坤之道，概於易簡。一則曰「確然示人」，一則曰「隤然示人」，見得易簡之理，彰明顯露，人自走到煩難路上去耳。所以聖人作《易》，無他奧妙。爻者效此，象者像此，三百八十四爻、六十四卦皆不外乾坤，乾坤不外易簡。這都是聖人老婆心切，為天下後世之處。然有畫無文，這種苦情尚未一盤托出。至於《繫辭》，不徒言吉言凶，而諄諄於利貞，蓋論必然之道，義不顧猝至之禍福，所以絕人幾幸苟免之心，而歸諸正，令知愚賢不肖皆守居易俟命之學，此聖人之情也。故曰「聖人之情見乎辭」。私記。

內外猶言微顯。爻象有畫無辭，然已含消息，當否於內，故曰「動乎內」。吉凶見，則人知趨避，可以開物成務，故曰「見乎外」。〔註12〕

荀慈明曰〔註13〕：「陰陽相變，功業乃成。」《別傳》曰〔註14〕：「宇宙原無死局。不曰占而曰變，即惟幾也，故可以成天下之務。」

天地之大德曰生，聖人之大寶曰位。何以守位？曰人。王肅本作「仁」，陸德明本作「人」。何以聚人？曰財。理財正辭，禁民為非曰義。

鄭氏曰〔註15〕：「斂聚有經，費出有法，兼併無所肆其開闔，邦國不得擅其節制，此之謂『理財』。垂法於象魏，讀〔註16〕於鄉黨，著之話言，布之典冊，上言之以為命，下守之以為令，此之謂『正辭』。下不得僭上，賤不得逾

〔註11〕「狗」，四庫本作「徇」，《周易正義》作「殉」。
〔註12〕此一節見錢士升《周易揆》卷十一《繫辭下傳》。
〔註13〕見李鼎祚《周易集解》卷十五《繫辭下傳》。
〔註14〕見張振淵《周易說統》卷二十二《繫辭下傳》。按：此指二十五卷本《周易說統》，十二卷本無。
〔註15〕見潘士藻《讀易述》卷十三。又見張振淵《周易說統》卷十一，無「凡此皆義也」。按：早見於李衡《周易義海撮要》卷八《繫辭下》，係鄭玄之說。
〔註16〕「讀」下，《周易義海撮要》有「法」。

貴，造言者有誅，僞行者有罰，有以率其怠倦，有以鋤其強梗，此之謂『禁民為非』。凡此皆義也。」

《本義》：「右第一章。」按：此分章從《注疏》也。焦弱侯以「天地之大德」數句，置於下章之首。各以意為聯絡，道理廣大，固無所不可。然終牽強為合。龍仁夫疑其上下不相合，謂為他經誤入。胡仲虎本亦刊去此章。據此，宜從闕疑之例。

古者包犧氏之王天下也，仰則觀象於天，俯則觀法於地，觀鳥獸之文與地之宜，王昭素謂「地」字上應有「天」字。〔註17〕近取諸身，遠取諸物，於是始作八卦，以通神明之德，以類萬物之情。

此章言伏羲畫卦，天地人物無不牢籠，故卦成而聖人制度無不冥合。「耒耜」等十三條，夫子錯舉，以寫其鏡花水月之意，蓋借指標月，非以指為月也。

郭鵬海曰〔註18〕：「以十三卦言之，其通變、神化、製器、尚象，而不滯於象，則所謂『通神明之德』也。人情慾興利而為之興，人情慾除害而為之除，人情厭質而文明以賁之，人情滋僞而書契以信之，則所謂『類萬物之情』也。」

歸熙甫曰〔註19〕：「傳論聖人作《易》，此最明白的確，所謂『河圖洛書，聖人則之』者，必不規規模仿之矣。」

「神明之德」不外健順動止，「萬物之情」不止天地風雷。德不可見，故曰「通」；情可見，故曰「類」。〔註20〕

作結繩而為網罟，以佃以漁，蓋取諸離。「網」，《石經》作「罔」。「罟」，《石經》作「罟」。

馮文所曰〔註21〕：「佃漁耒耜等十三條，所以備舉而言者，見易道之大。

〔註17〕朱熹《周易本義》卷三《繫辭下傳》：「王昭素曰：『「與地」之間，諸本多有『天』字。俯仰遠近，所取不一，然不過以驗陰陽消息兩端而已。』」

〔註18〕不詳。

〔註19〕見歸有光《易經淵旨》卷下《繫辭下傳》。

〔註20〕來知德《周易集注》卷十四《繫辭下傳》：「神明之德，不外健順動止八者之德；萬物之情，不外天地雷風八者之情。德者，陰陽之理；情者，陰陽之跡。德精而難見，故曰通。情粗而易見，故曰類。」

〔註21〕馮時可（字元成，號文所）《易說·易繫離解》未見此語。按：托名呂巖《呂子易說》卷下《繫辭下傳》：「《繫辭》之所謂佃漁也、耒耜也、交易也、衣裳也、舟楫也、牛馬也、門柝也、杵臼也、弧矢也、宮室也、棺槨也、書契也，

精粗畢備，雖聖人制作，不能越此，所謂『先天而天弗違』也。茍必待取卦而後製器，則先聖為器象而畫卦，畫非自然；後聖據卦象而製器，制非自運。所謂竭心思、竭耳目者何為乎？」晦庵曰〔註22〕：「孔子云『蓋取諸某卦』云者，或以名，或以義，或以象，不過得其大意云爾。如《漢書》云『獲一角獸，蓋麟云』，『蓋』者，疑詞也，想當然爾之語也。」◎「網以取獸曰佃，罟以取魚曰漁。」〔註23〕

包犧氏沒，神農氏作。斲木為耜，揉木為耒，耒耨之利，以教天下，蓋取諸益。

耜者，耒首，斲木之銳而為之。耒者，耜柄，屈木之直而為之，即今所謂犁也。〔註24〕「教民肉食，自包犧始。教民粒食，自神農始。」〔註25〕

日中為市，致天下之民，聚天下之貨，交易而退，各得其所，蓋取諸噬嗑。

《風俗通》曰：「市，恃也。養贍老小，恃以不匱也。」《周禮·司市》：「大市日昃而市，百族為主。朝市朝時而市，商賈為主。夕市夕時而市，販夫販婦為主。」神農首作，市以日中。《字書》：市有垣，故從冂中丨從了。了，古文「及」字，象物相及也。

神農氏沒，黃帝、堯、舜氏作。通其變，使民不倦。神而化之，使民宜之。《易》窮則變，變則通，通則久。是以「自天祐之，吉無不利」。黃帝、堯、舜垂衣裳而天下治，蓋取諸乾坤。堯，從垚從兀。

蘇君禹曰〔註26〕：「此章言庖犧而繼以神農，言神農而繼以黃帝、堯、舜，便見五帝之授受為道統淵源，而數聖人心法之傳，不過易理而已。」

---

所以必備舉而為言者，言六十四卦足以盡民用。雖聖人之制作，不能越於此，所謂『先天而天弗違』也。茍必待取卦而後製器，則先王為器而畫，畫非自然；後聖據卦而製，製亦非自運。所謂竭心思耳目者，又何為也？」

〔註22〕黎靖德《朱子語類》卷七十五：「故孔子各以『蓋取諸某卦』言之，亦曰其大意云爾。《漢書》所謂『獲一角獸，蓋麟云』，皆疑辭也。」

〔註23〕見吳澄《易纂言》卷八《繫辭下傳》。

〔註24〕龔原《周易新講義》卷九《繫辭下》：「耜者，耒首也，斲木之銳而為之耜。耒者，耜之柄也，屈木之直而為之耒。」龔氏之說又見潘士藻《讀易述》卷十三《繫辭下傳》，不言係引用。

〔註25〕見楊萬里《誠齋易傳》卷十八《繫辭下》。

〔註26〕見蘇濬《生生篇·繫辭下傳》。

　　「陽極則必變於陰，陰極則必變於陽。陽變於陰，則不至於亢；陰變於陽，則不至於伏。此『通』也。陽而陰，陰而陽，循環無端，此『久』也。」〔註27〕《別傳》曰〔註28〕：「執久則釋，視久則瞬，事久則弊，不更則斁。」

　　蔡介夫曰〔註29〕：「衣裳之制既興，則有拜跪坐立之禮，有升降揖遜之節，有君臣父子之倫，有男女長幼之別，有尊卑等威之辨。禮義興，風俗美，此無為之化，世運之一大關鍵也。」

　　焦弱侯曰〔註30〕：「製器尚象凡十三卦，獨乾坤合而不分。上古衣裳相連，乾坤相依，君臣一體也。後世衣裳離而為二，尊君卑臣，上下判隔，失古意矣。今獠川苗寨多衣統裙，上下相連，猶是古法，所謂『禮失求諸野』也。」

　　**刳木為舟，剡木為楫。舟楫之利，以濟不通，致遠以利天下，蓋取諸渙。**

　　刳，剖也，虛其中也。剡，銳利也，又削也。

　　**服牛乘馬，引重致遠，以利天下，蓋取諸隨。重門擊柝，以待暴客，蓋取諸豫。斷木為杵，掘地為臼，臼杵之利，萬民以濟，蓋取諸小過。弦木為弧，剡木為矢，弧矢之利，以威天下，蓋取諸睽。上古穴居而野處，後世聖人易之以宮室，上棟下宇，以待風雨，蓋取諸大壯。**

　　棟，屋脊木。宇，橑也。棟直承而上，故曰上棟。宇兩垂而下，故曰下宇。〔註31〕

　　**古之葬者，厚衣之以薪，葬之中野，不封不樹，喪期無數，後世聖人易之以棺槨，蓋取諸大過。**《說文》：葬，藏也。從死在茻中。茻，模朗切，眾艸也。《字

----

〔註27〕見來知德《周易集注》卷十四《繫辭下傳》、曹學佺《周易可說》卷六《繫辭下傳》。

〔註28〕見張振淵《周易說統》卷二十二《繫辭下傳》。按：此指二十五卷本《周易說統》。又見十二卷本《周易說統》卷十一《繫辭下傳》，稱「鄭氏曰」。

　　　　按：此語見李衡《周易義海撮要》卷八《繫辭下》。此語又見崔銑《讀易餘言》卷四《繫辭輯下》，稱「王介甫曰」；潘士藻《讀易述》卷十三《繫辭下傳》，稱「鄭氏曰」。

〔註29〕蔡清《易經蒙引》卷十一上《繫辭下傳》。最後一句作「禮義寧有不興？風俗豈有不美？又何勞於有為而天下始治哉！」

〔註30〕焦竑《易筌》卷五《繫辭下傳》。焦氏之說又見曹學佺《周易可說》卷六《繫辭下傳》、何楷《古周易訂詁》卷十二《繫辭下傳》。

〔註31〕此一節見董真卿《周易會通》卷十三《繫辭下傳》，稱「蔡氏曰」。

書》：聚土曰封。從出從土從寸。**上古結繩而治，後世聖人易之以書契，百官以治，萬民以察，蓋取諸夬。**契，從丰從刀從大。俗作**契**，非。

「結繩者，以繩結兩頭，中斷之，各持其一，以為他日對驗。」〔註32〕「書以刀筆畫木簡為文字，契以木刻一二三四之畫，予者執左，取者操右，合之為信也。契但記數，書則有指事象名之類。」〔註33〕

以上諸事，所以為民利用安身養生送死無遺憾矣。然百官以治，萬民以察，卒歸之書契者，蓋器利用便則巧偽生，聖人憂之，故終之以書契，而有取於夬焉。夬乃君子決小人之事，而造書契者亦所以決去小人之偽而防其欺也。〔註34〕

楊廷秀曰〔註35〕：作書契以上等事，非聖人之私智也。取於十三卦之象然後成，亦非一聖人所能為也。歷五聖人而後備，蓋斯人生生之道若此其難，而聖人所以生生斯人者若此其勞也。

《本義》：「右第二章。」

**是故《易》者，象也。象也者，像也。彖者，材也。爻也者，效天下之動者也。是故吉凶生而悔吝著也。**

由是觀之，聖人經世濟民之事，皆有取於卦象。若此，則《易》之為《易》，

〔註32〕見來知德《周易集注》卷十四《繫辭下傳》、曹學佺《周易可說》卷六《繫辭下傳》。

〔註33〕吳澄《易纂言》卷八《繫辭下傳》：「結繩，說者謂民淳事簡，結繩以為信。大事大其繩，小事小其繩，以識別也。書，以刀筆畫木簡為文字也。契，以木刻一二三四之畫而中分之，各執其一，合以為信也。契者，書之始也，契惟以畫記數而已，書則有指事象形之變。」

〔註34〕董真卿《周易會通》卷十三《繫辭下傳》：「程氏龍曰：『右十三卦之取象雖各不同，然皆製器尚象，聖人立成器以為天下利之象也。罔罟、耒耜所以足民食，交易、舟車所以通民財，杵臼、弧矢所以利民用，衣裳以華其身，宮室以定其居，門柝以衛其生，棺槨以送其死。凡所以為民生利用安身養生送死之道，已無遺憾矣。然百官以治，萬民以察，卒歸之戳之書契，何也？蓋器利用便，則巧偽生，憂患作，聖人憂之，故終之以書契之取象。書契可以代忘言之券，乾天可以防書契之偽，其視罔罟等象，雖非一時之利，實萬世之大利也，故結繩初易為罔罟，終易為書契。聖人以定大業，斷大疑，悉於書契乎！觀百官治，萬民察，誠非書契不可也。十三卦終以夬卦之取象，聖人之意深矣。』」又見胡廣《周易大全》卷二十三《繫辭下傳》。

〔註35〕見潘士藻《讀易述》卷十三《繫辭下傳》。原見楊萬里《誠齋易傳》卷十八《繫辭下》。

大意亦可知矣。《易》者，奇耦之象。象者，像神明之德，像萬物之情，以彼方此。伏羲所以教天下後世者，不過如是而已，更何吉凶悔吝之有？至於文王繫《彖》而言一卦之材，周公繫爻而效天下之動，於是吉凶悔吝生者生，著者著，象中之像，剖露無餘矣。〔註36〕三聖人相去數千年，因時立教，微顯虛實，如莛之與楹，其為憂世覺民之意一也。私記。

來矣鮮曰〔註37〕：「生者從此而生，著者自微而著。吉凶在事本顯，故曰『生』。悔吝在心尚微，故曰『著』。悔有改過之意，至於吉則悔之著也。吝有文過之意，至於凶則吝之著也。原其始而言，吉凶生於悔吝；要其終而言，則悔吝著而為吉凶也。」

《本義》：「右第三章。」細玩辭義，當以「是故易者象也」至「悔吝著也」附於「取諸夬」之末，合為一章，乃為諦當。


陽卦多陰，陰卦多陽，其故何也？陽卦奇，陰卦耦。其德行何也？陽一君而二民，君子之道也；陰二君而一民，小人之道也。古以二人並耕為耦，故從耒。○奇耦之名，始見於此。

王輔嗣曰〔註38〕：「少者，多之所宗。一者，眾之所歸。陽卦二陰，故奇為之君。陰卦二陽，故耦為之主。」

黃廣寓曰〔註39〕：「卦主陽，即多陰，不害為君子之道。卦主陰，縱多陽，無救於小人之道。《宋史姦臣傳》『君子雖多，小人用事，其象為陰；小人雖多，君子用事，其象為陽』，即此意也。」

陽卦陰卦何以有君子小人之辨？奇為君，耦為民，則陰陽之理順，而君民之分正，故曰君子。耦為君，奇為民，則陰陽之理悖，而君民之分亂，故曰小人。〔註40〕「此章文義以陽為君、陰為民，則宜曰『一民二君』，以對『一

〔註36〕沈一貫《易學》卷十《繫辭下傳》：「因上文論製器尚象而言。易者，象也。所謂 者，像神明之德，像万物之情，以彼方此之謂也。此伏羲之易也。象舉一卦所具之材而繫之辭，以言其全體。爻則廣摹天下之群動而繫之辭，以言其一節。此文王、周公之易也。更三聖人，是故吉凶生而悔吝著，令人可趨可避也。材可用而未離於樸，天下之動則雕琢多而情偽無乎不有，皆廣此象以告人者。」

〔註37〕見來知德《周易集注》卷十四《繫辭下傳》。

〔註38〕見《周易正義》卷十二《繫辭下》，係韓《注》。

〔註39〕見黃正憲《易象管窺》卷十四《繫辭下傳》。

〔註40〕楊萬里《誠齋易傳》卷十八《繫辭下》：「陽卦宜其多陽而反多陰，陰卦宜其多

君二民」。而曰『二君一民』者，以君為重，扶陽之義也。」〔註41〕

「從卦畫上看出德行來，正見卦畫不是粗跡，乃宇宙間辨名定分之書。蓋陽大陰小、陽貴陰賤，多寡之間，便關世道升降。『論卦則陰陽迭相為主，論分則君民斷不可易。』」〔註42〕

《本義》:「右第四章。」

《易》曰:「憧憧往來，朋從爾思。」子曰:「天下何思何慮？天下同歸而殊塗，一致而百慮，天下何思何慮？日往則月來，月往則日來，日月相推，而明生焉。寒往則暑來，暑往則寒來，寒暑相推，而歲成焉。往者屈也，來者信也，屈信相感，而利生焉。尺蠖之屈，以求信也。龍蛇之蟄，以存身也。精義入神，以致用也。利用安身，以崇德也。過此以往，未之或知也。窮神知化，德之盛也。」

季明德曰〔註43〕:「開口說『何思何慮』，便打破疑團。又不下『無』字而下『何』字，便想出他自然光景。」程敬承曰〔註44〕:「三『天下』字有味。人之『憧憧往來』，不過馳思於天下耳。不知天下空空洞洞，何處容我思慮，我亦何以思慮為哉？」

王伯安曰〔註45〕:「孔子釋《咸》九四爻義，初不言此心如何應感，只言

陰而反多陽，故仲尼自問曰『其故何也？』於是自答曰:陽卦奇，陰卦耦故也。蓋眾者以寡者為之君，寡者以眾者為之民。一卦二陰而一陽，則二陰相率而君一陽，故陽卦奇，謂二耦以一奇為君也。一卦二陽而一陰，則二陽相率而君一陰，故陰卦耦，謂二奇以一耦為君也。王弼曰『陰爻雖賤，而為一卦之主，名處至少之地』是也。仲尼又自問，如此則陰陽二卦『其德行何也？』於是又自答曰:陽一君而二民，君子之道也。陰二君而一民，小人之道也。蓋一者，奇之異名;二者，耦之異名。陽一君而二民，謂以奇為君，以耦為民也。如此則陰陽之理順，而君民之分正，故曰君子之道。陰二君而一民，謂以耦為君，以奇為民也，如此則陰陽之理悖，而君民之分亂，故曰小人之道。」

〔註41〕見季本《易學四同》卷六《繫辭下傳》。

〔註42〕見張振淵《周易說統》卷十一《繫辭下傳》。其中，最後一句，《周易說統》稱「彥陵氏曰」。

〔註43〕不詳。

〔註44〕張振淵《周易說統》卷十一《繫辭下傳》:「程敬承曰:『人之『憧憧往來』，不過馳思天下耳。而孰知天下空體也，天下寥廓盡屬之天下，而不屬之我，何處可容吾思慮哉？』」按，《周易說統》所引原出程汝繼《周易宗義》卷十一《下繫辭》。(《續修四庫全書》第14冊第452頁)

〔註45〕不詳。

日月、寒暑、尺蠖、龍蛇，使人自求而得之，上際天，下蟠地，明如日月，變如四時，微如尺蠖，幽如龍蛇，種種妙用，易簡在此，神化在此，不是安排而得。」

張彥陵曰〔註46〕：「大凡好用思慮的人，只是驟希神化，遺卻日用工夫，故先把一致同歸指出，神化源頭，隨以造化『屈伸相感』之理，明無所容其思慮。『尺蠖』四句不是又把物理自然來說，正是指他寔落下手處。蓋未有下學工夫不到，而頓能上達者。試看尺蠖以屈得伸，龍蛇以蟄存身，工夫全在『精義』、『利用』上做起。」吳一源曰〔註47〕：「人皆知伸之利，而不知屈之所以利也，故以尺蠖、龍蛇明之。正欲人養靜以待動，無感以待感。」

姚胤昌曰〔註48〕：「理在天下，論到歸宿處，更無差別。但事至物來，逐條逐項，莫不各有當行之路，是為同歸而殊塗。理在人心，論到歸宿處，亦並無二三。但應事接物，依他路上走將去，件件不同，為一致而百慮。」陸君啟曰〔註49〕：「如一水之流，自成支派，各起波瀾。其合莫知其所以合，其分莫知其所以分。」「要在同與一處見出殊與百來，不要從殊與百轉到同與一上去。」〔註50〕

余玉吾曰〔註51〕：「『思』者，索其所欲。『慮』者，防其所惡。」洪覺山曰〔註52〕：「『思』以統體言，『慮』以應事言。」

子瞻曰〔註53〕：「《易》將明乎一，未有不用變化、晦明、寒暑、往來、屈伸者。此皆二也，而以明一者。惟通二為一，然後其一可必，故曰『在天成象，在地成形』。又曰：變化者，進退之象。剛柔者，晝夜之象。又曰：闔戶謂之坤，闢戶謂之乾，皆所以明一也。」

又曰〔註54〕：「『精義』者，窮理也。『入神』者，盡性以至於命也。『窮

〔註46〕見張振淵《周易說統》卷十一《繫辭下傳》。
〔註47〕見張振淵《周易說統》卷十一《繫辭下傳》。
〔註48〕見張振淵《周易說統》卷十一《繫辭下傳》。
〔註49〕見陸夢龍《易略・繫辭》。《四庫全書存目叢書》經部第 19 冊，第 541 頁。
〔註50〕見張振淵《周易說統》卷十一《繫辭下傳》。
〔註51〕見俞琰《周易集說》卷三十三《繫辭下傳二》。按：此說早見張栻《南軒易說》卷二《繫辭下》。
〔註52〕程汝繼《周易宗義》卷十一《下繫辭》（《續修四庫全書》第 14 冊，第 451 頁）按：此說早見朱長文《易經解・下繫》。
〔註53〕見蘇軾《東坡易傳》卷八《繫辭傳下》。
〔註54〕見蘇軾《東坡易傳》卷八《繫辭傳下》。

理盡性，以至於命」，豈徒然哉？將以致用也。譬之於水，知其所以浮，知其所以沉，盡水之變而皆有以應之，『精義』者也；知其所以浮沉而與之為一，不知其為水，『入神』者也；與水為一，不知其為水，未有不善遊者也，而況以操舟乎？此之謂『致用』也。故善遊者之操舟也，其心閒，其體舒，是何故？則用利而身安也。事至於身安，則物莫吾測，而德崇矣。」「凡可以安人而不足以自安者，皆非義也。」〔註55〕

　　韓康伯曰〔註56〕：「『精義』由於『入神』，以致其用。『利用』由於『安身』，以崇其德。理必由乎其宗，事各本乎其根。歸根則寧，天下之理得也。若役其思慮以求動〔註57〕，忘其安身以殉功〔註58〕，則為〔註59〕彌多而理愈離，名彌美而累愈彰矣。」

　　葉爾瞻曰〔註60〕：「『過』者，境轉而不留之辭。知曰『或知』，非一定之真知。起念反迷，所謂意障也。」

　　陳器之曰〔註61〕：「猶推車然，未行前必須猛下氣力，方推得轉。既行後，輪勢自轉，雖止不可得用工夫。人要見此消息，便省力去。」

　　子瞻曰〔註62〕：「恐天下沿其末流而不反其宗，故寄之不知以為窮神。恐天下相追於無窮而不已，故指其盛德以為藝極。」

　　《象》曰：「憧憧往來，未光大也。」然則斷絕往來，如已灰之木，可為光大乎？「吾非斯人之徒與而誰與？」「往而不來非禮也，來而不往非禮也。」莫往莫來，無此世界，亦無此學問，只於往來上多了一番計較，心地便不光明，便不正大。究其所以不光明正大者，只為利之一言迷惑心志，所謂「天下熙熙，皆為利來。天下攘攘，皆為利往」。舉念便私，賢愚一轍。所以夫子將日月寒暑，以明往來之不可無，又將明生歲成以明利之必有，見得道理上往來自有便宜，日計不足，歲計有餘，一切計較，都同作夢。談至此，真可謂鬧熱場中一服清涼散矣。然此亦只是冷淡說話。至學問下手處，

〔註55〕見沈一貫《易學》卷十《繫辭下傳》。
〔註56〕見《周易正義》卷十二《繫辭下》。
〔註57〕「動」，《周易正義》下有「用」。
〔註58〕「功」，《周易正義》下有「美」。
〔註59〕「為」，《周易正義》作「偽」。
〔註60〕見張振淵《周易說統》卷十一《繫辭下傳》。
〔註61〕見陳埴《木鍾集》卷一《論語》。
〔註62〕見蘇軾《東坡易傳》卷八《繫辭傳下》。

尚未有把握，所以夫子又把尺蠖龍蛇形容潛伏退藏之象。王文成公所謂「學問以收斂為主，發散是不得已」，然收斂時畢竟作何功行，只於義利關頭勘入精微，何事當行，何事當止，絕無半點自私自利之心。此等工夫，不是閉門枯坐，閒說道理，要在日用應酬上得力。君臣、父子、兄弟、朋友之間，往往來來，處置得宜，絕無懷利相接之意，覺此身在世上灑脫自在，不墮坑坎，故曰「精義入神，以致用也。利用安身，以崇德也」。精義所以利用，利用所以安身，安身所以崇德。蓋道理不精，則應酬乖謬，家國天下何處安頓此身？此身既不能安頓，而高談性命，張皇幽渺，盡虛妄耳，尚何德之崇哉？看來人在世上，先要此身泰然，無局蹐煩惱之處，方可希蹤聖賢，造於高明廣大之域。其所以局蹐煩惱者，只為利心太重，算計太深，知伸而不知屈，知飛而不知蟄。以至君臣、父子之間，富貴、貧賤之境，心勞日拙，無一而可。不如嗒然放下，無思無慮，「日往則月來，月往則日來，日月相推而明生焉。寒往則暑來，暑往則寒來，寒暑相推而歲成焉。」巧固如是，拙亦宜然，亦何「憧憧」之有哉？私記。

《爾雅》：尺蠖，屈伸蟲也。狀如蠶而絕小，行則促其腰，使首尾相就，乃能進步。龍，靈蟲。秋分潛淵，春分上天。蛇，曲行蟲。冬則含土入蟄，遇春出蟄則吐。

《易》曰：「困於石，據於蒺藜，入於其宮，不見其妻，凶。」子曰：「非所困而困焉，名必辱。非所據而據焉，身必危。既辱且危，死期將至，妻其可得見邪？」「蒺」，《石經》作「藜」。

《易》曰：「公用射隼於高墉之上，獲之，無不利。」子曰：「隼者，禽也。弓矢者，器也。射之者，人也。君子藏器於身，待時而動，何不利之有？動而不括，是以出而有獲，語成器而動者也。」

楊廷秀曰〔註63〕：「藏如斂鍔，人不能窺。動如發機，人不及拒。」來矣鮮曰〔註64〕：「括有四義：結也、至也、檢也、包也。《詩》『日之夕矣，牛羊下括』，至之義也。揚子《或問》『其中也弘深，其外也肅括』，檢之義也。《過秦論》『包舉宇內，囊括四海』，包之義也。此則如《坤》之『括囊』，取閉結之義。動而不閉結，資深逢原之意也。」

---

〔註63〕不詳。
〔註64〕見來知德《周易集注》卷十四《繫辭下傳》。

子曰：「小人不恥不仁，不畏不義，不見利不勸，不威不懲。小懲而大誡，此小人之福也。《易》曰『屨校滅趾，无咎』，此之謂也。」恥，從心。……〔註65〕

「善不積不足以成名，惡不積不足以滅身。小人以小善為無益而弗為也，以小惡為無傷而弗去也。故惡積而不可揜，罪大而不可解。《易》曰：『何校滅耳，凶。』」

兩「小人」不同。不恥不仁言愧，恥之而後仁也。不畏不義言畏，懼之而後義也。懲其小惡而後戒於大惡，此猶中人之可教者。如注家言，則是不可教戒之人，必至罪大而不可解矣。〔註66〕

「管寧以一日科頭、三晨晏起為平生罪過。」〔註67〕曾子以伐一木、殺一獸不以其時為不孝。

《易學》曰〔註68〕：「美惡之極，乃精神所會，而氣機必通，如此而不足以成名滅身乎？」

子曰：「危者，安其位者也。亡者，保其存者也。亂者，有其治者也。是故君子安而不忘危，存而不忘亡，治而不忘亂，是以身安而國家可保也。《易》曰；『其亡其亡，繫於苞桑。』」

常以為危、為亡、為亂，乃所以安位、保存、有治也。〔註69〕或以「安其位」三句為自恃久安長治，故召危亡之禍，未為不是，但「保」字終說不去。

「安危以身言，存亡以家言，治亂以國言。」〔註70〕曰「身安而國家可保」，未有身不安，而能保其家國者。

---

〔註65〕按：此處闕兩行。四庫本注「原缺」。
〔註66〕此一節見焦竑《易筌》卷五《繫辭下傳》。另外，錢士升《周易揆》卷十一《繫辭下傳》：「兩『小人』不同。不恥不仁言愧，恥之而後仁也。不畏不義言畏，懼之而後義也。懲其小惡而誡於大惡，是猶中人可教者，與怙終滅身者異矣。」
〔註67〕見焦竑《焦氏四書講錄·論上卷五》。明萬曆刻本。
〔註68〕見沈一貫《易學》卷十《繫辭下傳》。
〔註69〕焦竑《易筌》卷五《繫辭下傳》：「常以為危，所以『安其位』。常以為亡，所以『保其存』。常以為亂，所以『有其治』。此三句是論其理，是故以下方就君子身上言之。」
〔註70〕見龔原《周易新講義》卷九《繫辭下》。

子曰：「德薄而位尊，知小而謀大，力少〔註71〕而任重，鮮不及矣。《易》曰：『鼎折足，覆公餗，其形渥，凶。』言不勝其任也。」「力小」，《石經》作「力少」。

德之薄、知力之小，皆限於稟，而不可強，聖人豈厚責以必能哉？亦責其貪位而不量己，過分而不勝任耳。〔註72〕

子曰：「知幾其神乎？君子上交不諂，下交不瀆，其知幾乎？幾者動之微，吉之先見者也。君子見幾而作，不俟終日。《易》曰：『介於石，不終日，貞吉。』介如石焉，寧用終日？斷可識矣！君子知微知彰，知柔知剛，萬夫之望。」《字書》：諂從臽，陷也。諂人者，陷人於惡也。

韓康伯曰〔註73〕：「幾者去無入有，不可以名尋，不可以形睹者。故言動之微，合抱之木，起於毫末，故言吉之先見。」

晦庵曰〔註74〕：「凡事未至而空，說道理易見。事既至而顯，然道理亦易見。惟事之方萌而動之微處最難見。」

張邦奇曰〔註75〕：「三百八十四爻，獨於《豫》六二發『介於石，不終日』之義，蓋豫最溺人，非堅靜者不能守，非有守者不能見幾之速。今夫朋友、夫婦之間，和樂之過，或以啟釁，而況於疏遠者乎？故曰『上交不諂，下交不瀆，其知幾乎』。楚人有言曰：『人之所患者，在於袵席之上、尊俎之間。』」

---

〔註71〕「少」，四庫本作「小」。
〔註72〕此一節見潘士藻《讀易述》卷十三《繫辭下傳》，稱「項氏曰」；又見焦竑《易筌》卷五《繫辭下傳》，稱「《玩辭》」；又見張振淵《周易說統》卷十一《繫辭下傳》，稱「項平菴曰」。然項安世《周易玩辭》並無此語，實出楊萬里《誠齋易傳》卷十八《繫辭下》：
德之薄者尚可積而厚，知之小者不可強而大，力之少者不可勉而多，聖人亦豈責天下之人皆德厚而不薄、皆知大而不小、皆力多而不少哉？責其貪位而不量己，過分而不勝任耳。量力而負，其人不跌；量鼎而受，其足不折。今也鼎足之弱而鼎實之豐，有不折己之足、覆人之餗、敗己之身者乎？足之折、身之敗，自取之也；餗之覆，彼何辜焉。
〔註73〕《周易正義》卷十二《繫辭下》韓《注》：「幾者去無入有，理而無形，不可以名尋，不可以形睹者也。唯神也不疾而速，感而遂通，故能朗然玄昭，鑒於未形也。合抱之木，起於毫末。吉凶之彰，始於微兆，故為吉之先見也。」
〔註74〕見黎靖德《朱子語類》卷七十六。
〔註75〕見張邦奇《張邦奇集》養心亭集卷三《易說上》。又見潘士藻《讀易述》卷十三《繫辭下傳》。

項氏曰〔註76〕：「詔者本以求福，而禍嘗基於詔。瀆者本以交驩，而怨嘗起於瀆。故《易》言『知幾』，而孔子以『不詔』、『不瀆』先之。」楊廷秀曰〔註77〕：「石者至靜而無欲，至重而不動者也。『介如石』，焉寧復有詔瀆之事乎？」

子瞻曰〔註78〕：「夫無守於中者，不有所畏，則有所忽也。上交不詔，無所畏也。下交不瀆，無所忽也。上無畏、下無忽，事至則發而已矣。」

夫知彰者眾矣，惟君子於微而知其彰。知剛者眾矣，君子於柔而知其剛。故萬夫望之，以為進退之候也。孔《疏》〔註79〕：「凡物之體，從柔以至剛。凡事之理，從微以至彰。知幾之人，既知其始，又知其終，故曰『知幾其神』。」

子曰：「顏氏之子，其殆庶幾乎？有不善未嘗不知，知之未嘗復行也。《易》曰：『不遠復，無祗悔，元吉。』」《字書》：祗從甘尚聲。俗從旨，通用。

韓《注》〔註80〕：「在理則昧，造形而悟，顏子之分也。失之於幾，故有不善。得之於二，不遠而復，故知之未嘗復行也。」子瞻曰〔註81〕：「知之而復行者，非真知也。世所以不食烏喙者，徒以知之審也。如使知不善如知烏喙，則世皆顏子矣。」陽明知行合一之說，從此出。

天地絪縕，萬物化醇；男女構精，萬物化生。《易》曰：「三人行則損一人，一人行則得其友。」言致一也。

丘行可曰〔註82〕：「《損》自《泰》來。以未成卦言之，下乾為天，上坤為地，以乾上三爻交坤下三爻而為《損》，有『天地絪縕』之象。以既成卦言之，上坤變艮，艮為少男；下乾變兌，兌為少女；有『男女構精』之義。」

〔註76〕 見潘士藻《讀易述》卷十三《繫辭下傳》。
〔註77〕 楊萬里《誠齋易傳》卷十八《繫辭下》：「夫石者，至靜而無欲，至重而不動者也。今也君子介然如石，天下之可欲者何物能動之乎？」
〔註78〕 見蘇軾《東坡易傳》卷八《繫辭傳下》。
〔註79〕 見《周易正義》卷十二《繫辭下》。
〔註80〕 見《周易正義》卷十二《繫辭下》。
〔註81〕 見蘇軾《東坡易傳》卷八《繫辭傳下》。
〔註82〕 見董真卿《周易會通》卷十三《繫辭下傳》、胡廣《周易大全》卷二十三《繫辭下傳》、姜寶《周易傳義補疑》卷十一《繫辭下傳》、焦竑《易筌》卷五《繫辭下傳》、張振淵《周易說統》卷十一《繫辭下傳》。又見張獻翼《讀易紀聞》卷六《下傳》，不言係引用。

來矣鮮曰〔註83〕：「絪，麻線也。縕，綿絮也。借字以言天地之氣纏綿交密之意。醇者，凝厚也。醇本醇酒，亦借字也。」

潘去華曰〔註84〕：「天下事，一則精，二則雜。堯、舜之仁義，黃、老之清靜，孫、吳之治兵，申、商之行法，其道不同，其致一則同。」

子曰：「君子安其身而後動，易其心而後語，定其交而後求。君子修此三者，故全也。危以動則民不與也，懼以語則民不應也，無交而求則民不與也，莫之與則傷之者至矣。《易》曰：『莫益之，或擊之，立心勿恆，凶。』」

郭鵬海曰〔註85〕：「『全』兼人己言。在我者施無不宜，於人行無不得，是謂全而無失。事不順理，悍然必行為『危以動』。心知非理，自覺惶恐。強人從令為『懼以語』。恩信未孚，驟使輸財供役為『無交而求』。」「三者」，道之恆也。反是為不恆。

《易學》〔註86〕：「從井不可以救，徒手不可以援，安其身而後動也。乘怒不可以罰，乘喜不可以賞，易其心而後語也。不信不可勞人，不悅不可犯難，定其交而後求也。」

周用齋曰〔註87〕：「以上臨下而曰交，有敵己之思。以上取下而曰求，有惟恐不從之意。聖人下字之間，義味深矣。」兩「與」字，一是「黨與」之「與」，一是「取與」之「與」。

庭芳曰〔註88〕：「夫子於《繫辭上傳》，既舉七卦爻辭以發明易道。今於此章，復舉九卦十爻之辭以論之。看來亦只是隨一時所欲言者舉之，逐爻各自有意義，皆足為學者取法，未必先立主意卻以卦實之也。」

《本義》：「右第五章。」按：《注疏》既自「德之盛也」連上為第三章，又以「困於石」至「勿恆凶」為第四章。胡仲虎、吳幼清以《上繫》七爻、

---

〔註83〕見來知德《周易集注》卷十四《繫辭下傳》。
〔註84〕見潘士藻《讀易述》卷十四《繫辭下傳》。
〔註85〕見張振淵《周易說統》卷十一《繫辭下傳》。
〔註86〕見沈一貫《易學》卷十《繫辭下傳》。
〔註87〕曹學佺《周易可說》卷六《繫辭下傳》：「周用齋曰：『夫以上下相接而曰交，若有敵己之思焉。以上取下而曰求，若有俯求之意焉。聖人下字之間，其意味深矣。』」
〔註88〕見董真卿《周易會通》卷十三《繫辭下傳》、胡廣《周易大全》卷二十三《繫辭下傳》。

《下繫》十一爻與「自天祐之」爻皆《文言》，附於乾、坤《文言》之末，非獨義類相從，蓋就日用平常之事，叮嚀戒諭，是聖人苦心為人處。遵其說，未為不可。

　　子曰：「乾坤，其易之門邪？乾，陽物也；坤，陰物也。陰陽合德而剛柔有體，以體天地之撰，以通神明之德。其稱名也，雜而不越，於稽其類，其衰世之意邪？」

　　此章言文、周繫辭，委曲詳盡，無非因貳濟民，而要不出乾坤二畫，故從伏羲畫卦說起。

　　乾坤分峙，不過陰陽二物而已。陰陽相得，而陰之德合於陽，陽之德合於陰，於是三百八十四爻俱有剛柔之體質，而天地之撰以此而體，神明之德以此而通矣。豈非乾坤為易之門邪？「天地之撰，雷風山澤之類也。神明之德，健順動止之類也。形容曰體，發揮曰通。」〔註89〕「『體天地之撰』以卦象言，『通神明之德』以卦德言。」〔註90〕「陰陽合德」即所謂「相摩」、「相蕩」。「剛柔有體」即所謂「成男」、「成女」。私記。

　　或問：所云門者，為是六十四卦皆由是出，故曰門邪？為復取闔闢之義邪？元晦曰：取闔闢之義，觀下文『陰陽合德』可見。〔註91〕

　　蘇君禹曰〔註92〕：「宇宙間無獨陰、獨陽之理。人但知剛屬陽，柔屬陰，不知陽合於陰，乃有剛體；陰合於陽，乃有柔體。體者，卦體也，或剛上柔下，或柔上剛下，皆自合德中來。天地之撰，合同而化者也；神明之德，合一不測者也。」

　　一卦有一卦之「稱名」，一爻有一爻之「稱名」。或言物象，或言事變，可謂雜矣。然不過體天地之撰、通神明之德，未有越於此外者。但稽考所稱

---

〔註89〕見來知德《周易集注》卷十四《繫辭下傳》。

〔註90〕見吳澄《易纂言》卷八《繫辭下傳》。

〔註91〕黎靖德《朱子語類》卷七十六：「問：『乾坤，易之門。』門者，是六十四卦皆由是出，如兩儀生四象，只管生出邪？為是取闔闢之義邪？曰：只是取闔闢之義。六十四卦只是這一箇陰陽闔闢而成，但看他下文云『乾，陽物也。坤，陰物也。陰陽合德而剛柔有體』，便見得只是這兩箇。」

〔註92〕蘇濬《生生篇‧繫辭下傳》：「宇宙間無獨陰、獨陽之理。陽之動，即陰之根；陰之靜，即陽之根。未有不合於陰，而能成個陽者；亦未有不合於陽，而能成個陰者。故或剛上柔下，或柔上剛下，皆自合德中來。天地之撰，合同而化者也；神明之德，合一不測者也。」

之類，非上古民淳俗樸之語，故曰「衰世」。〔註93〕

　　或以「稱名」為卦名。卦名乃伏羲所命，與下「衰世」句不合。上言畫卦，而即繼以「其稱名也」句，脈理不屬「衰世」句，與「彰往察來」節脈理又不屬，當為錯簡。私記。

　　「夫《易》，彰往而察來，而微顯闡幽。開而當名辨物，正言斷辭則備矣。其稱名也小，其取類也大。其旨遠，其辭文。其言曲而中，其事肆而隱。因貳以濟民行，以明失得之報。」《本義》〔註94〕：「開而」字衍。

　　「彰往」者，彰天道之已然，陰陽消息是也。「察來」者，察人事之未定，禍福趨避是也。顯者微之，日用飲食之事，推本於性命。幽者闡之，鬼神生死之說，發明於人事。「當名」而貴賤上下各安其位，「辨物」而乾馬坤牛各從其族。「正言」如「元亨利貞」之德，明白以曉人。「斷詞」如「吉凶悔吝」之占，剖決而不爽。「備」即指「彰往察來」八項言。此種種發揮，皆備於《易》書，聖人所以教天下者，更無遺憾矣。

　　仲虎曰〔註95〕：「稱名雖小，而取類於陰陽也甚大，不可以淺近卑吾《易》也。其旨雖遠，而其文經緯可見，不可以高遠荒吾《易》也。其言雖委曲，而又皆中於理，《易》豈高遠之書哉？其事雖橫陳，而實本於至隱，《易》豈淺近之書哉？」

　　人惟有病，才肯服藥。「貳」之一字，正夢覺之關，起死回生之際也。失此機會，便難措手。《易》中種種言詞，曲折周詳，總為斯民。徘徊岐路，莫知適從。妄謂得，未必便報以吉；又謂失，未必便報以凶；所以倀倀妄行。聖人因他心中迷惑，無所向往之際，撥轉迷塗，引其歸路。若是得，斷報以吉。若是失，斷報以凶。毫髮不爽，庶幾改弦易轍，不自納於罟擭陷阱也。嗟乎！讀《易》至此，將涕淚交頤，怨艾不及，何暇說圖說書、譚象譚數，作無益之語哉？私記。

〔註93〕見來知德《周易集注》卷十四《繫辭下傳》、曹學佺《周易可說》卷六《繫辭下傳》。
〔註94〕朱熹《周易本義》卷三《繫辭下傳》：「『而微顯』，恐當作『微顯而』，『開而』之『而』，亦疑有誤。」
〔註95〕見胡炳文《周易本義通釋》卷六《繫辭下傳》。

葉爾瞻曰〔註96〕：「彰往所以察來，故著『而』字。往來有顯有幽，故再著『而』字。彰察微闡，不外名物言詞，故更著『而』字。」

《本義》：「右第六章。」

《易》之興也，其於中古乎？作《易》者，其有憂患乎？

蔡無能曰〔註97〕：「此節當繫於上節之末，與『於稽其類』句相應，『因貳濟民』句相合，不必聯下九卦。若以九卦為處憂患，則《否》、《蹇》等卦，何一非所以處憂患者？」

是故履，德之基也。謙，德之柄也。復，德之本也。恒，德之固也。損，德之修也。益，德之裕也。困，德之辯也。井，德之地也。巽，德之制也。

非禮弗履，則步步著實，如屋之有基。謙以居功，則不喪厥功，如器之有柄。良心一復，則善端自長，如木之有本。〔註98〕

凡人足高氣揚，只為胸無欄柄，如無柁之舟，安能載物？干〔註99〕令升曰〔註100〕：「柄以持物，謙以持禮。」

韓《注》〔註101〕：「動本於靜，語始於默，復者反其所始，故為德之本。」

裕者，寬也，優游培養，日計不足，歲計有餘，非欲速助長之謂。

「人情慮患日深，則天人之界愈明；更事日多，則利害之故愈晰。」〔註102〕此辨在己者也。松柏經冬，方知其勁。金銀入火，始別其真。己亦以此辨人。

「地者，合眾德而承載之，存體以待用者也。」〔註103〕子瞻曰〔註104〕：「地者，所在之謂。《老子》曰：『埏埴以為器，當其無，有器之用。』夫井亦

---

〔註96〕不詳。

〔註97〕見錢士升《周易揆》卷十一《繫辭下傳》。

〔註98〕見錢士升《周易揆》卷十一《繫辭下傳》。通論九卦，此處僅引前三卦，後云：「恆則仁守弗失，故為德之固。損其本無則曰修，益其本有則曰裕。惟處困最可自驗其所守，故為德之辯。惟井有本，澤物而井未嘗動，故為德之地。制事如刀之裁制布帛，非心入事裏而順其事之宜者弗能，故巽為德之制。」

〔註99〕「干」，四庫本作「于」，誤。

〔註100〕不詳。

〔註101〕見《周易正義》卷十二《繫辭下》。

〔註102〕見蘇濬《生生篇·繫辭下傳》。

〔註103〕見張振淵《周易說統》卷十一《繫辭下傳》，稱「張常甫曰」。

〔註104〕見蘇軾《東坡易傳》卷八《繫辭傳下》。

然，以其無有，故德在焉。」按：地與基有別。基是初起腳跟，積累由此而上；地是凝成全體，施用從此而出。〔註105〕

天下之事無窮，載籍有所不備，父師有所不傳，當機審宜，間不容髮，非善製者孰能範圍曲成，而非精心以巽入於理孰能制，故以巽為德之制終焉。〔註106〕

履，和而至。謙，尊而光。復，小而辨於物。恆，雜而不厭。損，先難而後易。益，長裕而不設。困，窮而通。井，居其所而遷。巽，稱而隱。〔註107〕

事之近情者，易至於流。先王緣人情而制禮，森然截然，分毫增減不得，故曰和而至。

居高位而傲物輕世，品識卑陋，有何光彩。金玉雖小，在瓦礫中，烱然獨露，埋沒不得，避囂求靜，豈能耐久？處煩雜之中，而不覺可厭，非悠久不息者不能也。忿如突颷，來不及捍。欲如黏絲，刷不可去。若非得個悟頭，只在懲窒上努力，到底是難。自生也而無益生之祥，自長也而無助長之害，如毛髮在身，日長而不知，有何施設之有？「君子不以道殉人，故曰『居其所』；博施濟眾，無有不及，故曰『遷』。」〔註108〕不稱度於輕重，則權之體失；彰泄於耳目，則權之用淺。凡作用而令橫目之民盡喻者，非妙用也。狄梁公之於武后，李文正之於劉瑾，人誰知之？巽入故能稱，巽伏故云隱。

履以和行，謙以制禮，復以自知，恆以一德，損以遠害，益以興利，困以寡怨，井以辨義，巽以行權。

禮非謙遜，節文度數雖具，而寔意亡矣。孤燈一點，照破眾昏。自有其知，知不外借。以自知自，自即是知。〔註109〕水清則見鬚眉，心清則見天理。

〔註105〕錢士升《周易揆》卷十一《繫辭下傳》：「基與地別。基是初起腳跟，地是凝成全體。」
〔註106〕此一節見何楷《古周易訂詁》卷十二《繫辭下傳》。
〔註107〕此一節見《周易鄭注·繫辭下第八》。
〔註108〕見陸九淵《象山集》卷三十四《語錄上》。
〔註109〕張振淵《周易說統》卷十一《繫辭下傳》：「『自知』之『知』，即『知大始』之『知』主也。善念既復，則中當惺惺而自家有主矣，故知。或曰：知即良知之知，揭孤燈，照破眾昏，自有其知。知不外借，以自知自，自即是知。此曰『自知』，《大學》曰『獨知』，自與獨一也。」

〔註110〕「物不照於流水而照於止水,井之所以能辨義也。」〔註111〕

「三陳九卦,初德,次體,次用。」〔註112〕「之」字、「而」字、「以」字,是篇中眼目。聖人慾人沉潛觀玩,故反覆言之。

按:朱子不取九卦合陽數之說,以為讀經正不必如此。天下道理,只在聖人口頭,開口便是偶拈此九卦指點。若復添一卦,或更少一卦,亦無不可。若拘定處憂患,則《屯》、《蹇》非處憂患而何?

《本義》:「右第七章。」

《易》之為書也不可遠,為道也屢遷。變動不居,周流六虛,上下無常,剛柔相易,不可為典要,唯變所適。其出入以度,外內使知懼。又明於憂患與故,無有師保,如臨父母,初率其辭,而揆其方,既有典常。苟非其人,道不虛行。

「此章專論觀變玩辭為學《易》之事,而深有望於其人也。」〔註113〕

凡物滯於形器,囿於方隅,得此則遺彼,依左則失右,所以可遠。《易》者,載道之書也。道不可執,故書不可遠。如諸子百家,便束之高閣,亦有何害?

楊廷秀曰〔註114〕:「易之於人,如水之於魚也。魚不可離於水,人不可遠於易。君臣父子,視聽言動,治亂安危,取捨進退,無非易也。魚離水則死,人遠易則凶。」

「變動不居」六句發明「屢遷」二字。「變動」二句籠統言之,「上下」二句分析言之,「不可為典要」二句總括上文,其出入以度,即承「惟變所適」而指其歸宿之處。出入即變,變之次第即度。以法度告人,人或以格套忽之。《易》之度即在一出一入之際,千變萬化,而規矩截然,不可假借,安得不懼?

---

〔註110〕薛瑄《讀書錄》卷二:「水清則見毫毛,心清則見天理。」
〔註111〕張振淵《周易說統》卷十一《繫辭下傳》,稱「程敬承曰」。
〔註112〕見焦竑《易筌》卷五《繫辭下傳》,稱「龔深之言」。又見熊過《周易象旨決錄》卷六《繫辭》,後逯中立《周易箚記》卷三《繫辭下傳》、潘士藻《讀易述》卷十四《繫辭下傳》據以引用。
〔註113〕此係胡一桂之說,見董真卿《周易會通》卷十三《繫辭下傳》、胡廣《周易大全》卷二十三《繫辭下傳》。
〔註114〕見楊萬里《誠齋易傳》卷十八《繫辭下》。

「『出入』以卦之內外體言。出者，自內之外。入者，自外之內。以是觀消息盈虛之變，出處進退之理。當出而入，當入而出，其憂患一也。」〔註115〕

「故」者，所以也。既明其憂患，又明所以致憂患之故，雖欲不懼，不可得矣，故曰「雖無師保，如臨父母」。「師者教之道，保者輔其身。」〔註116〕

君禹曰〔註117〕：「禍患之來，多起於快心適意之時；而不虞之變，每生於豐亨豫大之頃。是天下所視為無憂無患者，聖人終日皇皇以為憂患之故，盡在此也。」於此苟不明其故，則動僥倖之心矣。〔註118〕

張氏曰〔註119〕：「『典常』即在『惟變所適』處看出。《易》不可為典要，而惟變所適是其常也。說者謂變無常而詞有常，故聖人教人循辭以求義，似此則變與詞有二矣。不知《易》之詞寓於變，《易》之變顯於詞，詞之所指，即道之所遷也。」

彥陵曰〔註120〕：「以『非其人』為泥詞拘方之人，非也。易道至變，至變中有經常不變之理。世有崇尚虛無之人，以象為贅，以詞為煩，把聖人經世典常盡行掃去，自謂神明變化，不知乃小人之無忌憚，故子瞻曰『此二語是戒非其人而學其道者』。」

胡庭芳曰〔註121〕：「六爻則九與六矣，六位則初、二、三、四、五、上矣。而又有六畫、六虛者，何也？蓋方畫之初則為畫，畫既成則為爻，爻可見而位不可見，位虛而爻實也。位之虛者，所以受爻。爻者，已成之畫。爻與畫先後不爭多所謂啐啄同時，不可強分，亦不容無辯。」

《本義》：「右第八章。」

---

〔註115〕見朱震《漢上易傳》卷八《繫辭下傳》。
〔註116〕張栻《南軒易說》卷二《繫辭下》：「師者教之道，而有所欽也。保者輔其功，而有所愛也。」
〔註117〕見蘇濬《生生篇・繫辭下傳》。
〔註118〕蘇軾《東坡易傳》卷八《繫辭傳下》：「憂患之來，苟不明其故，則人有苟免之志，而怠於避禍矣。」
〔註119〕見張振淵《周易說統》卷二十三《繫辭下傳》。按：此指二十五卷本《周易說統》。亦見十二卷本《周易說統》卷十一《繫辭下傳》，然分為不連貫的兩部分：「說者每謂變無常而辭有常，故聖人教人沿詞以求卦爻之義，似此則變與詞有二矣。不知《易》之詞寓於變，《易》之變顯於詞。詞之所待，即道之所遷，要分曉」；「按：『典常』即在『惟變所適』處看出。易雖千變萬化，不可為典要。然皆唯變所適是其常與也。」
〔註120〕張振淵《周易說統》卷十一《繫辭下傳》。
〔註121〕胡一桂《周易本義啟蒙翼傳》下篇《舉要・畫爻位虛四者之別》。

《易》之為書也，原始要終以為質也。六爻相雜，唯其時物也。其初難知，其上易知，本末也。初辭擬之，卒成之終。若夫雜物撰德，辨是與非，則非其中爻不備。噫！亦要存亡吉凶，則居可知矣。知者觀其彖辭，則思過半矣。此二十三字係錯簡，應在「其剛勝邪」之末。二與四同功而異位，其善不同：二多譽，四多懼，近也。《舉正》云：「『二多譽，四多懼。』注云：『懼，近也。』今本誤以『近也』為正文，而注中又脫『懼』字。」《石經》亦以「近也」作正文。柔之為道，不利遠者。其要无咎，其用柔中也。三與五同功而異位：三多凶，五多功，貴賤之等也。其柔危，其剛勝邪？

《易學》〔註122〕：「論六爻之凡例，莫辨於此。求卦爻之義者，執此以求之而已。然猶曰『要』、曰『多』、曰『邪』、曰『過半』，謂僅可得其八九也。」

「《易》之為書，綱紀在卦，卦必合爻之全而後成。一不肖似又成他局聖人之繫卦也，原其何以始，要其何以終，彌綸包舉而成其體質，未嘗遺於纖微也。至於繫爻，則就其所處之一節而分疏之。」〔註123〕蓋六爻之詞，如吉凶悔吝之類，雜然不同，聖人非好為此也。一爻有一爻之時，一時有一時之物，惟各因其時，各辨其物而繫之，非若卦之止言其大略也。卦、爻詞之不同若此。「原」者，求其緣由。「要」者，總其大概。卦有定體，故曰質。爻無定用，故曰時。物謂陰陽二物。「初」與「終」對，「擬之」與「卒成」對。兩句文法，顛倒相互。

錢氏藻曰〔註124〕：「六爻相雜，唯其時之不同，而其物亦異。如乾之取龍，一物也，潛、見、飛、躍之不同者，時也。如漸之取鴻，亦一物也，而於磐、陸、木之不同者，亦時也。」「『易知』、『難知』，就人觀《易》言。」〔註125〕「初爻為本，質未明，故難知；上爻為末，質已著，故易知。」〔註126〕

---

〔註122〕見沈一貫《易學》卷十《繫辭下傳》。
〔註123〕見沈一貫《易學》卷十《繫辭下傳》。
〔註124〕見董真卿《周易會通》卷十三《繫辭下傳》、胡廣《周易大全》卷二十三《繫辭下傳》。
〔註125〕張振淵《周易說統》卷十一《繫辭下傳》：「郭鵬海曰：『『易知』、『難知』，就人觀《易》言。或欲指爻義說，謂聖人知之有難易，非也。『初辭擬之』二句，乃追說聖人繫辭時，亦自有難易，明所以難知易知之意。時講云『惟其難知，故聖人初詞擬；惟其易知，故聖人卒成之終』，非也。此一節是教觀《易》者緣本以知永，即始而見終。』」
〔註126〕胡炳文《周易本義通釋》卷六《繫辭下傳》：「此承上文『原始要終』而言也。原其始則初爻為本，質未明，故難知。要其終則上爻為末，質已著，故易知。」

「初辭擬之」二句，乃追說聖人繫辭時，亦自有難易，明所以難知易知之意。如乾初爻，謂其陽也，則擬之以龍；謂其初也，則擬之以潛。費多少斟酌。至上九在飛躍之後，則直謂之亢龍。無用擬議，故曰「卒成」。此一節是教人緣本以知末，即始而見終。「難知」、「易知」，就畫上觀，不是就辭上觀。若就辭上觀，無難知矣。

熊叔仁曰〔註 127〕：「初上以位言，初終以時言，本末以道言，始終以事言，其實一而已。」

君禹曰〔註 128〕：「『雜物撰德，辨是與非』，雖有三項，意自相屬。『雜物』，即相雜之時物也。德者，或為剛，或為柔，或為中正。於時物之中，撰而列之也。有德則有得失，有利害，而是非辨於其間矣。此非初、上所能盡，故曰『非中爻不備』。中爻，中四爻也。『二與四』二節，申明『非中爻不備』之意。位之分遠近，列貴賤，所謂『爻有等，故曰物』也。曰柔曰剛，所謂『德』也。多譽多懼多凶多功，或无咎或危或勝，所謂「辨是與非」也。」

郭鵬海曰〔註 129〕：「以位言，則二與四皆臣也。臣不宜逼，而四惟近，故多懼。以善言，則二與四皆柔也。柔不宜遠，而二惟得中，故多譽。偏舉而互見，文之妙處。」

歸熙甫曰〔註 130〕：「知所謂近，則知二、四之不同者位。知所謂柔中，則知二、四之不同者不在位而在德。貴賤，位也。剛柔，德也。時有難易，德無難易。」

臣既嫌於近，又不利於遠，將如之何而後利耶？近君則當和柔，遠君則當強毅果敢。〔註 131〕

《別傳》〔註 132〕：「無功而无咎，非人臣之節也。然而功反以為罪府者有之，故合功與罪。而二之善藏其用始見。」

---

〔註 127〕熊過《周易象旨決錄》卷六《繫辭》：「位言之者，初上也。時言之者，初終也。道言之，本末也。事言之，始終也。其實一。」按：朱震《漢上易傳》卷八《繫辭下傳》：「上下之位，以時言之。初終也，以道言之。本末也，以事言之。始卒也，其實一也。」

〔註 128〕見蘇濬《生生篇·繫辭下傳》。

〔註 129〕不詳。

〔註 130〕見歸有光《易經淵旨》卷下《繫辭下傳》。

〔註 131〕錢一本《像象管見》卷六《繫辭下傳》：「柔之為道，不利遠者。朱子曰：『近君則當和柔，遠去則當強毅果敢始得』。」

〔註 132〕不詳。

「邪」者，疑辭。言柔居陽位，則不當位而凶；陽當陽位，則當位而吉。此六十四卦之定例也。今三多凶者，豈以柔居而凶？五多功者，豈以剛居之則能勝其位而不凶邪？蓋六十四卦中，亦有柔居陽位而吉，剛居陽位而凶者。〔註133〕

漢元帝為太子，柔仁好儒，見宣帝以刑名繩下，從容言曰：「陛下持刑太深，宜用儒臣。」帝作色曰：「漢家自有制度。俗儒不達時宜，何足為政？」乃歎曰：「亂我家者，太子也。」卒為漢家亡國之祖。此亦柔危剛勝之證。私記。

「二、四皆陰，三、五皆陽，故曰『同功』，以力量言也。」〔註134〕「二、四言善而三、五不言者，二、四皆臣，可以比量；三、五君臣之際，善則稱君，不敢較也。」〔註135〕

讀《易》者由二、四、三、五觀之君臣之際，事之吉凶、位之存亡，不必多言其當然，道理亦可靜觀而自得矣。故孔子於此慨然而歎，有『為君難，為臣不易』之意。至其大旨，悉具於《象》，智者觀之，便有過半之益。何也？象者，「原始要終以為質者也」。以象始而以象終，聖人文字有首有尾。此段錯簡，屬末節無疑。私記。

康伯曰〔註136〕：「夫象者，舉立象之旨〔註137〕，該〔註138〕中爻之義，約以存博，簡以兼眾，『雜物撰德』，而一以貫之。形之所宗者道，眾之所歸者一。其事彌繁，則愈滯乎形。其理彌約，則轉近乎道。象之為義，存乎一也。一之為用，同乎道。形而上者，可以觀道，過半之益，不亦宜乎！」

吳幼清曰〔註139〕：「彖辭或論二體，或論主爻，或論卦變相易之爻。彖舉其綱，爻言其目，是以不待觀六爻而已可見也。」

持互卦之說者，以中爻及二與四、三與五數字為證據。夫前明說初上，明說中爻，隨接二與四、三與五，何等明白。而強以中爻為互卦，且未有正卦

---

〔註133〕 此一節見來知德《周易集注》卷十四《繫辭下傳》。

〔註134〕 見張振淵《周易說統》卷十一《繫辭下傳》，稱「郭鵬海曰」。

〔註135〕 見熊過《周易象旨決錄》卷六《繫辭》、潘士藻《讀易述》卷十四《繫辭下傳》。

〔註136〕 見《周易正義》卷十二《繫辭下》。

〔註137〕 「旨」，《周易正義》作「統」。

〔註138〕 「該」，《周易正義》作「論」。

〔註139〕 見吳澄《易纂言》卷八《繫辭下傳》。其中，「彖舉其綱，爻言其目」，《易纂言》無，見沈一貫《易學》卷十《繫辭下傳》。

不言，而詳言互卦者。其說雖始於《左傳》，祖述於漢儒，不敢輕信。「吉凶存亡」四句是錯簡。若移置「柔危剛勝」之後，則文理條暢，血脈融貫，了然明白矣。私記。

《本義》：「右第九章。」

《易》之為書也，廣大悉備。有天道焉，有人道焉，有地道焉。兼三才而兩之，故六。六者非它〔註140〕也，三材之道也。道有變動，故曰爻。爻有等，故曰物。物相雜，故曰文。文不當，故吉凶生焉。「才」，《石經》作「材」。「他」，《石經》作「它」。

上章析論爻辭，此章統論爻畫，而以內外二體作三分言之，亦《易》書中一義也。〔註141〕

「廣大」者，體統渾淪。「悉備」者，條理詳密。「有天道」等句言「廣大」，「道有變動」等句言「悉備」。「才」者，能也。天能覆，地能載，人能參天地，故曰「才」。天不兩則獨陽無陰，地不兩則獨陰無陽，人不兩則不生不成，故兩三而為六。〔註142〕復言「六者非他」，不是贅語，所以明作《易》之指歸，斷學者之疑路。

張弢之曰〔註143〕：「『道有變動』，如天地人之變化。『爻有等』，如天位乎上，地位乎下，人處乎中。『物相雜』，如星辰昭回，山川錯落，仁義經緯。『文不當』，如天文、地理、人事，禠祥相蕩，休咎相推，而『吉凶生』，故曰『廣大悉備』。」

---

〔註140〕「它」，四庫本作「他」。

〔註141〕錢士升《周易揆》卷十一《繫辭下傳》：「上章析論六爻，此章統言六爻，而以爻畫之序三分焉，正上篇所云三極之道也。」

〔註142〕來知德《周易集注》卷十四《繫辭下傳》：「『廣大』者，體統渾淪也。『悉備』者，條理詳密也。兼三才者，三才本各一，因重為六，故兩其天兩其人兩其地也。天不兩則獨陽無陰矣，地不兩則獨陰無陽矣，人不兩則不生不成矣。此其所以兩也。才者，能也。天能覆，地能載，人能參天地，故曰才。」曹學佺《周易可說》卷六《繫辭下傳》所載同。

　　　另外，錢士升《周易揆》卷十一《繫辭下傳》：「『廣大』者，體統渾淪也。『悉備』者，條理詳密也。三才各獨而無兩，天不兩則獨陽無陰矣，地不兩則獨陰無陽矣，人不兩則不生不成矣。必兼三才而兩之，得兩而後變化行。」

〔註143〕見焦竑《易筌》卷五《繫辭下傳》。又見曹學佺《周易可說》卷六《繫辭下傳》，不言係引用。

徐衷明曰〔註144〕：「變動處整然次第為等，變動處錯然相間為雜。『物』、『文』二字原非《易》中所有，乃爻之別名。宕此兩句，遞到吉凶之所自生耳，即前『吉凶悔吝生乎動』之謂。」

仲虎曰〔註145〕：「卦必舉始終而成體，故上章以質言。爻必雜剛柔而為用，故此章以文言。」

郭鵬海曰〔註146〕：「『不當』，《本義》謂『爻不當位』，言當則吉，不當則凶。然爻盡有當而凶，不當而吉者。如《屯》初九當位而吉，九五則當位而凶；《蒙》六三不當位而凶，六五則不當位而吉。安得謂當位則吉，不當位則凶也？蓋『不當』字作不得其宜看。道在得正，則以當位為宜；道在相濟，則以不當位為宜。爻位之相雜，有宜有不宜，而吉凶生矣。『不當』言不能皆當也，兼當不當說為是。」

汪咸池曰〔註147〕：「文既相雜，豈能皆當？故有以剛居柔、以柔居剛而位不當者，亦有以柔居柔、以剛居剛而位不當者。或時當相濟也，而不當者為吉；或時當以正也，而不當者為凶。當不當，不可定論，而吉凶於是生矣。」

《本義》：「右第十章。」

《易》之興也，其當殷之末世，周之盛德邪？當文王與紂之事邪？是故其辭危。危者使平，易者使傾。其道甚大，百物不廢。懼以終始，其要无咎，此之謂《易》之道也。

此章發明文王作《易》之本懷，以為學者讀易之要訣。

《本義》：「右第十一章。」

夫乾，天下之至健也，德行恒易以知險。夫坤，天下之至順也，德行恒簡以知阻。能說諸心，能研諸侯之慮，定天下之吉凶，成天下之亹亹者。是故變化云為，吉事有祥。象事知器，占事知來。天地設位，聖人成能。人謀鬼謀，百姓與能。《本義》〔註148〕：「侯之」衍文。

---

〔註144〕不詳。
〔註145〕見胡炳文《周易本義通釋》卷六《繫辭下傳》。
〔註146〕不詳。
〔註147〕不詳。
〔註148〕朱熹《周易本義》卷三《繫辭下傳》：「『侯之』二字衍。」

首章言聖人以易簡之德，成位於天地，見聖人作《易》之大源。此章言聖人以易簡之德，使「百姓與能」，見聖人作易之實事。〔註149〕

知險阻由於易簡，易簡由於健順，此原本之論。《論語》云：「不逆詐，不億不信，抑亦先覺者，是賢乎！」「不逆億」是易簡，「先覺」是知險阻，未曾說到健順，健順是本體，當從自心理會。何以名之？強名曰理。一團天理，如太阿出匣，摧折他不得，故謂之健；如江河初決，阻遏他不住，故謂之順。「至健則所行無難，故易；至順則所行不煩，故簡。」〔註150〕易簡則豁達坦易，如太虛空有恁麼險阻蒙蔽得他，蓋在我既無荊棘，世上那有坎軻，自然之理，故曰「易以知險，簡以知阻」。既知險阻，則能出險阻，能說心，能研慮，定吉凶，成亹亹者。健順之德行如此，是故天道之變化、人事之云為，原其初皆「吉事」，而「有祥」之可見者也。「即此吉事而象之，則知過去之險阻；即此吉事而占之，則知未來之險阻。」〔註151〕天位乎上，地位乎下，聖人成能於中，人謀於明，鬼謀於幽，百姓與能於日用飲食之間，健順之德行至此而能事畢矣。「知器」、「知來」之「知」，即「知險」、「知阻」之「知」。「成能」、「與能」之「能」，即「能說」、「能研」之「能」。此皆不學而知，不慮而能，所謂易簡也。私記。

健順二字，非凡心能測。就將天地生物處體會，庶可想見一二。天地之於物，時至氣到，勃然沛然，少有阻塞，則旁見側出，穿垣破壁而走，豈非健順模樣？所謂易簡者，非徒不設城府，坦懷率意而已。此種人不過心氣和平，無健順本領，濟得恁事？須知此易簡，即首章所以「成位乎天地之中」者。帝王師相決大疑、定大難，都在於此，故曰定吉凶、成亹亹，是何等作用，豈徒不陷坑阱而已哉！私記。

「德行」者，有得於心而見諸行事也。不曰「易而知險」、「簡而知阻」，而用「以」字，「而」字多一轉折，「以」字一直說下，謂知險阻從易簡中來也。大抵機鋒相向，以險遇險，以阻遇阻，共在雲霧中，有何了日？易簡則我

〔註149〕此一節見來知德《周易集注》卷十四《繫辭下傳》、錢士升《周易揆》卷十一《繫辭下傳》。
〔註150〕見朱熹《周易本義》卷三《繫辭下傳》。
〔註151〕蘇濬《生生篇‧繫辭下篇》：「『變化云為』節，言聖人所以定吉凶、成亹亹也。天道之變化，無停機也；人事之云為，無定跡也。而其吉事之有祥者，則在吾心焉，所謂『幾者，動之微，吉之先見者也』。以此吉事而象之，則千萬世既往之事不過此理；以此吉事而占之，則千萬世未來之事不過此理。何者而遺於聖人之知哉？」

無險阻，恁麼險阻蒙蔽得他。孔林萬畆，不生一荊棘，即此可想見聖人胸次。《荀子》「公生明，偏生闇，端愨生通，詐偽生塞，誠信生神，誇誕生惑」，得易簡險阻之說矣。私記。

仲虎曰〔註152〕：「險與阻不同。險是自上視下，下危曰險，乾在上也。阻是自下觀上，上難曰阻，坤在下也。」

易簡道理融洽於中，故曰說。臨事精詳，不敢鹵莽，故曰慮。聖人舉動，不為一身一家，故曰天下。

「幾者動之微，吉之先見者也。」天道人事，其初止有一吉，吉必「有祥」之可見。此種幾緘，時時透露，但人不能知，惟聖人能知之耳。器者，一成而不變者也，聖人就此吉事而彷彿之，知其理之一定，如器之方圓不可移易，故曰「象事知器」。私記。

卓去病曰〔註153〕：「『成能』，舊指卜筮。然炤下『象告』、『情言』看，正指作《易》說，使人人遊於易簡之塗，正是『成能』處。此章與卜筮無涉，即下文『變動』亦指卦爻中自然之變動，非以探蓍言也。」

八卦以象告，爻彖以情言。剛柔雜居，而吉凶可見矣。變動以利言，吉凶以情遷。是故愛惡相攻而吉凶生，遠近相取而悔吝生，情偽相感而利害生。凡《易》之情，近而不相得則凶。或害之，悔且吝。

「象告」、「情言」，正聖人「成能」之實事。告者以險阻相告，言者以險阻為言，百姓所以「與能」者在此。『剛柔雜居，而吉凶可見』，明辭之不外於象。故自《彖辭》觀之，卦體本以變動而成，《彖辭》專言變動之利，如『柔來文剛』、『剛上文柔』之類。雖《睽》、《蹇》等卦，其《彖》皆有所利，故曰『變動以利言』。自爻辭觀之，一爻自有一爻之情，故有在《彖》為主爻而在本爻則凶者，如《震》之九四『可為祭主』，而在爻則為『震遂泥』之類，故曰『吉凶以情遷』。自此以下，皆言情遷之事，非知險知阻者不能言也。」〔註154〕

人情莫切於愛惡。遠近者，所居之地也。情偽者，愛惡中之變態也。攻者，務入而中之也。取者，欲得而致之也。感者，有所觸而動之也。凡相攻無不起於愛。愛之極，非獨近相取也，且遠而相取矣。取而不得則惡，惡則情偽

---

〔註152〕黎靖德《朱子語類》卷七十六：「險與阻不同。險是自上視下，見下之險，故不敢行。阻是自下觀上，為上所阻，故不敢進。」

〔註153〕不詳。

〔註154〕見項安世《周易玩辭》卷十四《‧論象變占辭推聖人之知能》。

起。情偽一起，將有不可言者，故曰「利害生」。究其初，止愛惡一念為之胚
胎，故以愛惡始，以情偽終，而遠近為中間往來之路。「大抵《易》之情，既
不相得，遠之猶可，近之必凶；利之猶可，害之即未至於凶，亦悔且吝。人莫
親於父子兄弟，而往往有間言者，為其近也。人不能弘通萬物，以天下為身，
則親疏遠近之間善處之可耳。」〔註155〕私記。

　　凡爻皆情有愛惡，居有遠近，行有情偽也。惟近不相得，則惡而不愛；
偽而不情，感通絕而相攻之釁生矣。〔註156〕故曰「凶或害之，悔且吝」。夫
近亦適逢之會，有何故而取怨招尤若此哉？地逼則嫌隙易生，習久則情味易
厭，遙聞聲而相思，日進前而不禦，古來如此，其奈之何？邵二泉曰〔註157〕：
「近者得禍於勢，遠者得罪於義。得罪於義者，人徐起而攻之，不若得禍於
勢者之迫也。」私記。

　　**彥陵曰**〔註158〕：「凶害間著一『或』字，見伏於不可知而不及料。悔吝
間著一『且』字，甚其不盡之憂而兼召之辱也。」「愛相攻，《家人》九五之
類。惡相攻，《同人》九三之類。遠相取，《恒》初六之類。近相取，《豫》六
三之類。情相感，《中孚》九二之類。偽相感，《漸》九三之類。」〔註159〕

　　**康流曰**〔註160〕：「愛惡易辨也，吉凶易見也，惟跡近而情則遠者難防也，
貌情而衷則偽者難察也。近而實遠，則愛必至於惡，故凶；情不勝其偽，故
害。相取之不善，安所歸咎，故悔且吝。此《易》之著戒於近者為獨詳也。人
情險阻若此，則必有知言以知人之法，審其情偽而決其利害，大抵不越乎虛
實順逆之間，而得其陰陽險易之故，此易象之所寓而易情之可推者也。舊說
以人之情辭喻易之情辭，殊屬漫衍。或云聖人準此六者以繫爻，如化工肖物，
則聖人之辭亦將效其慚者、枝者，益謬矣。」

---

〔註155〕見沈一貫《易學》卷十《繫辭下傳》。
〔註156〕熊過《周易象旨決錄》卷七《繫辭下傳》：
　　　　平菴項氏曰：「凡爻居皆有遠近，其行皆有情偽，其情皆有愛惡也。然近不
　　　　相得則惡相攻而凶生，偽相感而害生，近相取而悔吝生，尤為易見。」
　　　　按：原出項安世《周易玩辭》卷十四《繫辭下·吉凶悔吝利害》，略有改換。
〔註157〕見邵寶《簡端錄》卷三《易》。又見潘士藻《讀易述》卷十四《繫辭下傳》，
　　　　不言係引用。
〔註158〕見張振淵《周易說統》卷十一《繫辭下傳》。
〔註159〕見錢士升《周易揆》卷十一《繫辭下傳》。
〔註160〕見朱朝瑛《讀易略記·繫辭下傳》。(《四庫全書存目叢書》經部第24冊，第
　　　　842頁)

　　將叛者其辭慙，中心疑者其辭枝，吉人之辭寡，躁人之辭多，誣善之人其辭游，失其守者其辭屈。《說文》：寡從宀從頒。頒，分也。宀分故為少。《六書正譌》：俗從力，非。

　　叛者無信，言與實背，故慙。疑者無定見，其辭兩岐，故枝。誣善者敗人，失守者自敗。言者，風波也，出好興戎，日用最險阻處。吉人辭寡，易簡故也。事從易簡為吉事，言從易簡為吉人。〔註161〕

　　余德新曰〔註162〕：「《上繫》以『默而成之，不言而信，存乎德行』者為結，《下繫》亦言德行，而以諸辭之不同者為結，義相發也。『吉人辭寡』，其『默成之』次與？」

　　《本義》：「右第十二章。」

---

〔註161〕此一節見錢士升《周易揆》卷十一《繫辭下傳》。
〔註162〕見董真卿《周易會通》卷十三《繫辭下傳》、胡廣《周易大全》卷二十三《繫辭下傳》。

# 《周易玩辭困學記》卷十五

## 說卦傳

呂伯恭《家塾論》引《隋・經籍志序》云：「秦漢之際，《易》亡失《說卦》三篇，後河內女子發老屋得之。至後漢荀爽集解，又得八卦逸象三十有一。今韓康伯《說卦》乃止一篇，而別出序雜。愚謂：《隋志》疑是蓋費直所傳，不及《說卦》以後。而所謂三篇，恐並《序》、《雜》言也。」〔註1〕

昔者聖人之作《易》也，幽贊於神明而生蓍，參天兩地而倚數，觀變於陰陽而立卦，發揮於剛柔而生爻，和順於道德而理於義，窮理盡性以至於命。

吳幼清曰〔註2〕：「《說卦》者，備載卦位、卦德、卦象之說。首章次章則夫子總說聖人作《易》大意，以為《說卦傳》之發端也。」

孔仲達曰〔註3〕：「《繫辭》言伏羲作《易》之初，不假用蓍成卦，故直言仰觀俯察。此則論其既重之後，端策布爻，故先言生蓍，後言立卦生爻。」

---

〔註1〕胡一桂《周易本義啟蒙翼傳》上篇《象上傳象下傳》：「《漢上》云：『秦漢之際，《易》亡《說卦》。孝宣時，河內女子發老屋得《說卦》。至後漢荀爽集解，又得八卦逸象三十有一。』東萊呂氏《家塾論》：云『《隋經籍志序》云：『秦後惟失《說卦》三篇，後河內女子得之。』今韓康伯《說卦》乃止一篇，而別出序雜。愚謂《隋志》疑是蓋費直所傳，不及《說卦》以後。而所謂三篇，恐並《序》、《雜》言也。』」

〔註2〕見吳澄《易纂言》卷十《說卦傳》。

〔註3〕孔《疏》見《周易正義》卷十三《說卦》。

胡仲虎曰〔註4〕：「蓍本自神明，聖人幽贊之而已。天圓地方之象自具。一二之數，聖人參兩之而已。其為數也，自有陰陽之變。其為變也，自成剛柔之爻。聖人觀其變而發揮之而已。於蓍卦之德，則和順之而一無所逆；於六爻之義，則條理之而各有其序。窮天地之理，盡人物之性，聖人作《易》之功，至是與天命為一矣。天命自然而然，聖人之《易》，亦非心思智慮之所為也。」

何黃如曰〔註5〕：「蓍似藾蕭，青色，科生，從耆，草之壽者。」《博物志》：「蓍以老故知吉凶，生千歲，三百莖同本，其上常有黃雲覆之。」《龜筴傳》：「天下和平，王道得，而蓍莖長丈，其叢生滿百莖。」聖人幽贊神明，而天地即生蓍以為筮卦之用，蓍草生則《易》之數有所託，而《易》之用神矣。〔註6〕

《本義》〔註7〕：「天圓地方，圓者，徑一圍三，三各一奇，故『參天』而為三；方者，徑一圍四，四合二耦，故『兩地』而為二。數皆倚此而起，故揲蓍三變之末，其餘三奇則三三而九，三耦則三二而六，兩二一三則為七，兩三一二則為八。」

按：《周髀算經》：「昔者周公問於商高曰：『數安從出？』商高曰：『數之法出於方圓。』」注云：「圓徑一而圍三，方徑一而圍四。圓方者，天地之形，陰陽之數也。」圓方之說其來已久。論參兩者當以《本義》為正，其說備於康流《勾股論》，見「天一地二」章。

丘行可曰〔註8〕：「倚者，依也，言卦畫之數依此而起也。三奇為乾，則三其『參天』之數而為九，是謂老陽。三耦為坤，則三其『兩地』之數而為六，是謂老陰。二奇一耦為巽、離、兌，則二三一兩而為八，是謂少陰。二耦一奇為震、坎、艮，則二兩一三而為七，是謂少陽。因七八九六之數，以定陰陽老少之變，此立卦生爻之本也。」

生蓍起數，而卦爻之象從此陳列矣。變即十有八變之變。六、七、八、九往來不齊，所謂變也。觀他若干陽，若干陰，或為純，或為雜，當成何卦？此

---

〔註4〕見胡炳文《周易本義通釋》卷八《說卦傳》。
〔註5〕不詳。
〔註6〕此一節見何楷《古周易訂詁》卷十四《說卦傳》，無「何黃如曰」。
〔註7〕見朱熹《周易本義》卷四《說卦傳》。
〔註8〕見胡廣《周易大全》卷二十四《說卦傳》、葉良佩《周易義叢》卷十五《說卦傳》。

卦不可移至彼卦，彼卦不可移至此卦，卓然不易，故謂之立，立則六畫備而有剛柔之質矣。就剛柔六畫仔細闡發，為老為少，何動何靜，而當值之爻萌蘖其間，似爻於此而生，故謂之生。「夫陰陽即所以為爻。復言剛柔生爻者，先儒云未入用則謂陰陽，已入用則謂剛柔；未入用故止曰觀，已入用故又曰發揮。」〔註9〕私記。

卦立爻生，而《易》中之精蘊可得而窺矣。陰陽之道，易簡之德，欲摹寫彷彿，以示後世著一毫我見不得。天地陰陽者，道德之根源也。聖人參兩天地，觀變陰陽，細心體貼，何等和順。和順則易涉於模〔註10〕稜。消息盈虛之際，不能條分縷析，便不謂之「理於義」。今和順而又理於義，則理無不窮已。性人性物，性無不盡，而可以贊天地之化育矣，故曰「窮理盡性，以至於命」。幽贊而生蓍，用蓍而至命，聖人與天地合德若此。誰謂《易》僅術數之書而已哉！私記。

至者自此，至彼自邇。至遠之謂窮理。窮到極處，盡性盡到極處，便是至命。非理性外別有命，窮盡外別有至也。窮盡工夫，亦只在「和順道德而理於義」處。

「和順道德」統言一卦之體，「理於義」分言六爻之用。「和順」是渾融之語，未必能「理於義」，故中間著一「而」字。至命全在窮盡處得力，是一串事，故中間著一以字私記。

朱子發謂和順道德乃指象爻之辭〔註11〕，是大不然。《傳》以說卦標目，中間言卦德、卦象、卦位、卦氣，並無一語及辭。此章言「倚數」、「立卦」、「生爻」，俱撲著事，未嘗及辭也。子發本旨不過謂和順二句與倚數立卦不甚親切，故以辭言之耳。不知夫子明言伏羲畫卦而通神明之德、類萬物之情，亦何假於辭也？私記。

《本義》：「右第一章。」

---

〔註9〕俞琰《周易集說》卷三十六《說卦傳一》：「節齋蔡氏曰：『陰陽者即所以為爻矣。此復言剛柔而生爻者，蓋未入用則謂之陰陽，已入用則謂之剛柔。』未入用，故止曰『觀』；已入用，故曰『發揮』。」

〔註10〕「模」，四庫本作「摸」。

〔註11〕朱震《漢上易傳》卷九《說卦傳》：「『和順於道德而理於義，窮理盡性以至於命』，說所繫爻象之辭也。」

昔者聖人之作易也，將以順性命之理。是以立天之道，曰陰與陽；立地之道，曰柔與剛；立人之道，曰仁與義。兼三才而兩之，故《易》六畫而成卦。分陰分陽，迭用柔剛，故《易六》位而成章。

孔《疏》〔註12〕：「此節就爻位明重卦之意。」徐衷明曰：「聖人學《易》，見《易》中備如許道理，故追想而言其如此。」「將以」是以語脈相承。

「三才之道，非兩不立，有與而後成兩。」〔註13〕陰陽、柔剛、仁義，缺一不可，性命之理也。聖人順之而作《易》，「故《易》六畫而成卦」。三才之兩，非拘拘對偶，執而不化者也。「分陰分陽，迭用柔剛」，性命之理也。聖人順之而作《易》，「故《易》六位而成章」。「成卦」謂上下二體，「成章」謂九六互用。前以陰陽、柔剛、仁義分屬三才，後置仁義不言，而以陰陽、柔剛統論三才，亦足以見道理之活潑，而聖人文字不拘拘在言語間矣。私記。

韓《注》〔註14〕：「陰陽者，言其氣。剛柔者，言其形。萬物資始乎天，成形乎地，故天曰陰陽，地曰柔剛也。或有在形而言陰陽者，本其始也；在氣而言柔剛者，要其終也。」「天無陰陽則氣機息，地無剛柔則地維墜，人無仁義則人理絕矣，故曰立。」〔註15〕

性、命是一物，「天命之謂性」，言天命即性也。此章言陰陽、剛柔、仁義，更不分別何者為性，何者為命，以此見性、命是一物。又性、命，人俱說理上去，此言陰陽、柔剛卻以形氣，言理不在氣外，又可見矣。告子「生之謂性」句原不錯，但其說欠分曉耳。這個生就氣看，則陰陽柔剛之氣；就理看，即陰陽柔剛之理。說做性亦得，說做命亦得。蓋性，生也；命，生生之流行而不已也。隨在而名之耳。

《經翼》〔註16〕：「卦之六爻皆陰陽自然之數，如一年有十二月，一日有

〔註12〕孔《疏》見《周易正義》卷十三《說卦》。
〔註13〕見錢士升《周易揆》卷十二《說卦傳》。按：郝敬《周易正解》卷二十《說卦》：「三才之道，非兩不立，道必有與而後成兩。」
〔註14〕見《周易正義》卷十三《說卦》。
〔註15〕見來知德《周易集注》卷十五《說卦傳》。
〔註16〕薛瑄《讀書錄》卷六《讀陰符經雜言》：「卦之六爻，皆陰陽自然之數，如一年有十二月，自十一月一陽生，至四月六陽滿；五月一陰生，至十月六陰滿；十一月又一陽生。如日有十二時，子時一陽生，至巳時六陽滿；午時一陰生，至亥時六陰滿；子時又陽生。大而一年，小而一日之運，六爻無不包括，故六爻添一爻亦不成造化，減一爻亦不成造化，是皆陰陽自然之數，聖人不過因而畫之耳。」

十二時，皆陽生於子而終於巳，陰生於午而終於亥。大而一年之運，小而一日之運，皆以六月六時為限，故六爻添一爻不成造化，減一爻不成造化，其與天地準若此。」○〔註17〕《周官》：「畫繪之事，赤與白謂之章。」

《本義》：「右第二章。」按：此章序次當在「幽贊生蓍」之前，蓋先畫卦而後有蓍數也。劉啟東以「昔者聖人」至「倚數」二十三字序於「大衍之數」上，而以「觀變於陰陽」至「至於命」三十七字序於「昔者聖人之作易」至「六位成章」六十九字之後。

天地定位，山澤通氣，雷風相薄，水火不相射，八卦相錯。數往者順，知來者逆，是故易逆數也。

「天地定位」四句，邵子所謂伏羲八卦方位也。按：晦庵《荅王子合書》云：「康節以乾南坤北為伏羲八卦，大概近於傅會穿鑿。」《又荅王樞》云：八卦圓圖，其所列方位皆無所祖述。蓋讀『定位』、『通氣』四語而想像為之者。又云：自震四至乾一，皆已生之卦，為數往者順。自巽五至坤八，皆未生之卦，為知來者逆。一圖之中，逆順分行，更不可曉。觀此則《本義》所載原非定論。後儒黃東發、歸熙甫、焦弱侯、郝仲輿力辯其非，謂八卦方位出震章，《傳》有明文，今將方位易置，何所證據？且相通、相薄、不相射皆以氣言，非以位相對而後為通氣、為相薄、為不相射也。沈氏曰〔註18〕：「邵子謂易之生卦以乾、兌、離、震、巽、坎、艮、坤為次，竊疑卦之生也由太極而兩儀，而四象，而八卦，初非先有乾而後生兌，先有兌而後生離，有震、巽、坎、艮而後生坤也。」

王子衡曰〔註19〕：「《易》自文王、孔子以至漢唐，並無以圖為說者。獨邵氏云『天地定位』章，伏羲八卦之位；『帝出乎震』章，文王八卦之位。不知孔子但隨事理以發明卦蘊，故以歲時物理生成之序衍卦義也，則曰出、齊、見、役、說、戰、勞、成；以法象對待而發明卦之義理性情也，則曰天地、山澤、雷風、水火。此氣化物理之必然者，何據而以為羲與文之辨也？且『神妙萬物』章，以雷、風、火、澤、水、艮為次，以『水火相逮，雷風不相悖，山澤通氣』而言，以為羲又涉於文，以為文復涉於羲，自相矛盾。益知先後天之說為無據矣。」

〔註17〕此處原為空格，今以「○」區分。
〔註18〕見沈一貫《易學》卷十一《說卦傳》。
〔註19〕見焦竑《易筌》卷六《說卦傳》。

此一章，仲達謂就卦象明重卦之意，易以乾坤象天地，艮兌象山澤，震巽象雷風，坎離象水火。若使天地不交，水火異處，則庶類無生成之用，品物無變化之理矣。由今觀之，天地定位而合德，山澤異體而通氣，雷風各動而相薄，水火不相射而相資。若此則八卦一氣，毫無間隔，有展轉相交不窮之理。可以此卦錯於彼卦，可以彼卦錯於此卦。八卦相錯，而六十四卦、三百八十四爻往來於其間矣。往謂已畫之八卦，如過去之日月，可屈指而數，其勢順，故曰「數往者順」。來謂未重之六十四卦，如未至之節候，須推測而知，其勢逆，故曰「知來者逆」。易之為數，先有八卦，而餘卦以次相錯。天機妙理，相逼而來，伏羲亦莫測其所以然，故曰「易逆數也」。不徒曰「逆」而曰「逆數」者，天道無端，惟數可以推其機；易道至妙，因素可以明其理。理因素顯，數從理出。私記。

「定位」與「通氣」一樣看，蓋非徒定尊卑之位也。天有天之位，地有地之位。言一施一生，各供其職，陰陽和洽而罔間也。「定位」四句是「相錯」張本，「數往」三句從「相錯」看出。私記。

**鄭申甫曰**〔註20〕：「凡自內而外者為往。往者，隨流而出，其勢順。卦之自下而上，自內而外，自太極而兩儀、而四象、而八卦、以至於六十四是也。凡自外而內者為來。來者，遡流而反，其勢逆。卦之自上而下，自外而內，自六十四而八卦、而四象、而兩儀、以歸於太極是也。不知性命之順者，難以蕃衍於生成。不知性命之逆者，無以冥合乎大道。一順一逆，天地自然之勢。聖人恐人舍本而狥〔註21〕末，隨流而忘源也，故又揭出逆數以示人。六十四卦，三百八十四爻，皆數也，皆因其末而反求其本者也。」

**楊用修云**〔註22〕：「安石謂凡事數已往則順而易，度將來則逆而難。《易》

〔註20〕張振淵《周易說統》卷十二《說卦傳》：「鄭孩如曰：『上章言聖人作易，順性命之理，聖人以為使人知其順而不知其逆，將至於沿流而忘源，逐末而忘本，故又指其逆之一字，以示人還反之宗，而得其所歸宿也。凡自內而外者為往。往者，隨流而出，其勢順。卦之自下而上，自內而外，由一而二、而四、而八、而十六、而三十二、以至六十四是也。凡自外而內者為來。來者，遡流而反，其勢逆。卦之自上而下，自外而內，由六十四而三十二、而十六、而八、而四、而兩，以復於一也。一者，性命之宗也。不知性命之順者，難以蕃衍於生成。不知性命之逆者，無以冥合乎大道。易以太極為宗，乃歛入逆收之數，非生出廣衍之數也。數與倚數數字同音。』」

〔註21〕「狥」，四庫本作「徇」。

〔註22〕不詳。

之占筮，為知來設，故曰『《易》逆數也』。『數往』句乃引起下句，非謂《易》有數往之事也。」

**劉啟東曰**〔註23〕：「《易》之為書，專教人卜未來吉凶。如事已得凶，仍使之趨吉；情已可吝，仍使之知悔。要在盡人事以回造化，若逆挽而進之者，故曰『逆數』。」

《字書》：錯，雜也，交錯也。《詩傳》：「東西曰交，邪行曰錯。」

《本義》：「右第三章。」啟東以其意義不相聯屬，截「八卦相錯」以上為一章，「數往者」下為一章。按：「數往」三句置《上繫》「知以藏往」之下，「孰能與於此哉」之上，最為切當，但移易聖經，有所未敢耳。

雷以動之，風以散之，雨以潤之，日以烜之，艮以止之，兌以說之，乾以君之，坤以藏之。「烜」，《石經》作「烜」。

前言八卦相資為用，此言八卦各效其職。

**張氏易東**〔註24〕：風、雷，初畫之奇耦；雨、日，中畫之奇耦；兌、艮，上畫之奇耦；乾、坤，三畫之奇耦。震、巽、坎、離以其象言，艮、兌、乾、坤以其卦言。動、止、說以其性言，散、潤、烜以其功言，君以其道言，藏以其量言，曷為分卦與象？自動至烜，言乎其出機。自止至藏，言乎其入機。出無於有，氣之行也，故言乎象。入有於無，質之具也，故言乎卦。

《本義》：「右第四章。」

帝，句。出乎震，齊乎巽，相見乎離，致役乎坤，說言乎兌，戰乎乾，勞乎坎，成言乎艮。萬物出乎震，震，東方也。齊乎巽，巽，東南也。齊也者，言萬物之絜齊也。離也者，明也，萬物皆相見，南方之卦也。聖人

〔註23〕不詳。
〔註24〕按：「張」係「丁」之誤。丁易東《周易象義》卷十六《說卦傳》：「此亦以先天八卦對待而言其動也。但上章則言先天八卦之位，此則言畫卦之序也。『雷以動之』，初畫之奇也。『風以散之』，初畫之耦也。『雨以潤之』，中畫之奇也。『日以烜之』，中畫之耦也。『艮以止之』，上畫之奇也。『兌以說之』，上畫之耦也。『乾以君之』，三畫之奇也。『坤以藏之』，三畫之耦也。震、巽、坎、離以其象言，艮、兌、乾、坤以其卦言。動、止、說以其性言，散、潤、烜以其功言，君以其道言，藏以其德言也。」

－591－

南面而聽天下，嚮明而治，蓋取諸此也。坤也者，地也，萬物皆致養焉，故曰致役乎坤。兌，正秋也，萬物之所說也，故曰說言乎兌。戰乎乾，乾，西北之卦也，言陰陽相薄也。坎者，水也，正北方之卦也，勞卦也，萬物之所歸也，故曰勞乎坎。艮，東北之卦也，萬物之所成終，而所成始也，故曰成言乎艮。二「言」字，蘇《解》以為衍文。〔註25〕○〔註26〕勞去聲。「潔」，《石經》作「絜」。

此文王卦位。所以知為文王者，《坤‧彖》云「西南得朋」，《蹇‧彖》云「不利東北」是也。卦位惟此為定論，別無先天乾南坤北之說。

徐子與曰〔註27〕：「坎、離，天地之大用，得乾坤中氣，故離火居南，坎水居北。震，動也，物生之初，故居東。兌，說也，物成之候，故居西。四者各居正位。震、巽俱屬木，震陽木，巽陰木，故巽居東南而接乎陽。兌、乾皆屬金，兌陰金，乾陽金，故乾居西北而接夫陰。坤、艮並屬土，坤陰土，故在西南陰地；艮陽土，故在東北陽地。四者分居四隅，以震、巽、離、坤、兌、乾、坎、艮為次序者。木生火，火生土，土生金，金生水，五行一周。而復終之以艮土者，水非土，亦不能以生木，木又生火，循環無窮，所以為造化流行之序也。」

《象旨》〔註28〕：「萬物隨帝者何？《洪範傳》云：『雷於天地為長子，以其統領萬物為出入也。雷出地百八十三日而復入，則萬物皆入；入地百八十三日而復出，則萬物亦出。』」

蘇紫溪曰〔註29〕：「八卦之德，各一其性。八卦之次，各一其位。春夏秋冬，各一其時。木火土金水，各一其氣。或以德言，或以位言，或以時與地言，舉一卦而他卦可類推也。」

仲虎曰〔註30〕：「於坤之方位獨不言西南者，坤土之用不止西南也。蓋春屬木，夏屬火。夏而秋，火剋金者也。火金之交，有坤土則火生土，土生金，克者又順以相生。秋屬金，冬屬水。冬而春，水生木者也。水木之交，有艮土，木剋土，土剋水，生者又逆以相剋。土金順以相生，所以為秋之生；

〔註25〕蘇軾《東坡易傳》卷八《說卦傳》：「二『言』字，衍文也。」
〔註26〕此處原為空格，今以「○」區分。
〔註27〕見姜寶《周易傳義補疑》卷十二《說卦傳》。
〔註28〕見熊過《周易象旨決錄》卷七《說卦傳》、潘士藻《讀易述》卷十五《說卦傳》。
〔註29〕見《生生篇‧說卦》。
〔註30〕見胡炳文《周易本義通釋》卷八《說卦傳》。

木土逆以相剋，所以為春之生。生生剋剋，變化無窮，孰主宰之，曰帝是也。」

楊廷秀曰〔註31〕：「坤於帝言『致役』者，坤臣也，帝君也，君之於臣，役之而已。於萬物言『致養』者，坤母也，萬物子也，母之於子，養之而已。」

錢塞庵曰〔註32〕：「說者，物情至此，充足而自得也。自巽至兌皆陰卦，忽與乾遇，陰疑於陽，故戰。勤動之餘而休息曰勞。《禮》：歲終蠟以息老物，休田夫，養國老，皆所以勞之也。」

庭芳曰〔註33〕：「震巽、乾兌，亦因其所居之金地、木地名之耳。若必求雷風何以為木，天澤何以為金，則穿鑿矣。」

郝仲輿曰〔註34〕：「以兩儀言，則乾坤為天地；以八卦論，則乾坤與六子皆各一其用。」

「潔」者，言其氣色鮮美，有生新之趣，即「濯濯月中柳」之意。「相見」，從無情中看出一種有情處，似言去秋別後，今日始相見也。坤不言「土」而言「地」者，地是全體，地可以兼土，土不可以兼地也。物必有所始，有所終，民所以成始而成終。兩「所」字有味。聖人於坤兌不言方位，不知何意。楊繪以君子小人立說，勉強穿穴，不足信也。私記。

郭相奎曰〔註35〕：「蘇氏以『帝出乎震』一節為古有是語，『萬物出乎

---

〔註31〕見方實孫《淙山讀周易》卷十九《說卦》、胡廣《周易大全》卷二十四《說卦傳》、陸夢龍《易略·繫辭·帝出乎震章》。《四庫全書存目叢書》經部第 19 冊，第 545 頁。又見姜寶《周易傳義補疑》卷十二《說卦傳》，與前面「徐子與曰」合為一節。又見張獻翼《讀易紀聞》卷六《說卦傳》、潘士藻《讀易述》卷十五《說卦傳》，未言係引用。
按：楊萬里《誠齋易傳》及《誠齋集》未見此語。姜寶《周易傳義補疑》卷十二注解《說卦傳》第五章，依次引「蔡氏淵曰」、「胡氏炳文曰」、「徐氏幾曰」，故此引文恐即徐幾（字子與）之說。

〔註32〕見錢士升《周易揆》卷十二《說卦傳》。

〔註33〕不詳。

〔註34〕見郝敬《周易正解》卷二十《說卦》。

〔註35〕郭子章（字相奎）《郭氏易解》卷十四《繫辭下傳·帝出乎震論》（第 204 頁）：蘇子曰：「『帝出乎震』一節，古有是說。『萬物出乎震』至『妙萬物而為言』，是孔子從而釋之也。曰：是萬物之盛衰於四時之間者也。皆其自然，莫或使之，而謂之帝者，萬物之中有妙於物者焉。此其神也，而謂之帝云爾。」
愚按：以「帝出乎震」為古文，以「萬物出乎震」為釋詞，則於「故曰」字有著落。以八卦為萬物之盛衰始終，而以神為妙萬物，則於「帝」字有著落。

震』一節是孔子從而釋之也，此於『故曰』字有著落。蘇氏又以『神也者妙萬物而為言』一句附此章之末，而曰『萬物之盛衰，皆其自然，莫或使之，而謂之帝者，萬物之中有妙物者焉，此神也，而謂之帝』云爾，此於『帝』字有著落。」

　　造化之氣，普天率土，生則俱生，斂則俱斂，渾無端倪，寧有方所？八卦之說，亦屬渺茫。但觀斗柄所指，與四時風信有不可紊者，非聖人不能知也。私記。

　　《本義》：「右第五章。」

　　神也者，妙萬物而為言者也。動萬物者莫疾乎雷，撓萬物者莫疾乎風，燥萬物者莫熯乎火，說萬物者莫說乎澤，潤萬物者莫潤乎水，終萬物始萬物者莫盛乎艮。故水火相逮，雷風不相悖，山澤通氣，然後能變化，既成萬物也。

　　劉啟東曰〔註36〕：「前章言一歲之序，此章言一時之變化。」

　　關子明曰〔註37〕：「乾坤，六卦之主也。六卦用，則乾坤何為乎？堯舜垂衣而治，六官用而我無為矣。」

　　君啟曰〔註38〕：「語其主宰謂之帝，語其妙用謂之神。雷動風散之類，即所謂變化成萬物也。然皆各司其職，不相為用，何以能成化功？惟一神妙運於中，能動能撓，能熯能說，能潤能始終，又相逮相通而不相悖，然後能變化成萬物。『故』字、『然後』字極有力，正見得神妙萬物之處。『雷動章』，六子統於乾坤，見乾坤之廣大。此章乾坤寄於六子，見乾坤之易簡。『天地定位』章，六子出乾坤之門，覺尊卑之有序。『出震』章，乾坤錯八卦之內，知變化之無窮。」

　　鄭孩如曰〔註39〕：「神者妙萬物，非雷風山澤等物也，六者乃神之所為。而所以動之撓之，『莫疾』、『莫熯』云者，乃神之妙處也。六者各司其職，而『莫疾』、『莫熯』云者，固妙也。六者不單行，而『相逮』、『相通』、『不相悖』，亦妙也。行神之官有六，而神之行惟一，一故神也。『莫疾』、『莫熯』，

─────────────

〔註36〕不詳。
〔註37〕見關朗《關氏易傳‧雜義第十一》。
〔註38〕見陸夢龍《易略‧繫辭‧神也者妙萬物章》。（《四庫全書存目叢書》經部第19冊，第530頁。）
〔註39〕不詳。

吾烏知其所以動、所以燥耶？『相逮』、『相通』，吾烏知其動之非撓、撓之非動耶？神妙若此，所以能變化而盡成乎萬物也。」既，盡也。

「神也者」一句，領起一篇之意，下總髮明此句。「莫疾」、「莫熯」等正是神之妙處。「故水火相逮」，「故」字承上文說個「神」意，蓋數「莫」字便見風雷等是至神至妙之物，原不滯於偏枯，故「相逮」、「相通」有不知其所以然者。不是上段各司其用，下段相須為用，一分一合，有意為之也。「然後能」三字有力，見凡此皆神所為，故能如此。若無神妙於其中，雖欲變化成物，如何能得？所以見神力量之大也。私記。

丘行可曰〔註40〕：「序六子之用，不及乾坤者，六子之用皆乾坤之為也。五卦皆言象，而艮不言者，終始萬物義不繫於山也。」

崔氏憬曰〔註41〕：「雷動萬物，春分之時，草木滋生，蟄蟲發起。風鼓萬物，春則發散枝葉，秋則摧殘枝葉。」

孔仲達曰〔註42〕：「上言『水火不相射』，此言『相逮』者既不相射，又不相及，則無成物之功。上言『雷風相薄』，此言『不相悖』，若相薄而相悖則相傷害，亦無成物之功也。」

《麻衣心法》：「坎潤兌說，理自不同。」坎，乾水也，井是也；兌，坤水也，雨是也。一陽中陷於二陰為坎，坎以氣脈潛行於萬物之中，為受命之根本，故曰「潤萬物者莫潤乎水」。一陰上徹於二陽為兌，兌以雨露普施於萬物之上，為發生之利澤，故曰「說萬物者莫說乎澤」。〔註43〕

「定位」章，首乾、坤，而即繼以艮、兌，次震、巽、坎、離。「雷動」章，先震、巽、坎、離，繼以艮、兌、乾、坤，既與「定位」章異矣。「出震」章，首震終艮，等乾坤於六子中間，位次糸錯不齊，又與「雷動」章異矣。「神也者」章，先震、巽，次離、兌，次坎、艮，置乾、坤於不言，與前三章又迥然不同矣。想聖人胸中造化，《易》理渾淪融洽，見到即書，縱橫錯綜，無非妙義。沾沾然此為先天，此為後天，又變其說此為《連山》，此為《歸藏》，不亦愈枝而愈遠乎？私記。

---

〔註40〕見胡廣《周易大全》卷二十四《說卦傳》。
〔註41〕李鼎祚《周易集解》：「崔憬曰：『謂春分之時，雷動則草木滋生，蟄蟲發起，所動萬物，莫急於此也。言風能鼓撓萬物，春則發散草木枝葉，秋則摧殘草木枝條，莫急於風者也。』」
〔註42〕孔《疏》見《周易正義》卷十三《說卦》。
〔註43〕此一節見錢士升《周易揆》卷十二《說卦傳》。

自「定位」章至此，顛倒錯綜，將造化功用悉收拾於八卦之中，此是夫子創論，文王、周公所未言。子貢謂「性與天道，不可得而聞」，其在此乎？後人借之為術數嚆矢，不言天道而言地理，甚可歎也。私記。

《本義》：「右第六章。」

乾，健也。坤，順也。震，動也。巽，入也。坎，陷也。離，麗也。艮，止也。兌，說也。

按：仲虎謂夫子欲言卦之象，故先言其德〔註44〕。然以象合德，又未必相肖，殆有不可曉者。此後皆以陰陽純卦及長中少為序，知乾一兌二之說為誤矣。

陷有摧鋒陷敵，深入重圍之象，非陷溺也。

此夫子作《象傳》之本領也。然有不可拘執者，如《象傳》中巽不言入而言巽，坎不言陷而言險，離言麗而兼言明之類是也。〔註45〕

《本義》〔註46〕：「右第七章。言八卦之性情」。小注：「謂之性者，言其性如此。謂之情者，言其發用亦如此。」〔註47〕

乾為馬，坤為牛，震為龍，巽為雞，坎為豕，離為雉，艮為狗，兌為羊。

仲虎曰〔註48〕：「周公以乾為龍，而夫子以為馬；文王以坤為牝馬，而夫子以為牛。象之不必泥如此，學者觸類而長之可也。」

錢國端曰〔註49〕：「人而失其健順之性，則牛馬之不如；失其所止而無以自說，則羊狗之不如。聖人取象之意，深切矣哉！」

《埤雅》〔註50〕：「乾，陽物也，故馬蹄圓。坤，陰物也，故牛蹄坼。陽病則陰勝，故馬疾則臥。陰病則陽勝，故牛疾則立。馬，陽物，故起先前足，

---

〔註44〕 胡炳文《周易本義通釋》卷八《說卦傳》：「夫子欲於下文言八卦之象，故先言其性情如此。」

〔註45〕 胡炳文《周易本義通釋》卷八《說卦傳》：「象者其似，性情者其真。《象傳》於巽不言入而直言巽，坎不言陷而言險，離罕言麗而言明，則又得其真矣。」

〔註46〕 朱熹《周易本義》卷四《說卦傳》：「此言八卦之性情。右第七章。」

〔註47〕 黎靖德《朱子語類》卷六十七：「八卦之性情，謂之性者，言其性如此；又謂之情者，言其發用處亦如此。如乾之健，本性如此，用時亦如此。」

〔註48〕 見胡炳文《周易本義通釋》卷八《說卦傳》。

〔註49〕 見錢一本《像象管見》卷七《說卦傳》。

〔註50〕 見陸佃《埤雅》卷三《釋獸·牛》。

臥先後足。牛，陰物，故起先後足，臥先前足。學者以為坤牛取順，乾馬取健，蓋知其一而已。」

《本義》〔註51〕：「右第八章。遠取諸物如此。」

**乾為首，坤為腹，震為足，巽為股，坎為耳，離為目，艮為手，兌為口。**

人皆有耳目手足，而孰知其為八卦也？知其為八卦，而耳目手足斃壞之時，八卦竟安在也？八卦以一身取象，獨不言心，何也？無心則耳目手足竟安用也。學者可以憬然悟矣。私記。

《本義》〔註52〕：「右第九章。近取諸身如此。」

**乾，天也，故稱乎父。坤，地也，故稱乎母。震，一索而得男，故謂之長男。巽，一索而得女，故謂之長女。坎，再索而得男，故謂之中男。離，再索而得女，故謂之中女。艮，三索而得男，故謂之少男。兌，三索而得女，故謂之少女。**八卦名俱宜讀。

孔《疏》〔註53〕：「『索〔註54〕，求也。以乾坤為父母而求其子也。』得父氣者為男，得母氣者為女。」

蔡伯靜曰〔註55〕：「『一索』、『再索』、『三索』者，以初、中、終三畫而取，此長、中、少之序也。震、坎、艮皆陽，故曰男。巽、離、兌皆陰，故曰女。」仲虎曰〔註56〕：「此皆卦畫已成之後，方見有父母男女之象，非初畫時即有此意。」

俞玉吾曰〔註57〕：「三男之卦，以氣言則得乾一爻之奇，以體言則得坤二爻之耦。三女之卦，以氣言則得坤一爻之耦，以體言則得乾二爻之奇。是故一爻為氣，二爻為體。」

乾求於坤，謂陽感於陰而陰應之，則陽氣盛而為男。坤求於乾，謂陰感於陽而陽應之，則陰氣盛而為女。道書言陽裏陰為女，陰裏陽為男。大抵男

---

〔註51〕朱熹《周易本義》卷四《說卦傳》：「遠取諸物如此。右第八章。」
〔註52〕朱熹《周易本義》卷四《說卦傳》：「近取諸身如此。右第九章。」
〔註53〕孔《疏》見《周易正義》卷十三《說卦》。
〔註54〕「索」前，《周易正義》有「王氏云」。
〔註55〕見董真卿《周易會通》卷十四《說卦傳》、胡廣《周易大全》卷二十四《說卦傳》。
〔註56〕見胡炳文《周易本義通釋》卷八《說卦傳》。
〔註57〕見俞琰《周易集說》卷三十七《說卦傳二》。

女分於所得之陰陽少長，別於所得之先後。震一索得男，巽一索得女，猶言乾一索得震，坤一索得巽云爾。私記。

姚承庵曰〔註58〕：「玩『故稱』、『故謂』語氣，見父母男女原有此名。夫子特詳釋之，以明其義，各有攸當，非偶然者。父母曰『稱』，男女曰『謂』，一字之異，名分秩然。」

何閩儒曰〔註59〕：「觀此則《彖傳》所言陰陽、剛柔、往來、上下，正一索、再索、三索之說，何必謂某卦從某卦變，而徒啟傅會不經之疑哉！」

《本義》：「右第十章。」「此以家之八位擬八卦也。」〔註60〕

乾為天，為圜，為君，為父，為玉，為金，為寒，為冰，為大赤，為良馬，為老馬，為瘠馬，為駁馬，為木果。駁，舊從交。公車內本從爻。《石經》亦從爻。按《字書》：駁與駮俱伯各切，音博。

上章合八卦為一，而分德物身家四類。此章合四類為一，而分八卦以八門，所以反覆推廣象類，以資占者之決也。〔註61〕

楊用修曰〔註62〕：「《明堂位》『商之大白，周之大赤』，皆旂名。《周禮》：『象路建大赤以朝。』◎馬色不純為駁。駮，獸名，《山海經》：「中曲山有獸如馬，身黑，二尾一角，虎牙爪，名曰駮，食虎豹。」《說苑》：「晉平公出田，見乳虎伏而不動。平公顧問師曠，師曠曰：『鵲食蝟，蝟食鵔鸃，鵔鸃食駮，駮食虎。夫駮之狀似駮馬，今者吾君當驂駮馬以出乎？』平公曰：『然。』是則駮馬乃馬至威猛者也。〔註63〕宋劉敞奉使契丹時，順州山中有異獸如馬，食虎豹，北人不識，以問，荅曰：「此駮也。」為言形狀音聲皆是，北人歎服。〔註64〕陸佃云〔註65〕：「駁，毛物可觀。馬之色相類者，以駁名之。」

〔註58〕姚舜牧《重訂易經疑問》未見此語，俟檢。
〔註59〕見何楷《古周易訂詁》卷十四《說卦傳》。
〔註60〕見俞琰《周易集說》卷三十八《說卦傳三》。又見焦竑《易筌》卷六《說卦傳》、曹學佺《周易可說》卷七《說卦傳》，不言係引用。
〔註61〕此一節見焦竑《易筌》卷六《說卦傳》。
〔註62〕見楊慎《丹鉛總錄》卷八《大赤》。
〔註63〕自「楊用修曰」至此，見何楷《古周易訂詁》卷十四《說卦傳》。
〔註64〕董真卿《周易會通》卷十四《說卦傳》、蔡清《易經蒙引》卷十二下《說卦傳》、胡廣《周易大全》卷二十四《說卦傳》均載劉敞之事。
〔註65〕按：陸佃《埤雅》無此語。羅願《爾雅翼》卷十八《釋獸一·六駮》：「蓋駁毛物既可觀，又似馬，故馬之色相類者，以駁名之。」

坤為地，為母，為布，為釜，為吝嗇，為均，為子母牛，為大輿，為文，為眾，為柄。其於地也，為黑。

《素問》：「地在人之下，太虛之中，大氣舉之。」有其舉之，而物得以託焉，故為柄。一作柄，乾性圜，坤性方，相反也。孔氏曰〔註66〕：土有五色，以黃為中，以黑為正。

震為雷，為龍，為玄黃，為旉，為大塗，為長子，為決躁，為蒼筤竹，為萑葦。其於馬也，為善鳴，為馵足，為作足，為的顙。其於稼也，為反生。其究為健，為蕃鮮。【旉，從甫從方。《石經》作「旉」。「萑」，《石經》作「蓷」。查《字書》，無蓷字，不知《石經》何本。

《釋文》〔註67〕：「旉，花之總名。」◎「蒼，深青色。蒼筤竹，陸佃云幼竹也。《說文》：車籃也。一謂之笭，從竹從太，音替，車節也。又扇類，曲柄繡蓋，在乘輿之後，王介甫詩『繡筤含風』是也。《埤雅》：『萑似葦而小。初生為菼，長大為薍，成則名為萑。初生為葭，長大為蘆，成則名為葦。』」〔註68〕◎《爾雅》：馬後右足白曰驤，後左足白曰馵。《玉篇》：馬立一足懸起曰馵，馬行兩足騰起曰作。的，白也。《詩》謂「白顛」，《傳》謂「的顙」，吳幼清謂「額有旋，毛中虛，如射者之的」〔註69〕。◎反生謂麻荳之類，戴甲而生者也。一曰反生，死而復生，一歲再熟之稻。◎鮮，《尚書》「奏庶鮮食」。

巽為木，為風，為長女，為繩直，為工，為白，為長，為高，為進退，為不果，為臭。其於人也，為寡髮，為廣顙，為多白眼，為近利，市三倍。其究為躁卦。臭，從自從犬。

《莊子》〔註70〕：「大塊噫氣，其名曰風。」◎吳幼清曰〔註71〕：「臭者，香羶腥焦朽之五氣。凡物有聲色臭味。聲臭屬陽，色味屬陰。巽二陽外達，故為臭。」◎《乾鑿度》：「物有始有壯有究。」震得陽氣之先，巽得陰氣之先，故其卦皆有究極之義。〔註72〕

〔註66〕冀原《周易新講義》卷十《說卦》：「地之色，以黃為中，以黑為正。」
〔註67〕陸德明《經典釋文》卷二《易》：「王肅音孚。干云：『花之通名。』」
〔註68〕見何楷《古周易訂詁》卷十四《說卦傳》。
〔註69〕見吳澄《易纂言》卷十《說卦傳》。
〔註70〕見《莊子·齊物論》。
〔註71〕見吳澄《易纂言》卷十《說卦傳》。
〔註72〕俞琰《周易集說》卷三十八《說卦傳三》：「或曰震得陽氣之先者也，巽得陰氣之先者也，故其卦皆有究極之義。《乾鑿度》云：『物有始有壯有究。』」

坎為水，為溝瀆，為隱伏，為矯輮，為弓輪。其於人也，為加憂，為心病，為耳痛，為血卦，為赤。其於馬也，為美脊，為亟心，為下首，為薄蹄，為曳。其於輿也，為多眚，為通，為月，為盜。其於木也，為堅多心。

楊用修曰〔註73〕：「行水用溝，所以備澇，禦水之害也。停水用瀆，所以備旱，鍾水之利也。」◎孔氏曰〔註74〕：「矯者，矯曲使直。輮者，輮直使曲。」◎徐子與曰〔註75〕：「弓蓋二十八，所以蔽車之上。輪輻二〔註76〕十六，所以載車之下。」◎「《素問》：金在志為憂，水在志為恐。恐則甚於憂，故為『加憂』。火藏在心，坎水勝之，故為『心病』。水藏在腎，開竅於耳，而水在志為恐，恐則傷腎，故為『心痛』。」〔註77〕◎龔氏曰〔註78〕：「車之蓋轑為月。」◎「《太玄》以水為盜，陰陽家以玄武為盜，皆屬坎。」〔註79〕◎《爾雅》：「山罍謂之坎，大琴謂之離。」

離為火，為日，為電，為中女，為甲冑，為戈兵。其於人也，為大腹。為乾卦，為鼈，為蟹，為蠃，為蚌，為龜。其於木也，為科上槁。

弱侯曰〔註80〕：「坎、離者，乾、坤之精氣。乾為首，故坎為下首。坤為腹，故離為大腹。離非能大於坤也。大腹、下首，疾證也。」◎相沿之說，謂科空也。考《字書》：科，條也，本也。《集韻》音課，滋生也。無空之說。

---

〔註73〕不詳。

〔註74〕《周易正義》卷十三《說卦》孔《疏》：「為矯輮，取其使曲者直為矯，使直者曲為輮。」引文見錢士升《周易揆》卷十二《說卦傳》、錢一本《像象管見》卷七《說卦傳》，不言係引用。

〔註75〕見胡廣《周易大全》卷二十四《說卦傳》。董真卿《周易會通》卷十四《說卦傳》：「南軒張氏曰：『弓蓋二十八，所以蔽車。輪輻三十六，所以載車。』」

〔註76〕「二」，《周易大全》作「三」。

〔註77〕見董真卿《周易會通》卷十四《說卦傳》，稱「鄭氏正夫曰」。另外，龔原《周易新講義》卷十《說卦》：「故《素問》曰：西方生金，在志為憂；北方生水，在志為恐。以恐對憂，則有力矣，故為『加憂』。寒氣，水之勝也，火熱受邪，心病生焉，故為『心病』。恐則傷腎，腎傷則『耳痛』。」

〔註78〕不詳。

〔註79〕朱震《漢上易傳》卷九《說卦傳》：「《太玄》以水為盜，陰陽家以玄武為盜。玄武，水也。」胡廣《周易大全》卷二十四《說卦傳》：「進齋徐氏曰：『（略）《太玄》以水為盜，陰陽家以玄武為盜，以其皆屬北方之坎也。』」

〔註80〕見焦竑《易筌》卷六《說卦傳》、何楷《古周易訂詁》卷十四《說卦傳》。按：此說早見俞琰《周易集說》卷三十八《說卦傳三》，稱「平菴項氏曰」。

　　艮為山，為徑路，為小石，為門闕，為果蓏，為閽寺，為指，為狗，為鼠，為黔喙之屬。其於木也，為堅多節。

　　震為大塗，艮為徑路。◎「在木曰果，在地曰蓏。有核曰果，無核曰蓏。植生曰果，蔓生曰蓏。木實曰果，草實曰蓏。震為旉，草木之始；艮為果蓏，草木之終，而又能始也。」〔註81〕◎「閽人主門，無足而守禦，止外之入。寺人主巷，無陽而給使，止內之出。」〔註82〕◎弱侯曰〔註83〕：「虎子曰狗。《爾雅》：『熊虎醜，其子狗。』漢傳〔註84〕『捕虎一，購錢三千，其狗半之』是也。黔，東北之色，青黑雜也。」◎「坎陽在中，為堅多心。艮陽在外，為堅多節。」〔註85〕◎三陽卦，艮不言馬。艮，止也，馬非其象也。

　　兌為澤，為少女，為巫，為口舌，為毀折，為附決。其於地也，為剛鹵，為妾，為羊。羊，陸氏《釋文》云：「虞作『羔』。」李鼎祚《集解》亦作「羔」，注云：「羔，女使也。」

　　兌在地為大澤，蟲魚說焉；在天為雨澤，百穀說焉。為少女，女子之未嫁，以兄弟言。為妾，女子之既嫁，以嫡娣言。陰在下為股，在中為大腹，在上為口舌。巫者，口舌之官也。◎鹵，鹹土也。《說文》：東方曰斥，西方曰鹵。東方之斥在濕地而柔，西方之鹵在燥地而剛。兌，西方之卦，下二陽剛，上一陰鹵也。鄭少梅曰〔註86〕：「剛者出金，鹵者出鹽。雖不生五穀，而寶藏興焉，天地之仁也。」三陰卦言長女、中女、少女，三陽卦不言長男、中男、少男者，蓋亦一隅之舉也。

　　仲虎曰〔註87〕：「八卦之象，可解者解之，不可解不必強解。中有相對者，如乾馬坤牛之類；有相反者，如震大塗、艮徑路之類；有相因者，如乾為馬，

〔註81〕俞琰《周易集說》卷三十八《說卦傳三》：「木之植生而其實有核者曰果，桃李之屬是也。草之蔓生而其實無核者曰蓏，瓜瓠之屬是也。陽剛在上，故為果。陰柔在，下故為蓏。平菴項氏曰：『果蓏，氣之止於外者也。乾純陽，但為木果。艮一陽二陰，故為木之果，又為草之蓏。震為旉，草木之始也。艮為果蓏，草木之終也，果蓏能終而又能始，故於艮之象為切。』」
〔註82〕見吳澄《易纂言》卷十《說卦傳》。
〔註83〕見焦竑《易筌》卷六《說卦傳》。
〔註84〕「傳」，《易筌》作「律」。按：《爾雅·釋獸》：「熊虎醜，其子狗，絕有力，麙。」郭璞《注》：「律曰：『捕虎一，購錢三千，其狗半之。』」
〔註85〕見蔡清《易經蒙引》卷十二下《說卦傳》、焦竑《易筌》卷六《說卦傳》。
〔註86〕見董真卿《周易會通》卷十四《說卦傳》、胡廣《周易大全》卷二十四《說卦傳》。
〔註87〕見胡炳文《周易本義通釋》卷八《說卦傳》。

震、坎亦為馬；巽為木，坎、艮亦為木之類；有一卦中相因者，如坎為隱伏，因而為盜；巽為工，因而為繩直之類；有互見者，如離為乾卦，可見坎為濕；坎為血卦，可見離為氣之類。」

柴與之曰〔註88〕：「自坤而降，曰『於地』、『於人』、『於馬』、『於輿』、『於稼』、『於木』，惟乾無之。蓋物不足以盡卦，則正言為天為地之類；卦不足以盡物，則有於人於木之類。至於乾之為道，無不周徧，故無所言焉。」

康流曰〔註89〕：「此廣明卦象，所以資占者之決也。夫占法不可為典要，惟憑天機所觸，效於自然。故周公取象不襲文王，孔子取象不襲周公，皆約舉大概，略示通變之方，隨指一物，第存彷彿之見，故曰『象也者，像也』。八卦有正像，有餘象。正像如天地山澤雷風水火父母男女之類，不可易也。其餘則依正像以起，或隨他象以變，故一馬也，而乾取之，震、坎亦取之；一木也，而巽、離取之，坎、艮亦取之。蓋易道甚大，百物不廢，廣而天地，細而草木蟲魚，幽而鬼神，明而君臣父子，皆不越乎八卦。不越乎八卦則不越乎四象、兩儀，不越乎四象、兩儀則不越乎太極。區而別之，有以明之於至微。雜而陳之，有以通之於至變。反於吾身而無不備，觸於吾心而無不通，可以藏往，可以知來，可以茂對時而育萬物，皆舉諸此矣。如必屑屑焉執此以為乾，執彼以為坤，推之卦爻而不合，則支離破裂、迂迴曲折以求之，是豈可以通神明之德哉？」

胡孝轅曰〔註90〕：「《本義》所載《荀九家》者，《文獻通考》引陳氏說，以為漢淮南王所聘明易者九人，荀爽嘗為之集解。今考淮南自云九師有《道訓》二篇，此名《荀爽九家》，諸志俱云十卷，《釋文序錄》列九家名氏為京房、馬融、鄭玄、宋衷、虞翻、陸績、姚信、翟子玄並爽而九，云不知何人所集。稱荀者，以為主故也。陳氏誤矣。」

《本義》：「右第十一章。」

# 序卦傳

伏羲畫卦，決非散亂無章，其序今不可考。傳至夏商，一首歸藏，一首

---

〔註88〕見董真卿《周易會通》卷十四《說卦傳》、胡廣《周易大全》卷二十四《說卦傳》。
〔註89〕見朱朝瑛《讀易略記·說卦傳》。（《四庫全書存目叢書》經部第 24 冊，第 846 頁）
〔註90〕不詳。

連山，二代各自成書，非復羲皇之舊矣。周自文王始作《彖辭》，序卦定自文王，無可疑者。大都二二相耦，卦卦相反，此聖人言表之意，見得只此奇耦二畫，一轉移間，便別是一番世界，別是一番人物，別是一番作用，令人眼活心靈，有移步換形之趣。夫子恐後人紊亂之也，據其已定之序，作傳聯絡，令學者守為定案。中間義理，不論本卦之旨，不執一定之見，意到筆隨，因方為圭，遇圓成璧，得其一言可以酬酢機宜，保全身命，所以啟迪後學者無不至矣。至其奇耦之饒乏，配對之均停，諸儒言之有據，辨之甚詳。然無補於身心家國，聖人所不言者，亦不必深求。淵明讀書不求甚解，正指此也。《雜卦傳》止以二卦相反立論，錯舉互抵，正以見序之不必拘。「大過顛也」數句，顛倒錯綜，並反對亦有不必泥者。聖人作翼，隨立隨掃，無非謂「書不盡言」、「神而明之，存乎其人」已耳。康伯謂《序卦》「非易之蘊」，或有疑其非聖人之筆者，則過矣。私記。

《正義》述周氏以六門攝序卦一天道，二人事，此其大都也。三相因如《屯》、《蒙》、《師》、《訟》等；四相反，如《否》、《泰》、《剝》、《復》等；五相須，如大有須謙，蒙稚待養等；六相病，如賁盡致剝、晉極致傷等。就中礮栝，則相因相反盡之。〔註91〕

有天地，然後萬物生焉。盈天地之間者，唯萬物，故受之以屯。屯者，盈也。屯者，物之始生也。物生必蒙，故受之以蒙。蒙者，蒙也，物之穉也。物穉不可不養也，故受之以需。

沈氏曰〔註92〕：「物生之初，必有蒙之者，或胎或卵，或苞或甲，為其穉而謹護之，天地之仁也，人生而蒙，亦天地之仁也。早慧非福，暴長非壽。『不養』，不可動也。故漸為之飼食以長其體，漸為之教訓以長其智，不可一日而成，必以需焉。」

〔註91〕此一節見錢士升《周易揆》卷十二《序卦傳》。按：《周易正義》卷十三《序卦》：「正義曰：《序卦》者，文王既繇六十四卦，分為上下二篇。其先後之次，其理不見，故孔子就上下二《經》，各序其相次之義，故謂之《序卦》焉。其周氏就《序卦》以六門往攝，第一天道門，第二人事門，第三相因門，第四相反門，第五相須門，第六相病門。如《乾》之次《坤》、《泰》之次《否》等，是天道運數門也。如《訟》必有《師》，《師》必有《比》等，是人事門也。如因《小畜》生《履》，因《履》故通等，是相因門也。如《遯》極反《壯》，動竟歸止等，是相反門也。如《大有》須《謙》，《蒙》稚待養等，是相須也。如《賁》盡致《剝》，進極致傷等，是相病門也。」

〔註92〕見沈一貫《易學》卷十二《序卦傳》。

需者，飲食之道也。飲食必有訟，故受之以訟。

需非飲食之道也。饑者甘食，渴者甘飲，為其不能需也。訟未必盡因飲食而訟，其所必有大者爭城邑，次者爭爵祿，小者爭簞豆，是皆飲食之類也。

訟必有眾起，故受之以師。

訟則此亦一是非，彼亦一是非，黨同伐異，朋黨起而兵戈之禍隨之矣，故受之以師，傷哉！

師者，眾也。眾必有所比，故受之以比。比者，比也。比必有所畜，故受之以小畜。

市必有平，聚必有長，軍必有帥，國必有侯，天下必有天子。眾無所比，則爭不息，故受之以比。「比非大通之道，各有所畜以相濟，故受之以小畜。」〔註93〕

物畜然後有禮，故受之以履。履而泰，然後安，故受之以泰。鄭本無「而泰」二字，失聖人之意矣。

馴而養之，大小上下各安其分，故有禮。一曰禮義生於富足。

沈氏曰〔註94〕：「禮從人情而出，不強人所不欲，不強人所不能，故貧者不以貨財為禮，老者不以筋力為禮，居山不以魚鼈為禮，居澤不以鹿豕為禮。」行其心之所安者而已。平甫曰〔註95〕：「履不訓禮。人之所履，未有外於禮者」。

子瞻曰〔註96〕：「義有不盡於名者，履為禮、蠱為事、臨為大解為緩之類是也。蒙者，蒙也；比者，比也；剝者，剝也；皆義盡於名者也。」

泰者，通也。物不可以終通，故受之以否。

庭芳曰〔註97〕：「乾坤十變方泰，何其難！泰一變即否，何其易！」

---

〔註93〕《周易正義》卷十三《序卦》韓《注》：「比非大通之道，則各有所畜以相濟也，由比而畜，故曰小畜。」
〔註94〕見沈一貫《易學》卷十二《序卦傳》。
〔註95〕見俞琰《周易集說》卷三十九《序卦傳》。
〔註96〕見蘇軾《東坡易傳》卷八《序卦傳》。
〔註97〕見董真卿《周易會通》卷十四《序卦傳》。庭芳即胡一桂。

物不可以終否，故受之以同人。

康伯曰〔註98〕：「否則思通，人人同志，故出門同人，不謀而合。」

與人同者，物必歸焉，故受之以大有。

崔氏憬曰〔註99〕：「以欲從人，人必歸己。」語曰〔註100〕：「獨任之國，勞而多禍；獨國之君，卑而不威。」

有大者，不可以盈，故受之以謙。

衣成缺衽，宮成缺隅。

有大而能謙，必豫，故受之以豫。豫必有隨，故受之以隨。以喜隨人者，必有事，故受之以蠱。

魏太子申將兵伐齊，過隱士。隱士止之，既而歎曰：「太子必不歸矣。」彼其旁欲啜汁者多也。此所謂好多事而喜隨人者也。如群蠱蝕心，與之俱斃而已，安得不蠱？〔註101〕

蠱者，事也。有事而後可大，故受之以臨。

功崇惟志，業廣惟勤。自直之箭，百代無一矢。自圓之木，千載無一輪。〔註102〕

臨者，大也。物大然後可觀，故受之以觀。可觀而後有所合，故受之以噬嗑。

平甫曰〔註103〕：「臨不訓大。大者以上臨下，以大臨小，皆大者之事，故以大稱之。」張敬夫曰〔註104〕：「天下皆山也，惟泰山可觀；天下皆水也，惟東海可觀。」上無可觀，下引而去矣，何以得合？〔註105〕

---

〔註98〕見《周易正義》卷十三《序卦》。
〔註99〕見李鼎祚《周易集解》卷十七《周易序卦》。
〔註100〕見何楷《古周易訂詁》卷二《大有》。按：原出《管子・形勢第二》。
〔註101〕此一節見沈一貫《易學》卷十二《序卦傳》。
〔註102〕此一節見沈一貫《易學》卷十二《序卦傳》。
〔註103〕見俞琰《周易集說》卷三十九《序卦傳》。
〔註104〕見張栻《南軒易說》卷四《序卦》。
〔註105〕朱震《漢上易傳》卷十《序卦傳》：「在上而無可觀，則在下引而去矣，非可觀其能有合乎？」

嗑者，合也。物不可以苟合而已，故受之以賁。

「不執贄，不可以成賓主之合。不受幣，不可以成男女之合。」〔註106〕《表記》曰：「無辭不相接也，無禮不相見也，欲民之無相褻也。」〔註107〕

賁者，飾也。致飾然後亨則盡矣，故受之以剝。飾從佈。

申甫曰〔註108〕：「亨者，通也。文者，行吾之意而通於彼此之間者也。」厚於味者薄於德。致飾則竭力於虛文，而毫無真意。所云彼此相通者，索然無味。

矣文章繁縟，周衰之漸。議論虛詼，晉亂之徵。

剝者，剝也。物不可以終盡，剝窮上反下，故受之以復。

胡氏旦曰〔註109〕：「夫積湯則萎，凝冰則壯，男老則弱，女壯則雄，故蘼草死於始，夏薺麥生於孟冬。數已盡而氣存，時已極而物反，天地之常理，陰陽之本性。」

復則不妄矣，故受之以无妄。有无妄，然後可畜，故受之以大畜。物畜然後可養，故受之以頤。

比而畜，其畜也小。无妄而畜，其畜也大。「復則不妄矣」，何等直捷！「无妄然後可以畜」，何等鄭重！

凡人學問，須有本領，則一切聞見俱可滋養，性靈有所歸宿。不則，胸無主宰，博聞強記，徒供奢靡，亦有何益？故曰「有无妄，然後可畜」。畜與養有辨。《文言》曰：「學以聚之，寬以居之。」畜是學聚工夫，養是寬居工夫，故曰「物畜然後可養。」彝正曰〔註110〕：「萬物聚而養道備也。」私記。

頤者，養也。不養則不可動，故受之以大過。物不可以終過，故受之以坎。坎者，陷也。陷必有所麗，故受之以離。離者，麗也。

窮猿攀木，飛鳥依人。

---

〔註106〕見吳澄《易纂言》卷十一《序卦傳》。

〔註107〕此一節見沈一貫《易學》卷十二《序卦傳》。

〔註108〕見張振淵《周易說統》卷十二《序卦傳》。

〔註109〕見唐順之《荊川稗編》卷四《易之三·七日來復之義》

〔註110〕見潘士藻《讀易述》卷十六《序卦傳》。

　　來矣鮮曰〔註111〕：「物不可以終通、終否、終盡、終過，以理之自然言也，造化如此。有大者不可以盈，『不養則不可動』，以理之當然言也，人事如此。」

　　有天地，然後有萬物。有萬物，然後有男女。有男女，然後有夫婦。有夫婦，然後有父子。有父子，然後有君臣。有君臣，然後有上下。有上下，然後禮義有所錯。「錯，施也。」〔註112〕與「措」同。

　　干令升曰〔註113〕：「此詳言人道，三綱六紀有自來也。」

　　子瞻曰〔註114〕：「夫婦者，咸與恒也。則男女者，坎與離也。有男女然後有夫婦，明咸、恒之所以次坎、離也。六子皆男女，而獨取於坎、離者，蓋艮、兌為少，非少無以相感；震、巽為長，非長無以能久。故少者為咸，長者為恒，而以其中者為男女之正。」

　　吳幼清曰〔註115〕：「上經首《乾》、《坤》，人生之本；下經首《咸》、《恒》，人道之始。先言天地、萬物、男女者，有夫婦之所由；後言父子、君臣、上下者，有夫婦之所致。」

　　項平甫曰〔註116〕：「上下既具，則拜趨坐立之節形，而宮室車旗之制設。其行之必有文，故謂之禮；辨之必有理，故謂之義。禮義者，非能制為人倫也，有人倫而後禮義行其間耳。」

　　夫婦之道，不可以不久也，故受之以恒。恒者，久也。物不可以久居其所，故受之以遯。

　　情不可久，惟道可久。

　　沈氏曰〔註117〕：「恒本美稱，而亦有不可用者。盛名之下勿久居，得意之處勿再往。」

---

〔註111〕見來知德《周易集注》卷十五《序卦傳》。
〔註112〕見李鼎祚《周易集解》卷十七《周易序卦》。
〔註113〕見李鼎祚《周易集解》卷十七《周易序卦》。
〔註114〕見蘇軾《東坡易傳》卷八《序卦傳》。
〔註115〕見吳澄《易纂言》卷十一《序卦傳》。
〔註116〕見董真卿《周易會通》卷十四《說卦傳》、胡廣《周易大全》卷二十四《序卦傳》、張振淵《周易說統》卷十二《序卦傳》。
〔註117〕見沈一貫《易學》卷十二《序卦傳》。

遯者，退也。物不可以終遯，故受之以大壯。物不可以終壯，故受之以晉。

「終」字作「徒」字解，謂不但壯而已，又須更進一步。

晉者，進也。進必有所傷，故受之以明夷。

鄧伯羔曰〔註 118〕：「晉與漸皆進而有別。進必有歸者，先以艮；進必有傷者，先以壯。」

夷者，傷也。傷於外者，必反其家，故受之以家人。家道窮必乖，故受之以睽。睽者，乖也。乖必有難，故受之以蹇。

韓《注》〔註 119〕：「室家至親，過則失節。家人之義，唯嚴與敬。樂勝則流，禮勝則離。」

蹇者，難也。物不可以終難，故受之以解。解者，緩也。緩必有所失，故受之以損。

解難如解亂絲，愈急則愈紊，緩是解難良法。但緩於未解之先，可釋煩擾之害；緩於既解之後，適開叢脞之端。

事不可急，心不可緩。壯而怠則失時，老而懈則無名。〔註 120〕

損而不已必益，故受之以益。益而不已必決，故受之以夬。夬者，決也。決必有所遇，故受之以姤。

江河之盈，不過數日，益則必決。韓《注》〔註 121〕：「以正決邪，必有喜遇。」姜廷善曰〔註 122〕：「決主開，遇主合，開則必合，決則必遇。」庭芳曰〔註 123〕：「上決一陰，下復一陽，猶可也。今上決一陰，下遇一陰，姑論卦名相次。」

---

〔註 118〕見潘士藻《讀易述》卷十六《序卦傳》。見何楷《古周易訂詁》卷四《明夷》、焦竑《易筌》卷六《序卦傳》，不言係引用。

〔註 119〕見《周易正義》卷十三《序卦》。

〔註 120〕此一節見沈一貫《易學》卷十二《序卦傳》。

〔註 121〕見《周易正義》卷十三《序卦》。

〔註 122〕姜寶《周易傳義補疑》卷十二《序卦傳》、潘士藻《讀易述》卷十六《序卦傳》。又見曹學佺《周易可說》卷七《序卦傳》，不言係引用。按：此說早見俞琰《周易集說》卷三十九《序卦傳》。

〔註 123〕見董真卿《周易會通》卷十四《說卦傳》、胡廣《周易大全》卷二十四《序卦傳》、潘士藻《讀易述》卷十六《序卦傳》。

姤者，遇也。物相遇而後聚，故受之以萃。萃者，聚也。聚而上者謂之升，故受之以升。升而不已必困，故受之以困。

升可以積學，不可以乘勢。

困乎上者必反下，故受之以井。井道不可不革，故受之以革。

沈氏曰〔註124〕：「事有高世而非其至者，必反於庸而後可。〔註125〕故辯困於上，反於下，必庸言之信；行困於上，反於下，必庸行之謹。井，德之地也，巽乎水而上水也。」

古禮：立秋瀹井改水。

革物者莫若鼎，故受之以鼎。主器者莫若長子，故受之以震。

鼎變腥為熟，易堅為柔，故「革物莫若鼎」。鼎以享上帝、養聖賢，正位凝命之器，故「主器莫若長子」。

震者，動也。物不可以終動，止之，故受之以艮。

養由基善射，百發百中。有老人在旁曰：「可教已。」規其能動而不能止也。〔註126〕

直說「物不可終動，故受以艮」，有何意味？「止之」二字摧撞折牙，永息機用，如收奔馬，如息烈焰，萬鈞之力。私記。

艮者，止也。物不可以終止，故受之以漸。漸者，進也。進必有所歸，故受之以歸妹。得其所歸者必大，故受之以豐。

進必有傷，以壯而進也。進必有歸，以漸而進也。與人同者，物必歸功業之事也。得所歸者，必大學問之事也。○〔註127〕借「歸」之一字以論其序，非明卦旨。

豐者，大也。窮大者必失其居，故受之以旅。旅而無所容，故受之以巽。

窮大而失居者，唐明、宋徽是也。旅而不能巽者，魯昭是也。私記。

---

〔註124〕見沈一貫《易學》卷十二《序卦傳》。

〔註125〕此二句，《易學》作「事之至高者，不在賢人，而在愚人；不在愚人之口，而在愚人之身。愚人不能言而能身，此事之精者也」。

〔註126〕此一節見沈一貫《易學》卷十二《序卦傳》。

〔註127〕此處原為空格，今以「○」區分。

巽者，入也。入而後說之，故受之以兌。兌者，說也。說而後散之，故受之以渙。

「人之情，相拒則怒，相入則說。」〔註128〕「人之氣，憂則結聚，說則舒散。」〔註129〕

渙者，離也。物不可以終離，故受之以節。節而信之，故受之以中孚。有其信者必行，之故受之以小過。

御眾如御寡，分數是也。〔註130〕渙散之際，非節制防閑，無以約束聯屬，故渙受以節。節又為符節。符節所以守國，半在內，半在外，有事則合，以示信。中孚卦體似之。節而信，不節則不信。荀子合符節別契券所以為信也。「有其信猶《書》云『有其善言』，以此自負而有之也。自恃其信者，其行必果而過矣。」〔註131〕「大過則陷，小過則濟。」〔註132〕

有過物者必濟，故受之以既濟。物不可窮也，故受之以未濟終焉。

「物不可窮」一句，括盡全經之旨。六十四卦，每卦反對。一盛一衰，一往一復，周流無始，相尋不窮。

平甫曰〔註133〕：「坎離之交謂之既濟，此生生不窮之所從出也。而聖人猶以為有窮也，又分之以為未濟，此即咸感之後繼之以恒久之義也。蓋情之交者，不可久而無弊，故必分之正者終之。人之心腎其氣何嘗不交，而心必在上，腎必在下，不可易也。觀此可以知未濟、既濟之象矣。」

周氏曰〔註134〕：「按序例有數欵：曰然後，曰而後，曰不可，曰不可以，

---

〔註128〕此係項安世之說，見董真卿《周易會通》卷十四《說卦傳》、胡廣《周易大全》卷二十四《序卦傳》、潘士藻《讀易述》卷十六《序卦傳》。

〔註129〕見程頤《伊川易傳》卷四《渙》。

〔註130〕《孫子・兵勢第五》：「凡治眾如治寡，分數是也。」

〔註131〕此係項安世之說，見吳澄《易纂言》卷十一《序卦傳》、胡廣《周易大全》卷二十四《序卦傳》、張振淵《周易說統》卷十二《序卦傳》。又見姜寶《周易傳義補疑》卷十二《序卦傳》、姜寶《周易傳義補疑》卷十二《序卦傳》、葉良佩《周易義叢》卷十五《序卦傳》、張獻翼《讀易紀聞》卷六《序卦傳》，不言係引用。

〔註132〕見金賁亨《學易記》卷五《論序卦傳》。

〔註133〕見董真卿《周易會通》卷十四《說卦傳》、胡廣《周易大全》卷二十四《序卦傳》。

〔註134〕何楷《古周易訂詁》卷十五《序卦傳》。

曰不可不，曰必，曰必有，曰必有所，曰莫若，各有取義，約之不外一中。不問天道人事，高者抑之，下者舉之，得中者順之，隨時從道，以趨中而已。其他奧義，諸賢多搜索於位置時數間，可喜可愕，不勝枚舉。然夫子當時，曾不瑣及，惟隨時用中之道為不易矣。」

《呂氏要指》〔註135〕：「易，變易也。天下有可變之理，聖人有能變之道。反需為訟、泰為否、隨為蠱、晉為明夷、家人為睽，此不善變者也。反剝為復、遯為壯、蹇為解、損為益、困為井，此善變者也。文王示人以可變之機，則危可安，亂可治，特在轉移間爾。」嘗合上下經始終而論之，乾坤，天地也；坎離，水火也。以體言也，咸恒，夫婦也；既未濟，水火之交不交也。以用言也，三才之間，坎離最為切用。日月不運，寒暑不成矣，民非水火不生活矣。心火炎燥而不降，腎水涸竭而不升，百病侵陵矣。故上下經皆以坎、離終焉。

韓康伯曰〔註136〕：「先儒以上經為天道，下經為人事。」夫易，六畫成卦，三才必備，錯綜天人，以倣變化，豈有天道人事偏於上下哉？守文而不求義，失之遠矣。〔註137〕

胡庭芳曰〔註138〕：「文王序六十四卦，皆以反與對而成次第，何謂？對如上經《乾》與《坤》對、《頤》與《大過》對、《坎》與《離》對，下經《中孚》與《小過》對；陰陽各相對也。何謂反？如《屯》反為《蒙》，以至《既濟》、《未濟》一卦反為兩卦也。對者八卦，反者二十八卦，而六十四卦次序成矣。嘗細考之，上經三十卦，一百八十爻，陽爻八十六，陰爻九十四；下經三十四卦，二百四爻，陽爻一百六，陰爻九十八。卦爻陰陽多寡參差亦甚矣。今以反對計之，則上經以十八卦成三十卦，下經亦以十八卦成三十四卦；上經五十二陽爻，五十六陰爻，下經五十六陽爻，五十二陰爻，共用三十六卦成六十四卦。不齊之中條理精密如此，亦可樂而翫之也。」

李氏恕曰〔註139〕：「序卦本無定說，孔子特借卦名取其義之可通者，以發明文王序卦相承之意。如卦體、卦德、卦象之類，皆在所略。學者隨題立說，通其意，勿泥其辭可也。」

〔註135〕何楷《古周易訂詁》卷十五《序卦傳》。
〔註136〕見《周易正義》卷十三《序卦》。
〔註137〕此一節見何楷《古周易訂詁》卷十五《序卦傳》。
〔註138〕見胡一桂《周易本義啟蒙翼傳》上篇《文王六十四卦次序圖並說》。
〔註139〕不詳。

# 雜卦傳

按：康伯雲〔註140〕：「雜卦者，雜糅眾卦，錯綜其義，或以類相同，或以異相明也。」蓋孔子恐後學紊亂序卦之次，故即卦名立義，以聯絡之；又恐後學株守序卦而失其反對之意，故雜亂其卦，前者後，後者前，惟以兩兩反對為義。《序卦》，序言之也。《雜卦》，錯言之也。序言之其義如此，錯言之其義又如此，合中有分，經中有緯，易道之妙也。私記。

**乾剛，坤柔。比樂，師憂。**

諸侯朝天子，天子與之燕，賦《蓼蕭》、《湛露》。師則鑿凶門以出。〔註141〕

**臨、觀之義，或與或求。**

二卦互有與求之義〔註142〕，故曰「或」。

**屯見而不失其居，蒙雜而著。**《舉正》：「雜」作「稚」。

屯者，萌芽初發，未離其本。蒙者，美惡未辨，已見其端。

**震，起也；艮，止也。**

震一陽起於初，艮一陽止於終，此天道之起止，自東方而東北者。〔註143〕

**損、益，盛衰之始也。**

損者，人之所憂，乃盛之始。益者，人之所喜，乃衰之始。吉凶消長之幾，進退存亡之理，可迷而不悟哉？〔註144〕

**大畜，時也。无妄，災也。**

止其不能止，適然之時。得其不當得，偶然之禍。〔註145〕

---

〔註140〕見《周易正義》卷十三《雜卦》。
〔註141〕此一節見沈一貫《易學》卷十二《雜卦傳》。
〔註142〕丁易東《周易象義》卷十六《雜卦傳》：「《臨》、《觀》二卦互有與求之意。」
〔註143〕此一節見潘士藻《讀易述》卷十七《雜卦傳》，稱「冀氏曰」。
〔註144〕此一節見董真卿《周易會通》卷第十四《雜卦傳》，稱「愚謂」。後見胡廣《周易大全》卷二十四《雜卦傳》。
〔註145〕來知德《周易集注》卷十五《雜卦傳》：「止其不能止者，非理之常，乃適然之時。得其不當得者，非理之常，乃偶然之禍。」

萃聚，而升不來也。

萃，三陰聚於下；升，三陰陞於上。《易》以上為往，下為來。「不來」，謂升而不下也。〔註146〕

謙輕，而豫怠也。

謙者之過，猶失之自輕。豫者之過，乃失之自怠。

噬嗑，食也；賁，無色也。

噬嗑者，去有間以歸無間。賁者，因有文以歸無文。〔註147〕

兌見，而巽伏也。

柔在外則見，在內則伏。〔註148〕

隨，無故也；蠱，則飭也。「飭」，《石經》作「飾」。

無故可相隨，有蠱當整飭。

剝，爛也；復，反也。

剝如果之潰，壞於枝杪。復如實之反，生於地上。〔註149〕

晉，晝也；明夷，誅也。

「孫奕《示兒編》〔註150〕：『誅當作昧。』明出地上為晝，明入地中為昧。」〔註151〕「陳季立云：『誅當作夜』，與晝對。古韻夜無具反，與下遇音叶。」〔註152〕

---

〔註146〕吳澄《易纂言》卷十二《雜卦傳》：「《萃》以《觀》之四往上為主，而同類之三陰聚於下；《升》以《臨》之三來初為主，而同類之三陰陞於上。升上為往，降下為來。不來謂升而不降也。」

〔註147〕朱長文《易經解・雜卦傳》：「《謙》卑以自牧，《豫》怠以自居。去有間以歸无間，如有物見食，刑殺也。去有文以歸無文，如色受采，禮敎也。」

〔註148〕見蘇軾《東坡易傳》卷八《雜卦傳》。

〔註149〕此一節見沈一貫《易學》卷十二《雜卦傳》。

〔註150〕見孫奕《履齋示兒編》卷二《衍字誤字》。

〔註151〕見熊過《周易象旨決錄》卷七《雜卦傳》、潘士藻《讀易述》卷十七《雜卦傳》。

〔註152〕見焦竑《易筌》卷六《雜卦傳》。

井通，而困相遇也。

項平甫曰〔註153〕：「以通與遇為反對，則遇為相抵而不通之象矣。巽之上爻塞坎水之上源，而《井》之坎乃出其上，蓋塞而復通者也。兌之下爻塞坎水之下流，而《困》之坎適在其下，正遇其塞，所以困也。」

鄭申甫曰〔註154〕：「上經三十卦，自《乾》至《困》亦三十卦，雜下經十二卦於中；下經三十四卦，自《咸》至《夬》亦三十四卦，雜上經十二卦於中。卦雖以雜名，而《乾》、《坤》、《咸》、《恒》為上下經之首，則未嘗雜也。」

咸，速也；恒，久也。

有感則速，速則婚姻及時。有恆則久，久則夫婦偕老。〔註155〕

渙，離也；節，止也。

坎水在巽風之下，為風所離散。坎水在兌澤之上，為澤所節止。〔註156〕

解，緩也；蹇，難也。

出險之外，安舒寬緩之時。居險之下，大難切身之際。〔註157〕

睽，外也；家人，內也。

外，疏之也，故二女二心。內，戚之也，故一家一心。關子明曰：「明乎外者，物自睽。明乎內者，家自齊」，亦可味。〔註158〕

---

〔註153〕見俞琰《周易集說》卷四十《雜卦傳》、董真卿《周易會通》卷十四《雜卦傳》、胡廣《周易大全》卷二十四《雜卦傳》、葉良佩《周易義叢》卷十六上《雜卦傳》、姜寶《周易傳義補疑》卷十二《雜卦傳》。又見焦竑《易筌》卷六《雜卦傳》、潘士藻《讀易述》卷十七《雜卦傳》，未言係引用。

〔註154〕見胡廣《周易大全》卷二十四《雜卦傳》、葉良佩《周易義叢》卷十六上《雜卦傳》，和上一條合為一則。此處引文又見張振淵《周易說統》卷十二《雜卦傳》，稱「項平菴曰」。

〔註155〕此一節見來知德《周易集注》卷十五《雜卦傳》。

〔註156〕此一節見吳澄《易纂言》卷十二《雜卦傳》。

〔註157〕此一節見來知德《周易集注》卷十五《雜卦傳》。

〔註158〕此一節見沈一貫《易學》卷十二《雜卦傳》。按：俞琰《周易集說》卷四十《雜卦傳》：「睽，相踈者也，踈則外之。家人，相親者也，親則內之。關子明曰：『明乎外者，物自睽，故曰睽外也。明乎內者，家自齊，故曰家人內也。』」

另外，何楷《古周易訂詁》卷四《家人》：「家人，巽離得位，有婦姑相承之象為內。睽，離兌相違，有二女不同行之象為外。外，疏之也，故二女有二

否、泰，反其類也。大壯則止，遯則退也。

「大壯則止」，所以保其盛。「遯則退」，所以維其衰。

大有，眾也；同人，親也。

人歸於我，無所不容。我同於人，必有所擇。

革，去故也；鼎，取新也。

以火鎔金為去故，以木鑽火為取新。〔註159〕

小過，過也；中孚，信也。

過而小，方是過。孚由中，方是信。

豐，多故；親寡，旅也。

曹顏遠詩〔註160〕：「富貴他人合，貧賤親戚離。」

離上，而坎下也。

平甫曰〔註161〕：「乾陽在上，坤陰在下者，陰陽之定體，如人之首上而腹下也。離女在上，坎男在下者，陰陽之精氣互藏其宅，如人之心上而腎下也。是故腎之精升而為氣則離中之陰，心之精降而為液則坎中之陽。火，陰物而附於陽，故炎上。水，陽物而藏於陰，故就下。然則日為陰，月為陽乎？曰：日則陽矣，而日中之精則陰之神；月則陰矣，而月中之精則陽之神。故曰『離上而坎下』。」

小畜，寡也；履，不處也。

易之道尚寡，五陽則一陰為宗矣，五陰則一陽為宗矣。初、上二爻為《剝》、《復》、《夬》、《姤》；二、五二爻為《比》、《師》、《同人》、《大有》；理皆易喻。三、四二爻以陽居者，為《謙》與《豫》，皆吉，宜也；以陰居者，《小畜》

---

心。內，感之也，故一家如一心。又關子明云：『明乎外者，物自睽；明乎內者，家自齊。』語亦可味。」
〔註159〕見焦竑《易筌》卷六《雜卦傳》。
〔註160〕曹顏遠《感舊詩》，見蕭統《文選》卷二十九。
〔註161〕見俞琰《周易集說》卷四十《雜卦傳》。又見焦竑《易筌》卷六《雜卦傳》、何楷《古周易訂詁》卷三《坎》、潘士藻《讀易述》卷十七《雜卦傳》，不言係引用。又見張振淵《周易說統》卷十二《雜卦傳》，稱「潘雪松曰」。

與《履》，而凶吉特殊。蓋《小畜》六四以陰居陰，寡而惕，惕自為者也；《履》之六三以陰居陽，寡而揚，揚偪上者也。故《小畜》以寡而善，《履》則不處而可。〔註162〕

**需，不進也；訟，不親也。**

安分待時，故「不進」。越理求勝，故「不親」。〔註163〕

**大過，顛也。姤，遇也，柔遇剛也。漸，女歸待男行也。頤，養正也。既濟，定也。歸妹，女之終也。未濟，男之窮也。夬，決也，剛決柔也，君子道長，小人道憂也。**「姤」，《石經》於卦名、《序卦》俱作「姤」，於此獨作「遘」。

朱子謂三陽失位為男之窮出《火珠林》，而程子謂聞之成都隱者。〔註164〕夫三陽失位為男之窮，則三陰失位亦可為女之窮，而《傳》止言男者，天下事以男子為主，女可失位，男不可失位。〔註165〕按：《春秋》日食必書，月食不書者，亦此意也。《詩》云〔註166〕：「彼月而食，則維其常此日而食，于何不臧。」

焦弱侯曰〔註167〕：「《夬》以五君子決一小人，不曰『小人道消』而曰『小

〔註162〕此一節見沈一貫《易學》卷十二《雜卦傳》。
〔註163〕此一節見來知德《周易集注》卷十五《雜卦傳》。
〔註164〕黎靖德《朱子語類》卷七十七《易十三・說卦》：「伊川說『未濟男之窮』，為『三陽失位』，以為斯義得之。成都隱者見張欽夫說：『伊川之在涪也，方讀易，有箍桶人以此問伊川，伊川不能答。其人云：『三陽失位。』火珠林上已有。伊川不曾看雜書，所以被他說動了。』」
〔註165〕俞琰《周易集說》卷四十《雜卦傳》：「《既濟》六爻皆當位，故定《未濟》三陽皆失位，是為男之窮。夫《未濟》之三陰亦皆失位，不曰女之窮，而唯言男之窮，何也？曰：男陽也，女陰也，陽為君子，陰為小人，言陽而不及陰。又以見《易》為君子謀，不為小人謀也。或曰：男之窮蓋獨指上九而言，上九陽爻處未濟之終，失位之極，是為男之窮也。《歸妹》，女之終也。《漸》，女歸待男行也。」
〔註166〕見《詩經・小雅・十月之交》。
〔註167〕見焦竑《易筌》卷六《雜卦傳》。按：王應麟《困學紀聞》卷一《易》：「苕谿劉氏云：《夬》以五君子決一小人，不曰『小人道消』而曰『道憂』，蓋上下交而志同，如泰之時，然後小人之道不行。若以五君子臨一小人，徒能使之憂而已。惟其有憂，則將圖之無不至矣。愚謂小人道消，嘉祐是也；小人道憂，元祐是也。」胡居仁《易像鈔》卷四：「劉苕溪曰：『《夬》以五君子決一小人，不曰『小人道消』而曰『道憂』，蓋上下交而志同，如泰之時，然後小人之道不。行若以五君子臨一小人，徒能使之憂而已。惟其有憂，將圖之無所不至，故曰『不利即戎』。』」

人道憂』，蓋上下合而志同，如泰之時，然後小人之道不行。若以五君子臨一小人，徒能使之憂而已。惟有憂則所以謀君子者無不至矣。王伯厚曰：小人道消，嘉祐是也；小人道憂，元祐是也。」

干令升曰〔註168〕：「《易》分六十四卦，為上下經。夫子既為《序卦》，以明其承受之義矣。又易其次第，更為《雜卦》。《雜卦》之末，又改其例，而信手錯拈，以示道非常道，事非常事。『化而裁之存乎變』，是以終之以決。言能決斷其中，惟陽德之主也。」

胡仲虎曰〔註169〕：「《雜卦》上三十卦，終之以『困，柔揜剛也』；下三十四卦，終之以『夬，剛決柔也』。『柔揜剛』，君子不失其所亨；『剛決柔』，君子道長，小人道憂矣。天地間剛柔每每相雜，至若君子之為剛、小人之為柔決不可使相雜也。《雜卦》之末特分別君子小人，聖人之意微矣。」

---

〔註168〕見李鼎祚《周易集解》卷十七《周易雜卦》。
〔註169〕見胡炳文《周易本義通釋》卷十《雜卦傳》。

# 附錄一：《周易玩辭困學記提要》

1. 文淵閣四庫本《周易玩辭困學記》卷首提要：

臣等謹案：《周易玩辭困學記》十五卷，國朝張次仲撰。次仲字符峕，海寧人。是書前有《自序》，謂「賦性顓愚，不敢侈談象數，又雅不信讖緯之說，惟於語言文字間求其諦，當有益身心者，輒便疏錄，歲久成帙，經二十餘年，凡六七易稿而後成。」持論最為篤實。於《乾》卦遵用王弼本，以便解詁，而仍列鄭康成本於簡端。前集諸儒之論及己論數十條，為《讀易大意》。其所辯論，如謂八卦因重之法，自十六、三十二以至六十四卦變，某卦自某卦而來，皆夫子之所不言。《河圖》、《洛書》之外別無他圖，後人依託夫子之言而支離曼衍；又謂「一卦六爻，如主伯亞旅，無此以為君子，彼以為小人，反背錯雜之理」〔註1〕。蓋掃除繆轕之說，獨以義理為宗者。雖盡廢諸家義例，未免開臆斷之門，然其盡廢諸圖，則實有劊削榛蕪之力。且大旨切於人事，於學者較為有禆。視繪畫連篇，徒類算經、奕譜，而《易》理轉置不講者，勝之遠矣。乾隆四十六年十月恭校上。

總纂官臣紀昀臣陸錫熊臣孫士毅<br>總校官臣陸費墀

---

〔註1〕按：此錢謙益《周易玩辭困學記序》之語，見附錄三。四庫提要多引錢氏之語，此亦一證。

2.《四庫全書總目》本提要〔註2〕：

《周易玩辭困學記》十五卷　山東巡撫採進本

明張次仲撰。次仲字符岵，海寧人。天啟辛酉舉人。是書前有自序，謂「賦性顓愚，不敢侈談象數，又雅不信讖緯之說，惟於語言文字間求其諦，當有益身心者，輒便疏錄，歲久成帙。經二十餘年，凡六七易槀而後成」。持論最為篤實。於《乾》卦遵用王弼本，以便解詁，而仍列鄭康成本於簡端。前集諸儒之論及己論數十條，為《讀易大意》。其所論辨，如謂八卦因重之法，自十六、三十二以至六十四卦變，某卦自某卦而來，皆夫子所不言，《河圖》、《洛書》之外，別無他圖，後人依託夫子之言而支離蔓衍。又謂「一卦六爻，如主伯亞旅，無此以為君子，彼以為小人，反背錯綜之理」。蓋掃除軫轇之說，獨以義理為宗者。雖盡廢諸家義例，未免開臆斷之門，然其盡廢諸圖，則實有劃削榛蕪之力，且大旨切於人事，於學者較為有裨。視繪畫連篇，徒類算經、弈譜，而《易》理轉置不講者，勝之遠矣。

---

〔註2〕見清・永瑢《四庫全書總目》卷五經部五。

# 附錄二：錢謙益《周易玩辭困學記序》

　　天啟辛酉，余典浙闈，得元岵文，許其必冠南宮。乃屢上公車，而余言不果驗，是亦遇之窮也。元岵中年多遭閔凶，獨能出險脫親於不測之難。老際陽九，杜門讀經，旦夕忘倦，則其識力之遠過，有不在文章者，亦何必以南宮一第為重哉！戊戌暮春，泛舟西湖，元岵過訪，問其家居何為，對曰：「讀《易》。」出其《周易玩辭困學記》相正，大約根柢於窮理，而浸淫深湛，於《彖》、《爻》、《十翼》之義，浩浩瀚瀚，上下數百餘家，無不辨析而折衷。近古以來之譚《易》，此其斐然者矣。其辨卦變之說，非某卦從某卦而來；悟因重之法，八卦無自十六、三十二以至六十四之說；希夷、康節作方圓圖，繪其所自得，非易本有此圖；一卦六爻，如主伯亞旅，無此以為君子，彼以為小人，背反錯雜之理。皆其浸淫深湛，而創獲於古人所未發。無論近代之士，即有宋諸君子，分路揚鑣，亦未必遽俯而殿其後也。元岵猶不自滿，假謂更遲十餘年，是書庶幾可成。書成，將與身俱隱。余謂不然。蒙莊氏之言曰：「千載而下，知其解者，旦暮遇之」。《玄經》之誕妄，桓譚以為絕倫，元岵之書，布帛菽米之書也，寧患無知之者哉？。

（載朱彝尊《經義考》卷六十三〔註1〕）

---

〔註1〕（清）朱彝尊著、林慶彰，蔣秋華，楊晉龍等點校：《經義考新校》第4冊，
　　　　上海古籍出版社，2010年，第1165～1166頁。按：此係錢氏佚文，參著者
　　　　《〈錢牧齋全集〉所收〈春秋胡傳翼序〉辨誤——兼輯錢謙益佚文〈周易玩辭
　　　　困學記序〉》，刊《圖書館雜誌》2019年第6期。

# 附錄三：張次仲傳記資料

## 黃宗羲《張元岵先生墓誌銘》〔註1〕

海昌有窮經之士二人：曰朱康流、張元岵。短詹破屋，皆拌數十年之力，曉風夜雨，沉冥其中。兩人每相攻難，故其成書，彼此援引，用張其說。以余所見兩先生《詩》、《易》言之，康流但究旨要，諸家聽其散殊，不為收拾；元岵錯綜積玉，忘懷彼我。康流於《易》，研尋圖像，盡拔趙幟；元岵宗主王、程，以玩辭為本。至於指歸日用，不離當下，因孔子而求文、周，因文、周而求羲易，則兩家一也。康流於《詩》，美刺如霜雪；元岵纏綿悱惻，有流離世故之感。至取《序》首一語，推原詩前之意，則兩家一也。兩人皆遭喪亂，而皆能以經術顯，則人力信乎可與天爭矣。

先生諱次仲，字元岵，別號待軒，曲江之裔。七傳至光翰，光翰子用忠，事吳越王，屢立戰功，歸老海寧之棗林河。大德末，仲山為其邑許村塲鹽課司，十思賢，徙居城東，其族始大。祖某，父某。先生七歲就外傅，遂授《易》。八歲，母密儒人疾病，割股而愈。十八歲為諸生，郡邑聞其事，旌表之。既而撫按欲具奏，先生辭曰：「童幼無知，思之猶有餘愧，可復以此沽名耶？」父與亭戶訟，直指聽之，先生偕父坐獄於庭，父不勝，直指曰：「何與諸生事？」先生曰：「父子至情，非明府之法可移。」直指視其瞻對慷慨，為之罷訟。舉天啟辛酉浙江鄉薦，虞山處之若畏友。當是時，坊社正盛，先生所選，擬古清

〔註1〕（清）黃宗羲著，陳乃乾編《黃梨洲文集》，中華書局 1959 年版，第 187～189 頁。

裁，刊落浮華，多發天然，為世所貴。韓求仲、周介生，選家巨擘，亦以為不如。然先生矜貴自喜，未嘗標榜以樹聲名，一時名流視為別調。先生喜親前輩，得其一言，終身奉為藥石。許淮安同生初見先生，語之曰：「為官自居鄉始，子其慎諸。」先生由此一生無竿摩郡邑之事。章給事格菴邂逅先生，謂曰：「近名事，慎勿為之，選政其一也。」先生憬然從此斷手。先生楷模前輩風範，其與人言，亦不肯作一熟軟語。同學以御史行部，先生送之，問今日從何處做起？御史曰：「吾安能為乎？惟搪塞過去耳。」先生怫然曰：「天下事皆搪塞二字壞之，不意足下亦有是言。」禜雨，士大夫皆集，先生倡言：「諸公亦知之乎？一月以來，無日不云，無日不雷，而雨終不至。上天之意，視斯民之困苦，若不得不雨。視士大夫之驕奢，若不可雨。其徘徊於兩岐之間乎？」聞者愕然。

先生雖苦力著書，然未嘗忘世，學雙劍，學長鎗，皆精其技，久之棄去。先世充亭戶，其業者苦於官課，先生置義田一百七十畝以除其害。邑令以清丁致擾而難於驟改，先生曰：「明府志在利民，不利則已，非無執持也。」令然之。房師吳以時上疏，請定胥吏稅役以寬民賦。先生論其不可，惡胥吏而稅之，亦抑末之意也，既稅其役，則胥吏有辭於偷矣。邑故有黃生絹役，前令革之，奸民謀復以便乾沒，先生言於石守，乃已。先生以人利害為身苦樂，故興利除害之際，必毅然當之不讓。然以五十餘年老孝廉，八科下第，不當纖芥之任，天下搖搖如覆舟，袖手旁觀，欷歔歎息，其設施之可見者，鄉邦一二細事耳，豈不可惜哉！

余嘗疑世風浮薄，狂子僇民群起，糞掃六經，溢言曼辭而外，豈有巖穴之士為當世所不指名者。而先生孤燈欸對，意通響象，別有寒餓，相與綢繆。沈繼震字子起，武林人。矮幾折足，俯首以注六經，婦抱女孩，徙倚四壁，寒風凜然，不知世間富貴為何物。先生云：「孤苦四十餘年，天心來復，賜以子起。」又云：「世人皆飽死，而子起獨餓死。子起即捧此枵腹，可見列聖於地下。若輩飽死，更何益？」胡廷試字玉呂，餘姚人，嘗為弇洲塾師，崛強不肯伏弇洲。臨卒，欲聞炮聲散其鬱結，終夜不徹乃瞑。一生知己，先生一人而已。然則世非無其人，能知其人之人少也。先生既知其人矣，得無以死後餘力引而齊之，使子起、玉呂亦從先生而傳乎？余故序之先生誌後，猶昔葉水心之例也。

先生以康熙丙辰四月某日卒，年八十八。娶徐氏。子三人：昂，貢生；晟，庠生；晜，國學生；皆先卒。孫一人：訒，諸生。曾孫三人：貞觀、正觀、永觀，皆余兒百家之門人也。卒後幾年，葬於某原。訒鑱墓石，再拜求銘。

銘曰：我於先生，把臂語溪。高冠岌岌，長佩陸離。又後十年，訪於海涯。一樽相對，祈死為辭。曾不十日，皋復隨之。維此十日，噩以待羲。宋之遺民，經之大師。書帶環墳，千載如斯。

# 《張待軒先生哀辭》 〔註2〕

待軒先生諱次仲，字元岵，浙之海寧人也。年十八為諸生，訪周新之希昌。於五洩，尋胡玉呂廷試。於螺絲山。玉呂，故王弇州上客，一見為忘年交。讀書黃鶴山房，危簷敗壁，旁風上雨，窮寒暑不輟。天啟辛酉，舉鄉試，座主錢牧齋，天下宗工，以得先生為喜，而先生持論，每落落不與之苟合。至京師，四方爭欲識面。一日，集山東宋華之寓，不下三十許人，皆知名之士。先生疏略，無所瞻顧。雲間潘殿虎謂其倨傲，欲毆之，江右朱子強、彭城萬年少解之使去，以安先生。先生兩不知也。先生好直言刺人，過失無所隱避，然主於忠厚，以古道望人，意不出於詆訶也。魏里陳幾亭月旦人物，謂先生不好名，不妄言，蓋陽城之流也。性至孝，父有怨家，先生恐其致害，身學武藝，能敵十數人，見者不知其為文弱士也。少嘗割股愈母病，撫按旌之，先生曰：「此童稚無知事，每一念及，輒惶悚汗下，況欲以是名之乎？」世變後，僦居僧舍。著《易記》、《詩記》數十萬言，《春秋分傳》及《史傳》，未卒業，年八十有八。辭曰：

嗟六經之奧旨兮，猶射者之布鵠。挽一人之矢兮，不如眾人之弋獲。自科場之壞學兮，舉一先生以廢百。摩塵壘以自封兮，唯阿不能以咫尺。浙水曲於海昌兮，生薑庵與待軒。穿夫天心月脅兮，窮老於經術之淵。翻漢注唐疏兮，粹語錄以為箋。余訪薑庵於龍山兮，歎經笥之便便。邂逅先生於語水兮，儼衣冠之偉然。雖離群索處兮，時懷想夫二賢。傳薑庵之易簀兮，良愧心於磨鏡。錫予以先生之十日兮，得登堂而將命。星欲墜而芒寒兮，松將摧而韻勁。云求死而不得兮，何吐辭之悲哽？六經在天地而常新兮，先生亦不以一死為究竟。所以慰心吾黨兮，當與冥漠相輝映。嗚呼哀哉！

---

〔註2〕（清）黃宗羲著、陳乃乾編：《黃梨洲文集》，中華書局，1959年，第298～299頁。 題下注「丙辰」，即清康熙十五年（1676）。

## 陳確《和二陸子挽張元岵先生並序》〔註3〕

《州志·儒林傳》：張次仲，字符岵，天啟辛酉舉人。私淑陽明，窮經好道。順治中，舉賢良方正，不就。好遊學，而知交甚嚴，海內不過十數人。自號浙汜遺農，學者稱待軒先生。康熙十五年卒，年八十有八，邑里私諡曰文介徵君。《文苑傳》：陸嘉淑，字冰修，號辛齋。博覽羣書，詩文清麗。弟宏定，字紫度，號輪山。詩亦擅盛名。時有冰輪二陸之目。

先生命為挽詩，二子先成，風雅絕世，確則悲憤無聊，去詩人和平之旨遠甚，或亦先生之志云耳。

生世苦不促，長嗟多此身。此身復奚壽，猶為此日岷。有耳不肯聾，有目不肯盲。種種世間事，往往侵見聞。豈無心與胸，那尋不如焚。盍三緘爾口，盍重錮爾門。開口我詎敢，閉口疑我溓。出門何所之，杜門謂自尊。出處語默間，君謂當奚遵。本茲同率土，擯為異代人。本爾平恒者，相呼為怚民。所以既自多，人亦多吾生。一朝歸冥化，翔步遊蒼雯。天宇忽寥廓，昫息八極臻。遂此謝時賢，邈與前民親。握手友孔周，大道無乖分。我有平生疑，一一窮根源。豈容漢後儒，千秋恣泯棼。有時尋許陸，本注：忠翁、真翁。泉路仍班荊。痛哭談先朝，肆意忘朝昏。舌如懸黃河，筆若揮千軍。亦復奚所忌，亦復誰能嗔。仲子洵為賢，孝友夙所敦。將伯待九泉，融融樂天倫。謂死不如生，斯言非公論。朋遊無隕涕，歌以怡其神。確也同受命，慨焉此重申。脩短豈有數，譊譊恣狂猖。安知不前驅，公先惠誄文。嗒焉同大化，顏彭總齊倫。公自注：確比年絕不為詩文，因老友張元翁邀同志預作挽詩，余亦弗能辭也。久之始屬槁，餘幅未裁，又爾妄作，命禾書之，以誌吾過云。

## 陳敬之詩四首〔註4〕

張元岵先生及其生日，命同志數人預為輓歌，以發其愁勞之致。嗟乎！先生雖不樂生，然如先生者，殆未可以死也。不辭拙陋，復擬輓歌四首，用致頌禱之私云。

〔註3〕陳確《陳確集》，中華書局1979年版，第668～669頁。
〔註4〕陳確《陳確集》，中華書局1979年版，第670頁。

先生昔壯盛，志尚秉超特。書理亂秦餘，文垂正史則。璨耀光十乘，鬱離炳五色。霄漢意所期，厄運轉如石。公孫未遇時，仲舒屢對策。蒼旻不照誠，卞氏泣無盡。

逢時既已晚，遘亂亦云早。江湖忽沸騰，天地會枯槁。默默心作丹，飄飄頭似葆。懷主楚三閭，遺榮漢四皓。在磨堅不磷，含垢德愈澡。蓬累故所期，死灰久託抱。

戚戚愁俯仰，宇內一何跼！幽壑泣潛蛟，暮雲迷寡鵠。鶹雛嚇踞鴟，陽烏淪夜燭。淫哇間大呂，砥珷擯美玉。憤來欲樹發，憂去忽成斛。冥觀死或然，達化生不足。

先生生亦難，薰蕕不成馥。先生死詎可，魑魅正相逐。吾顧先生生，剝盡一陽復。砥柱抱洪流，靈龜承地軸。紫芝澤離離，少微光煜煜。空谷久遲心，其人美如玉。

## 萬斯同《明史》〔註5〕

朱朝瑛，字美之，浙江海寧人也。……朝瑛受業其門，燭能通之已，遂編釋五經，多破前儒成說，名之曰《五經略記》。所與辨質，惟同邑張次仲，敝廬蕭然，不見喜慍，年六十六而卒。次仲字符岵，八歲母疾，割股而愈。已而上官，欲奏旌，謝曰：「童子何知，思之尚有餘愧，可復以此為名耶？」舉天啟元年鄉試，久之不第，亦不求仕。既遭喪亂，益奮力經術，於《詩》、《易》二經並有著述。其持論間與朝瑛殊，然歸趣一也。卒年八十有八。

## 《南疆逸史·張次仲傳》〔註6〕

張次仲，字符岵，海寧人。八割股以療母疾。及為諸生，撫按欲旌之。次仲曰：「童幼無知，可以之沽名耶？」父與亭父訟，逮治御史。次仲偕父坐獄於庭，父不勝將杖，次仲匍匐請代。御史曰：「何與汝邪？」流涕對曰：「父子之情，明府自伸法，某自盡子道耳。」御史義之，為罷訟。舉天啟辛酉鄉薦。居鄉耿介，不以一牘干有司。同學以御史行部，次仲問曰：「子何道以稱職？」同學曰：「當今事何能為？且因循去耳。」次仲怫然曰：「天下事敗於因循久

〔註5〕見卷三百八十五《儒林傳》。
〔註6〕溫睿臨《南疆逸史》卷三十八《逸士》，中華書局1959年版，第317頁。

矣，非所望於子也。」嘗因郡中禜雨，語士大夫曰：「二月以來，無日不云，無日不雷，而雨終不至。諸君知其故乎？天憐斯民且雨，天疾紳士又不雨，徘徊兩岐，《詩》所謂『天之方蹶』也。」聞者咋舌。國變，閉門著書，不復出。與同邑朱朝瑛俱以經學為學者所宗。朝瑛字美之，崇禎庚辰進士。嘗知旌德縣。遭亂棄官，不仕，受業於閩黃忠烈石齋。忠烈邃於《易》，作《易歷》，以推古今世運之治亂，無不脗。今世莫能究其旨，獨朝瑛授之。既窮老，與次仲貫穿諸經，各張其說，亦時相攻難。朝瑛所著有《五經略記》、《彙庵襍述》，次仲有《易經玩辭困學記》、《待軒文集》，皆傳於世。里人陳之遴仕本朝，既執政，薦之，命有司具駕。次仲不行，有卻聘書，世以方謝枋得之書焉。卒年八十八。夫不沾沾隱遯為高，而纂輯經學，名在儒林，斯人也隱而顯矣。

## 朱彝尊《明詩綜》 〔註7〕

次仲字符岵，海寧人。天啟辛酉舉人。有《待軒遺集》。

詩話：先生晚隱郊廛，高蠱上、履二之節，詩有真意，不盡規橅古人。

## 《兩浙輶軒錄・張次仲傳》 〔註8〕

張次仲，字符岵，海寧人。著《待軒遺稿》。

《靜志居詩話》：先生晚隱郊廛，高蠱上、履二之跡，詩有真意，不盡規撫古人。

俞寶華曰：張次仲為前明天啟辛酉舉人，窮經好道，自表讀書處曰待軒，學者稱待軒先生。甲申後，自號浙泛遺農。順治中，指舉賢良方正，以病辭。康熙丙辰卒，年八十八。著《易困學記》、《詩記》、《春秋分紀》及《待軒遺稿》。

朱文藻曰：謹案《欽定四庫全書》錄張次仲所著《周易玩詞困學記》十五卷、《待軒詩記》八卷，俱列於明代諸家之末。今以其卒於康熙丙辰，則入國朝已歷三十餘年之久。且其詩亦多在晚年所作，因與諸遺老並列之。

---

〔註7〕見卷七十一。
〔註8〕阮元《兩浙輶軒錄》卷二。

# 孫治《祭張元岵先生文》 〔註9〕

　　於乎！自陽尼所纏，亦越有年，而先生春秋大耋，殆若靈光巋然。胡歲陰之在辰，感驪驥於悲泉。固梁摧而哲萎，嗟天道其何言。原其秉剛方之性，植挺勁之節，仗氣愛奇，騷除一切。晁、董、公孫不足為其遭遇也，楊、尹、上蔡不足為共學殖也。嘲笑東方之陸沉，惆悵左徒之悱惻。慕魯連之倜儻，而終薄其射書；嗜昌黎之閎肆，而亦鄙其干澤。辛酉一登賢書，三十載困頓公車，謳吟充笥，披閱滿家。謁選未就，咄咄諮嗟。殆欲一試胸中之奇，而世事已如亂麻。狄泉之蒼鵝聿起，雒苑之銅駝若何。言入山兮木辭柯，言入水兮風湧波。胡楚狂之歷落，而衰鳳之行歌。廼緝《易》而黜九師之邪，遂陳《詩》而衷四家之正。所攄闡者，中古憂患之情；所宣昭者，先民溫厚之訓。閉門卻掃，蓬蒿自隱。絕床固雙跌遞見，庋架則七略充牣。比孫訒執經余門，始接色笑；謬結盛□□忘言黍竊鄭盧之傳教。自此遞相往來，歡會不少。豫章遺守，言成二老。或荷東皐之篠，或遲西泠之棹，無恙青山，忘機鷗鳥。自笑羲皇以上，嘗倚煙波而寄傲。迨余饑驅四方，而先生郵書慰勉。余還里門，則喜動頰頷。兩載之間，三過展轉。先生精神雖衰，而興寄不淺。南榮暴背，北窗執卷。治私語孫訒，爾祖庶可百年相保。而不謂相別未幾，溘焉遽還大造也。驚聞長逝，五內隕喪。匍匐來哭，杳然音響。逍遙雲馬，地下天上，用告巫咸，笙魄何往。嗟乎！先生天乎？人乎？上帝外臣，先代逸民，西臺之哭未乾，而楚老之歎忽聞。撫棺致慟，亦又何云。於乎哀哉！先生已矣。名德未忘，手澤尚新。數卷縹緗，庶幾孫曾黽勉毋荒。所唧恨者，老成凋謝，後死者之不得挹其容貌而播其芬芳，聊招魂與大招，同荊些之悲傷，冀靈神兮自歸，憑招搖以倘佯。於乎！言有盡而意無窮，先生精爽如昔，其亦感歎於雲中乎！

# 查撰《張氏三世節婦傳》 〔註10〕

　　論曰：予嘗過張氏，所居在堰下，待軒先生故宅也。待軒名元岵，與朱康流切磋，講漳海之學，為邑耆宿，至今稱梅花書屋張家云。自待軒至浴第八世，皆忠厚，無忇過失，而其衰歇如此。

---

〔註9〕孫治《孫宇臺集》卷二十五，清康熙二十三年孫孝楨刻本。
〔註10〕見《篔穀詩文鈔》文鈔卷十二。此係節錄。

## 《經籍考》〔註11〕

《易經困學箋記》《明史》作《周易玩辭困學記》。十二卷。

明海寧張次仲，字符岵，號待軒，取待天下清之義。天啟辛酉舉人。著《易經困學箋記》、《詩弋》、《晉書鈔》、《唐藩鎮考》、《土室晤言錄》等書。為人倜儻有氣槩，才罩千人，議論創闢，獨行己意。即先儒定論，勿顧也。入清，初遯於荒野，後因其子欲謀仕，入城居，禁止之。康熙十九年卒，年八十九。

〔註11〕此書託名盧文弨所作。陳東輝《〈續修四庫全書〉本〈經籍考〉著者考辨》（《山東圖書館學刊》2017 年第 4 期）指出：

《續修四庫全書》本《經籍考》是根據北京大學圖書館藏清抄本影印的，其書名頁所注明的《經籍考》係盧文弨所撰，是依據北京大學圖書館的著錄，而北京大學圖書館之所以如此著錄，是因為該書卷端注明「盧文弨弓父編」。本文通過考辨，得出如下結論：北京大學圖書館所藏的《經籍考》並非盧文弨所撰或所編，而應該與國家圖書館所藏的《經籍考》一樣，最初當為陸元輔所撰，其中有少量盧文弨之批校。

# 附錄四：沈津《美國哈佛大學哈佛燕京圖書館藏中文善本書志》〔註1〕

## 清康熙刻本周易玩辭困學記

　　《周易玩辭困學記》不分卷，清張次仲撰。清康熙六年（1667）自刻本。十冊。半頁九行二十一字，四周雙邊，白口，單魚尾。上經首頁書口下有「旌邑劉鈇鍾甫書刊」。框高 20.4 釐米，寬 13.6 釐米。題「海寧張次仲元岵習」。前有康熙八年（1669）陸嘉淑跋；目錄。

　　張次仲，字元岵，號待軒。浙江海寧人。明天啟元年舉人。私淑美明，窮經好道。自甲申之變，避絕跡人事，自號「浙汜遺農」。清順治中，舉賢良方正科，以病辭。康熙十五年卒，年八十有八，私諡文介。《（民園）海寧州志稿》卷二九《人物志》有傳。

　　是書首載《讀易大意》、《附藏》、《尺牘》、《乾卦鄭康成本》等，宜視為附錄。其後為正書，始《周易》上下篇，次繫辭上下傳，次說卦傳、序卦傳、雜卦傳。

　　《讀易大意》為目有二：一曰《諸儒易論》，乃輯錄王輔嗣、程正叔、焦弱侯等論《易》之說；二曰《困學私記》，即作者讀《易》劄記。

　　《附識》猶《凡例》，凡五則。

---

〔註 1〕沈津主編《美國哈佛大學哈佛燕京圖書館藏中文善本書志》，廣西師範大學出版社 2011 年版，第 29～31 冊。

　　《尺牘》係張次仲與友人書，凡四通：《與陸與偕》、《與朱康流》、《與卓有枚》、《與張西農》。按：康流名朝瑛，海寧人。西農名遂辰，錢塘人。

　　《乾卦鄭康成本》者，概因《周易本義》乾卦用鄭康成本、坤卦以下用王輔嗣本，而此書乾卦亦遵輔嗣坤卦之例，「以彖傳附彖，以大象附彖傳，以六爻象傳各附六爻，以便解詁」，而仍列鄭康成本於簡端。前有識語，詳為說明。

　　是書原有張次仲自序，但此本佚失，今從《文淵閣四庫全書》本節錄，以見其著述緣始。序曰：「寡過之道，無踰讀《易》，讀《易》之道，當以夫子十翼為宗，庶幾循流遡源，可以仰窺伏羲、文、周三聖人之意。屏跡蕭寺，晝夜紬繹，有未明瞭，更撿先輩箋疏傳注諸書，反覆參校，非謂有合於四聖，期自慊而後止。蓋風雨晦暝，疾病愁苦，二十年如一日也。賦性顓愚，不敢侈譚象數，又雅不信讖緯之說，惟從語言文字中求其諦，當有益身心者，輒便疏錄，歲久成帙，總不離經生習氣，謬題之曰《玩辭困學記》。困則困矣，學之一字，吾甚愧之。初意秘之篋衍，其或傳或不傳，靜以俟運候之至。偶有因緣，率爾災木。平生寡交遊，不能以卮言剩句乞言玄晏。署書本末，附載《讀易大意》。書成，或怪其無序，復勉為捉筆，弁之簡首。」

　　茲復錄《讀易大意》之二《困學私記》，曰：「予以幽憂之疾，沉冥易學者二十餘年，凡六七脫稿，皆呻吟反側中語。章句腐儒，祇求自慊，原無象外繫表之思，豈有通邑大都之志，知其不足當有無也。家在漸江之濆，煮海為業，牢盆數片倚牆壁間者垂百年。去歲丙午，賈豎以百金相貿，非望之獲，兒輩縱臾，爰付梓人，作此誕妄之事。蓋攻苦有年，未免懷顧影徘徊之意，是亦凡心之未盡也。書成藏諸家塾，以俟後人。」「時年七十有九，伏枕口占於延恩院之待軒蓋，蓋康熙六年九月九日也。」則已明言康熙六年刻成此書，藏諸家塾矣。自序乃後來增入，康熙八年陸家淑跋亦然。

　　陸嘉淑，張次仲從甥，童時即得侍待軒先生，且任此書校訂之責，故於待軒易學有所深知。其跋曰：「先生讀《易》，以繫《易》之為書，無所不有，淵微要渺，莫破莫載，無從涯涘，獨吾夫子十翼，專為學者津梁，知夫子之意，然後文、周之詞可得而讀，羲皇之畫可得而悟也。故其解《易》，一以夫子為宗。」

　　《四庫》館臣亦稱是書「持論最為篤實」，「且大旨切於人事，於學者較為有裨，視繪畫連篇，徒類算經弈譜而易理轉置不講者，騰之遠矣」。

卷末刻「 」男昶季和，孫訂無逸全較」一行、「旌邑劉鈇鍾甫書刊」一行。《讀易大意》、《周易上下篇》、《繫辭》上下篇、《說卦》、《序卦》、《雜卦》諸篇首頁卷端下各鐫篆書「待軒」二字。

《四事全書總目》入經部易類，並據「山東巡撫採進本」著錄為十五卷，而《文淵閣四庫全書》本又別附首一卷。今以此本與《四庫》本相校，《四庫》本卷首僅《讀易大意》、《附識》、無《尺牘》及《乾卦鄭康成本》；《四庫》本卷一、卷一一、卷一二各闕一頁，題「原缺」，此本不缺；《四庫》本有張次仲白序（未署年），無陸嘉淑跋；《四庫》本《讀易大意》之《困學私記》末題「蓋歲在疆圉洽協之九日也」，此本作「蓋康熙六年九月九日也」。據《四庫總目》云：「於乾卦遵用王弼本，以便解詁，而仍列鄭康成本於簡單端。」是山東巡撫進呈本簡端原有乾卦鄭康成本，後被館臣芟削。然則今《四庫》本風行天下，而人不嫌其弊，此本尤寶貴也。

又此書卷數，於各家書目大有歧異。據《四庫採進書目》載，「江蘇省第一次書目」著錄作十二卷，「 」兩江第一次書目」著錄作十五卷，「浙江省第三次書日」著錄作八卷，「山東巡撫第二次進呈書目」著錄作十五卷，「江蘇採輯遺書目錄簡目」著錄作十五卷，「浙江採集遺書總目簡目」著錄作「八冊（刊本）」，無卷數。此外，清吳焯《繡谷亭薰習錄》著錄作十二卷，曰：「卷端有自序，又錢讖益序。待軒，虞山典試浙江所取士也。」丁日昌《持靜齋書目》著錄「康熙己酉自序刊本」六卷。又《增訂四庫簡目目錄標注》亦著錄康熙己酉自序刊本，六卷。唯《販書偶記續編》著錄一本為「無卷數，康照己酉刊」。如是，則張次仲自序時在康熙己酉年，而《四庫》本又被館臣刪去。據上述著錄，此書曾有十五券、十二卷、八卷、六卷及不分養之不同版本行世，及至今日，祇在《四庫》之十五卷本與此不分卷本矣。

《中國古籍善本書目》未著錄。日本內閣文庫有收藏。

# 徵引文獻

**壹、古籍**〔註1〕

## 一、經部

### （一）易類

1. 〔漢〕鄭玄《周易鄭注》，清湖海樓叢書本。

2. 舊題〔北魏〕關朗《關氏易傳》，明范氏天一閣刻本。

3. 〔魏〕王弼等注，〔唐〕孔穎達疏《周易注疏》，清嘉慶二十年南昌府學重刊宋本十三經注疏本。

4. 〔唐〕李鼎祚《周易集解》，文淵閣四庫全書本。

5. 舊題〔唐〕呂巖《呂子易說》，清乾隆曾燠刻本。

6. 〔唐〕郭京《周易舉正》，明津逮秘書本。

7. 〔宋〕項安世《周易玩辭》，文淵閣四庫全書本。

8. 〔宋〕程頤《伊川易傳》，元刻本。

9. 〔宋〕司馬光《易說》，清武英殿聚珍版叢書本。

10. 〔宋〕蘇軾《東坡易傳》，明刻朱墨套印本。

11. 〔宋〕方聞一《大易粹言》，文淵閣四庫全書本。

12. 〔宋〕趙善譽《易說》，清守山閣叢書本。

---

〔註 1〕分類參《四庫全書總目》。

13. 〔宋〕馮椅《厚齋易學》，文淵閣四庫全書本。

14. 〔宋〕郭雍《郭氏傳家易說》，清武英殿聚珍版叢書本。

15. 〔宋〕李中正《泰軒易傳》，清佚存叢書本。

16. 〔宋〕鄭剛中《周易窺餘》，文淵閣四庫全書本。

17. 〔宋〕張栻《南軒易說》，民國刻枕碧樓叢書本。

18. 〔宋〕龔原《周易新講義》，清佚存叢書本。

19. 〔宋〕方實孫《淙山讀周易》，文淵閣四庫全書本。

20. 〔宋〕鄭汝諧《易翼傳》，清通志堂經解本。

21. 〔宋〕李衡《周易義海撮要》，文淵閣四庫全書本。

22. 〔宋〕俞琰《讀易舉要》，文淵閣四庫全書本。

23. 〔宋〕李過《西溪易說》，文淵閣四庫全書本。

24. 〔宋〕李中正《泰軒易傳》，清佚存叢書本。

25. 〔宋〕蔡淵《周易經傳訓解》，文淵閣四庫全書本。

26. 〔宋〕趙汝楳《周易輯聞》，文淵閣四庫全書本。

27. 〔宋〕朱震《漢上易傳》，四部叢刊續編景宋刻本。

28. 〔宋〕楊萬里《誠齋易傳》，文淵閣四庫全書本。

29. 〔宋〕董楷《周易傳義附錄》，文淵閣四庫全書本。

30. 〔宋〕林栗《周易經傳集解》，文淵閣四庫全書本。

31. 〔宋〕趙以夫《易通》，文淵閣四庫全書本。

32. 〔宋〕王宗傳《童溪易傳》，宋開禧刻本。

33. 〔宋〕楊簡《楊氏易傳》，民國四明叢書本。

34. 〔宋〕朱熹《周易本義》，宋咸淳刻本。

35. 〔宋〕朱鑑《朱文公易說》，文淵閣四庫全書本。

36. 〔宋〕朱長文《易經解》，明崇禎四年刻本。

37. 〔宋〕程迥《周易古占法》，文淵閣四庫全書本。

38. 〔宋〕胡方平《易學啟蒙通釋》，清通志堂經解本。

39. 〔元〕許衡《讀易私言》，清通志堂經解本。

40. 〔元〕胡一桂《周易本義啟蒙翼傳》，元刻本。

41. 〔元〕董真卿《周易會通》，文淵閣四庫全書本。

42. 〔元〕胡震《周易衍義》，文淵閣四庫全書本。

43. 〔元〕胡一桂《易本義附錄纂疏》，文淵閣四庫全書本。

44. 〔元〕吳澄《易纂言》，文淵閣四庫全書本。

45. 〔元〕吳澄《易纂言外翼》，元刻本。

46. 〔元〕胡震《周易衍義》，文淵閣四庫全書本。

47. 〔元〕李簡《學易記》，文淵閣四庫全書本。

48. 〔元〕保八《周易原旨》，文淵閣四庫全書本。

49. 〔元〕梁寅《周易參義》，清通志堂經解本。

50. 〔元〕趙汸《周易文詮》，文淵閣四庫全書本。

51. 〔元〕趙采《周易程朱傳義折衷》，文淵閣四庫全書本。

52. 〔元〕解蒙《易精蘊大義》，文淵閣四庫全書本。

53. 〔元〕龍仁夫《周易集傳》，文淵閣四庫全書本。

54. 〔元〕胡炳文《周易本義通釋》，文淵閣四庫全書本。

55. 〔明〕胡廣《周易大全》，文淵閣四庫全書本。

56. 〔明〕郝敬《談經》，明崇禎山草堂集增修本。

57. 〔明〕郝敬《周易正解》，明郝氏九經解本。

58. 〔明〕林希元《易經存疑》，文淵閣四庫全書本。

59. 〔明〕季本《易學四同》，明嘉靖刻本。

60. 〔明〕焦竑《易筌》，明萬曆刻本。

61. 〔明〕劉濂《易象解》，《四庫全書存目叢書》經部第 4 冊，齊魯書社 1996 年版。

62. 〔明〕楊時喬《周易古今文全書》，《四庫全書存目叢書》經部第 8 冊，齊魯書社 1996 年版。

63. 〔明〕唐鶴徵《周易象義》，《四庫全書存目叢書》經部第 10 冊，齊魯書社 1996 年版。

64. 〔明〕姚舜牧《重訂易經疑問》，《四庫全書存目叢書》經部第 12 冊，齊魯書社 1996 年版。

65. 〔明〕蘇濬《生生篇》，《四庫全書存目叢書》經部第 13 冊，齊魯書社 1996 年版。

66. 〔明〕陸夢龍《易畧》，《四庫全書存目叢書》經部第 19 冊，齊魯書社 1996 年版。

67. 〔明〕李奇玉《雪園易義》，《四庫全書存目叢書》經部第 23 冊，齊魯書社 1996 年版。

68. 〔明〕黃伯端《易疏》，《四庫全書存目叢書》經部第 23 冊，齊魯書社 1996 年版。

69. 〔明〕朱朝瑛《讀易略記》，《四庫全書存目叢書》經部第 24 冊，齊魯書社 1996 年版。

70. 〔明〕張遂辰《射易淡詠》，《四庫全書存目叢書》經部第 27 冊，齊魯書社 1996 年版。

71. 〔明〕鄧元錫《易經繹》，《四庫全書存目叢書》經部第 149 冊，齊魯書社 1996 年版。

72. 〔明〕蔡汝楠《說經箚記》，《四庫全書存目叢書》經部第 149 冊，齊魯書社 1996 年版。

73. 〔明〕卓爾康《周易全書》，《四庫全書存目叢書補編》第 90～91 冊，齊魯書社 2201 年版。

74. 〔明〕陳士元《易象鉤解》，明嘉靖三十年序刊本。

75. 〔明〕郝錦《九公山房易問》，清初刻本。

76. 〔明〕曹學佺《周易可說》，明崇禎刻本。

77. 〔明〕陳祖念《易用》，文淵閣四庫全書本。

78. 〔明〕吳桂森《像象述金針題辭》，文淵閣四庫全書本。

79. 〔明〕蔡清《易經蒙引》，文淵閣四庫全書本。

80. 〔明〕金賁亨《學易記》，明嘉靖刻本。

81. 〔明〕熊過《周易象旨決錄》，文淵閣四庫全書本。

82. 〔明〕沈一貫《易學》，明萬曆刻本。

83. 〔明〕倪元璐《兒易內儀以》，文淵閣四庫全書本。

84. 〔明〕洪鼐《讀易索隱》，明嘉靖二十六年順裕堂刻本。

85. 〔明〕潘士藻《讀易述》，文淵閣四庫全書本。

86. 〔明〕姜寶《周易傳義補疑》，明萬曆十四年刻本。

87. 〔明〕馬理《周易贊義》，明嘉靖三十五年鄭綱刻本。

88. 〔明〕歸有光《易經淵旨》，嚴佐之、譚帆、彭國忠主編《歸有光全集》第一冊，上海人民出版社 2015 年版。

89. 〔明〕徐師曾《今文周易演義》，明隆慶二年董漢策刻本。

90. 〔明〕孫從龍《易意參疑》，明萬曆五年書林翁時化刻本。

91. 〔明〕黃正憲《易象管窺》，明刻本。

92. 〔明〕管志道《周易六龍解》，1944 年復性書院叢刊本。

93. 〔明〕張獻翼《讀易紀聞》，文淵閣四庫全書本。

94. 〔明〕程汝繼《周易宗義》，《續修四庫全書》第 14 冊，上海古籍出版社 1996 年版。

95. 〔明〕郭子章《郭氏易解》，謝輝點校，上海古籍出版社 2017 年版。

96. 〔明〕張振淵《周易說統》十二卷本，明萬曆四十三年石鏡山房刻本。

97. 〔明〕張振淵輯，〔明〕張懋忠增補《石鏡山房增訂周易說統》二十五卷本，明石鏡山房刊本。

98. 〔明〕李贄《九正易因》，張建業主編《李贄文集》第 7 卷，社會科學文獻出版社 2000 年版。

99. 〔明〕何楷《古周易訂詁》，文淵閣四庫全書本。

100. 〔明〕錢士升《周易揆》，明末賜餘堂刻本。

101. 〔明〕來知德《周易集注》，文淵閣四庫全書本。

102. 〔明〕張元蒙《讀易纂》，明萬曆王世貞刻本。

103. 〔明〕章潢《周易象義》，明鈔本。

104. 〔明〕王漸逵《讀易記》，明刻本。

105. 〔明〕曾朝節《易測》，明萬曆刻本。

106. 〔明〕楊爵《周易辨錄》，文淵閣四庫全書本。

107. 〔明〕張元蒙《讀易纂》，明萬曆王世貞刻本。

108. 〔明〕陳錫《易原》，明萬曆刻本。

109. 〔明〕逯中立《周易劄記》，文淵閣四庫全書本。

110. 〔明〕錢一本《像象管見》，文淵閣四庫全書本。

111. 〔明〕黃道周《易象正》，文淵閣四庫全書本。

112. 〔明〕崔銑《讀易餘言》，文淵閣四庫全書本。

113. 〔明〕呂柟《周易說翼》，明涇野先生五經說本。

114. 〔明〕釋智旭《周易禪解》，清初刻本。

115. 〔明〕葉良佩《周易義叢》，明嘉靖刻本。

116. 〔明〕孫從龍《易意參疑》，明萬曆五年書林翁時化刻本。

117. 〔明〕胡居仁《易像鈔》，文淵閣四庫全書本。

118. 〔明〕劉宗周《周易古文鈔》，吳光主編《劉宗周全集》第一冊，浙江古籍出版社 2007 年版。

119. 〔明〕劉元卿《大象觀》，彭樹欣編校《劉元卿集》上冊，上海古籍出版社 2014 年版。

120. 〔明〕熊朋來《五經說》，清通志堂經解本。

121. 〔明〕魏濬《易義古象通》，文淵閣四庫全書本。

122. 〔明〕高攀龍《周易易簡說》，文淵閣四庫全書本。

123. 〔明〕郝錦《九公山房易問》，清初刻本。

124. 〔明〕馮時可《易說》，《馮元成雜著九種》第一種，明萬曆間刻本。

125. 〔明〕張次仲《周易玩辭困學記》，美國哈佛燕京圖書館藏清康熙八年刻本。

126. 〔明〕張次仲《周易玩辭困學記》，日本內閣文庫藏清康熙八年刻本。

127. 〔明〕張次仲《周易玩辭困學記》，文淵閣四庫全書本。

128. 〔清〕查慎行《周易玩辭集解》，文淵閣四庫全書本。

129. 〔清〕錢澄之《田間易學》，文淵閣四庫全書本。

130. 〔清〕程廷祚《大易擇言》，文淵閣四庫全書本。

131. 〔清〕張爾岐《周易說略》，清康熙五十八年徐氏真合齋磁版印本。

132. 〔清〕胡世安《大易則通》，清順治十五年朱之俊刻本。

133. 〔清〕程廷祚《易通》，清乾隆十二年道寧堂刻本。

134. 〔清〕毛奇齡《仲氏易》，文淵閣四庫全書本。

135. 〔清〕晏斯盛《易翼說》，文淵閣四庫全書本。

136. 〔清〕秦篤輝《易象通義》，清湖北叢書本。

137. 〔清〕張其淦《邵村學易》，民國刻寓園叢書本。

## （二）書類

1. 〔漢〕孔安國傳，〔唐〕孔穎達疏《尚書注疏》，清嘉慶二十年南昌府學重刊宋本十三經注疏本。

2. 〔宋〕呂祖謙《書說》，文淵閣四庫全書本。

## （三）詩類

1. 〔漢〕毛亨傳，〔漢〕鄭玄箋，〔唐〕孔穎達疏《毛詩注疏》，清嘉慶二十年南昌府學重刊宋本十三經注疏本。

2. 〔明〕張次仲《待軒詩記》，文淵閣四庫全書本。

## （四）禮類

1. 〔漢〕鄭玄注，〔唐〕賈公彥疏《周禮注疏》，清嘉慶二十年南昌府學重刊宋本十三經注疏本。

## （五）春秋類

1. 〔晉〕杜預注，〔唐〕孔穎達疏《春秋左傳正義》，清嘉慶二十年南昌府學重刊宋本十三經注疏本。

2. 〔宋〕呂祖謙《左氏博議》，文淵閣四庫全書本。

## （六）五經總義類

1. 〔宋〕程頤《程氏經說》，文淵閣四庫全書本。

2. 〔明〕邵寶《簡端錄》，文淵閣四庫全書本。

3. 〔清〕鄭方坤《經稗》，文淵閣四庫全書本。

## （八）四書類

1. 〔三國〕何晏集解，〔宋〕邢昺疏《論語注疏》，清嘉慶二十年南昌府學重刊宋本十三經注疏本。

2. 〔漢〕趙岐注，〔宋〕孫奭疏《孟子注疏》，清嘉慶二十年南昌府學重刊宋本十三經注疏本。

3. 焦竑《焦氏四書講錄》，明萬歷刻本。

## （九）小學類

1. 〔漢〕許慎《說文解字》，文淵閣四庫全書本。

2. 〔唐〕陸德明《經典釋文》，清抱經堂叢書本。

3. 〔宋〕陸佃《埤雅》，文淵閣四庫全書本。

4. 〔元〕趙撝謙《六書本義》，文淵閣四庫全書本。

5. 〔明〕趙宧光《說文長箋》，明崇禎四年趙均小宛堂刻本。

6. 〔明〕張自烈《正字通》，清康熙二十四年清畏堂刻本。

# 二、史部

## （一）正史類

1. 〔漢〕班固《漢書》，清乾隆武英殿刻本。

2. 〔南朝宋〕范曄《後漢書》，百衲本景宋紹熙刻本。

3. 〔晉〕陳壽《三國志》，百衲本景宋紹熙刊本。

4. 〔清〕張廷玉《明史》，清乾隆武英殿刻本。

## （二）編年類

1. 〔宋〕司馬光《資治通鑒》，中華書局 1976 年版。

## （三）別史類

1. 〔清〕萬斯同《明史》，清鈔本。

2. 〔清〕查繼佐《罪惟錄》，四部叢刊三編景手稿本。

## （四）詔令奏議類

1. 〔宋〕趙汝愚《諸臣奏議》，宋淳祐刻元明遞修本。

## （五）傳記類

1. 〔漢〕劉向《古列女傳》，四部叢刊景明本。

2. 〔明〕徐象梅《兩浙名賢錄》，明天啟刻本。

3. 〔明〕過庭訓《本朝分省人物考》，明天啟刻本。

4. 〔明〕黃宗羲《明儒學案》，文淵閣四庫全書本。

5. 〔明〕劉元卿《諸儒學案》，明萬曆刻劉應舉補修本。

6. 〔清〕李清馥《閩中理學淵源考》，文淵閣四庫全書本。

7. 〔清〕池生春《伊川先生年譜》，文淵閣四庫全書本。

## （六）地理類

1. 〔清〕黃廷桂《雍正四川通志》，文淵閣四庫全書本。

2. 〔清〕王昶《〔嘉慶〕直隸太倉州志》，清嘉慶七年刻本。

3. 〔民國〕李榕《民國杭州府志》，民國十一年本。

## （七）政書類

1. 〔元〕馬端臨《文獻通考》，清浙江書局本。

## （八）目錄類

1. 〔宋〕陳振孫《直齋書錄解題》，清武英殿聚珍版叢書本。

2. 〔清〕黃虞稷《千頃堂書目》，文淵閣四庫全書本。

3. 題名〔清〕盧文弨《經籍考》，清鈔本。

4. 〔清〕朱彝尊《經義考》，文淵閣四庫全書本。

5. 〔清〕永瑢《四庫全書總目》，清乾隆武英殿刻本。

6. 〔清〕丁丙《善本書室藏書志》，清光緒刻本。

# 三、子部
## （一）儒家類

1. 〔漢〕賈誼《新書》，四部叢刊景明正德十年吉藩本。

2. 〔漢〕董仲舒《春秋繁露》，清武英殿聚珍版叢書本。

3. 〔漢〕劉向《說苑》，四部叢刊景明鈔本。

4. 〔漢〕揚雄著，〔宋〕司馬光集注《法言集注》，文淵閣四庫全書本。

5. 〔漢〕班固《白虎通德論》，四部叢刊景元大德覆宋監本。

6. 〔唐〕王通《文中子》，四部叢刊景宋本。

7. 〔宋〕程門弟子編《二程遺書》，文淵閣四庫全書本。

8. 〔宋〕楊時《二程粹言》，文淵閣四庫全書本。

9. 〔宋〕真德秀《讀書記》，文淵閣四庫全書本。

10. 〔宋〕黎靖德《朱子語類》，明成化九年陳煒刻本。

11. 〔宋〕呂祖謙《麗澤論說集錄》，文淵閣四庫全書本。

12. 〔宋〕熊節《性理群書句解》，文淵閣四庫全書本。

13. 〔明〕薛瑄《讀書錄》，文淵閣四庫全書本。

14. 〔明〕周汝登《王門宗旨》，明萬曆刻本。

15. 〔明〕谷中虛《薛文清公要言》，明萬曆三十年刻本。

16. 〔明〕劉宗周《學言》清文淵閣四庫全書本。

17. 〔清〕張能鱗《儒宗理要》，文淵閣四庫全書本。

## （二）兵家類

1. 舊題〔春秋〕孫武《孫子》，續古逸叢書景宋刻武經七書本。

## （三）法家類

1. 戰國·韓非《韓非子》，四部叢刊景清景宋鈔校本。

## （四）醫家類

1. 〔明〕趙臺鼎《脈望》，明陳眉公家藏秘籍續函本。

2. 〔明〕李時珍《本草綱目》，文淵閣四庫全書本。

3. 〔清〕張志聰《黃帝內經素問集注》，清康熙刻本。

## （五）術數類

1. 〔宋〕陳摶《河洛真數》，文淵閣四庫全書。

2. 〔宋〕邵雍《皇極經世書》，文淵閣四庫全書本。

3. 〔宋〕張行成《皇極經世觀物外篇衍義》，文淵閣四庫全書本。

4. 〔宋〕鮑雲龍《天原發微》，明正統道藏本。

## （六）雜家類

1. 〔宋〕孫奕《履齋示兒編》，元劉氏學禮堂刻本。

2. 〔宋〕洪邁《容齋隨筆》，清修明崇禎馬元調刻本。

3.〔宋〕王應麟《困學紀聞》，四部叢刊三編景元本。

4.〔宋〕史繩祖《學齋佔畢》，文淵閣四庫全書本。

5.〔宋〕沈作喆《寓簡》，清知不足齋叢書本。

6.〔明〕楊慎《丹鉛總錄》，清文淵閣四庫全書本。

7.〔明〕李詡《戒菴老人漫筆》，明萬曆刻本。

8.〔明〕徐問《讀書箚記》，文淵閣四庫全書本。

9.〔明〕徐樹丕《識小錄》涵芬樓秘籍景稿本。

10.〔明〕張鳳翼《譚輅》明萬曆刻本。

11.〔明〕鄭元勳《媚幽閣文娛二集》，明崇禎刻本。

12.〔清〕袁棟《書隱叢說》，《續修四庫全書》第 1137 冊，上海古籍出版社版 1996 年版。

13.〔清〕凌揚藻《蠡勺編》，清嶺南遺書本。

14.〔清〕厲鶚《東城雜記》，叢書集成初編本。

## （七）類書類

1.〔唐〕徐堅《初學記》，清光緒孔氏三十三萬卷堂本。

2.〔宋〕李昉《太平御覽》，四部叢刊三編景宋本。

3.〔宋〕王應麟《玉海》，文淵閣四庫全書本。

4.〔宋〕林駉《源流至論》，文淵閣四庫全書本。

5.〔宋〕謝維新《事類備要》，文淵閣四庫全書本。

6.〔宋〕章如愚《山堂考索》，文淵閣四庫全書本。

7.〔明〕章潢《圖書編》，文淵閣四庫全書本。

8.〔明〕陳耀文《天中記》，文淵閣四庫全書本。

9.〔明〕唐順之《荊川稗編》，明萬曆九年刻本。

## （八）小說家類

1.〔唐〕段成式《酉陽雜俎》，四部叢刊景明本。

## （九）釋家類

1.〔宋〕釋普濟《五燈會元》，宋刻本。

## （十）道家類

1. 舊題〔春秋〕老聃《老子》，古逸叢書景唐寫本。

2. 〔五代〕譚峭《齊丘子》，明子匯本。

# 三、集部

## （一）總集類

1. 〔宋〕王霆震《古文集成前集》，文淵閣四庫全書本。

2. 〔清〕朱彝尊《明詩綜》，文淵閣四庫全書本。

3. 〔清〕彭定求等《全唐詩》，中華書局 1960 年版。

4. 〔清〕陸心源《宋詩紀事補遺》，清光緒刻本。

## （二）別集類

1. 〔魏〕王弼著，樓宇烈校釋 《王弼集校釋》，中華書局 1980 年版。

2. 〔唐〕錢起《錢考功集》，四部叢刊景明活字本。

3. 〔唐〕許渾《丁卯集》，宋刻本。

4. 〔宋〕范仲淹《范文正公文集》，四部叢刊景明翻元刊本。

5. 〔宋〕王安石《臨川集》，四部叢刊景明嘉靖本。

6. 〔宋〕張載著，章錫琛點校《張載集》，中華書局 1978 年版。

7. 〔宋〕鄭剛中《北山集》，文淵閣四庫全書本。

8. 〔宋〕尹焞《和靖集》，文淵閣四庫全書。

9. 〔宋〕陸游《渭南文集》，四部叢刊景明活字本。

10. 〔宋〕陸九淵《象山集》，四部叢刊景明嘉靖本。

11. 〔宋〕呂祖謙《東萊集》，民國續金華叢書本。

12. 〔宋〕楊簡《慈湖遺書》，民國四明叢書本。

13. 〔宋〕朱熹《晦庵集》，四部叢刊景明嘉靖本。

14. 〔宋〕陳埴《木鍾集》，文淵閣四庫全書本。

15. 〔宋〕袁燮《絜齋集》，清武英殿聚珍版叢書本。

16. 〔明〕楊慎《升菴集》，文淵閣四庫全書本。

17. 〔明〕張邦奇《張邦奇集》，明刻本。

18. 〔明〕王陽明著，吳光、錢明、董平、姚延福編校《王陽明全集》，上海古籍出版社 2012 年版。

19. 〔明〕王畿著，吳震編校整理《王畿集》，鳳凰出版社 2007 年版。

20. 〔明〕歸有光《震川先生集》，四部叢刊景清康熙本。

21. 〔明〕陳仁錫《無夢園遺集》，明崇禎八年刻本。

22. 〔明〕崔銑《洹詞》，文淵閣四庫全書本。

23. 〔明〕張次仲《張待軒先生遺集》，清康熙刻本。

24. 〔清〕錢謙益著，〔清〕錢曾箋注，錢仲聯校《牧齋初學集》，上海古籍出版社 1985 年版。

25. 〔清〕丁敬《丁敬集》，浙江人民美術出版社 2016 年版。

26. 〔清〕查揆《篔穀詩文鈔》，清道光刻本。

## 貳、今人著述

1. 崔富章《四庫提要補正》，杭州大學出版社 1990 年版。

2. 沈津主編《美國哈佛大學哈佛燕京圖書館藏中文善本書志》，廣西師範大學出版社 2011 年版。

3. 劉毓慶、張小敏編著《日本藏先秦兩漢文獻研究漢籍書目》，三晉出版社 2012 年版。

4. 莫建強《〈周易本義附錄集注〉文獻學研究》，北京大學 2013 年碩士論文。

5. 謝輝《梵蒂岡圖書館藏明清刻本易學典籍序錄》，《古籍保護研究》第 2 輯，大象出版社 2016 年版。

6. 陳東輝《〈續修四庫全書〉本〈經籍考〉著者考辨》，《山東圖書館學刊》2017 年第 4 期。

7. 謝輝《張清子〈周易本義附錄集注〉的刊刻與流傳》，《古籍研究》2018 年第 2 期。

8. 陳開林《〈錢牧齋全集〉所收〈春秋胡傳翼序〉辨誤——兼輯錢謙益佚文〈周易玩辭困學記序〉》，《圖書館雜誌》2019 年第 6 期。

# 後　記

## 一

　　教學之餘，每天基本就是宅在家裏，畢竟小海豚還那麼小。至於從前可以自由研究的學術，現在則只能退居其次，甚或再次。大概只能趁他睡覺或是有人照應的時候，才能偶一為之。也正是這樣，這一年來，我對時間的奢求才達到了前所未有的強度。之前雖然也很珍惜時間，不過不像現在手頭有這麼多的書稿要寫，緊迫感很強。時間是匆匆的過去，而我呢，不能放之任之，只能和他競爭，和他搶奪。因此，這一年來，我和時間的較量也出現了空前緊張的局面。——當然，我並非像某些人那樣喜歡過度誇張的讚美自己，說自己多少年來沒有浪費過一秒鐘的時間。事實上，這一年來，我也玩過不少局拖拉機，過了不少關消消樂，追了好幾部電視劇。拖拉機的分數贏了又輸，輸了又贏。消消樂玩了幾年，至今還未通過一千級。而電視劇呢，換了一部又一部，基本都沒有追完。此外，也和很多朋友吐過很多回槽，不過，並沒有什麼實質性的效果，純粹只是舒泄心中的煩悶，出一口惡氣罷了。不過話說回來，這些「消遣」都是工作之餘，犯困或者狀態不好的情況下發生的。

　　每日獨自對著電腦，敲擊著鍵盤，看著文檔的字數與日俱增，心中倒是有著莫名的快樂，——雖然明知道這是些「不入流」的東西。畢竟這年頭各單位看重的都是國家課題和 CSSCI 論文（據說，河南某高校一篇 C 刊的獎勵竟然高達五萬元。——「高達」是相對的。又據說現在學術市場，一篇 C 篇的交易成本大概需要八九萬元。）但國家課題和 CSSCI 論文正如林黛玉眼中的寶哥哥的玉一般，「是件稀罕物兒，豈能人人皆有？」於我而言，實在是可

望而不可求，更何況，生性疏懶、性格倔強的我一直對這用不上心，使不上勁兒。雖然也清楚地知道這東西是名利雙收的利器，但總是對它沒有什麼熱情。要不是讀博時，華師有發兩篇 C 刊才能畢業的硬性要求，估計至今我都不會去關注那玩意兒。這大概就是不合時宜吧！這麼好的寶貝，姑且讓有本事的人去分吧，我就不去湊熱鬧了。寫到這裡，忽然想到了朱自清先生《荷塘月色》裏面的一段文字：

> 像今晚上，一個人在這蒼茫的月下，什麼都可以想，什麼都可以不想，便覺是個自由的人。白天裏一定要做的事，一定要說的話，現在都可不理。這是獨處的妙處，我且受用這無邊的荷香月色好了。

那麼，我就獨自享有我這青燈黃卷的生活好了！也許在別人看來，這生活代表了無聊、枯燥、痛苦，如參枯禪一般。但對我而言，這「書卷多情似故人」的生活實在是太過於美妙。且不說，透過泛黃的紙張，我可以沿著古人的文字，品味著他們的生活，或喜或怒，或樂或悲，那本身便是一種奇妙的生活體驗。單是這背後的考索工作，讓你解決了一個個問題，諸如文獻的真偽、文本的錯訛、人物的隱幽等等，就足以讓你每天都沉浸在一波又一波成就感的喜悅之中了。

葛兆光教授是我非常喜歡的一位前輩學人，記得他在《古詩文要籍敘錄・再版序言》寫過這樣一段文字：

> 大約有兩年的時間，不分春夏秋冬，我穿行在北京大學圖書館、北海附近的北京圖書館、柏林寺的北圖分館之間，也曾經到過北師大圖書館、人大圖書館和首都圖書館。記得當時我有一個近乎刻板的工作流程，先是翻檢圖書館的卡片櫃確定現存諸本，查閱大批藏書目錄確定曾經流傳的版本，借閱最典型和最容易到手的版本來對比，最後抽取若干卷的文字、注釋，與可以對勘的各種資料來考察，這些繁瑣的工作占去了大半時間。不知為什麼，現在記憶中留下的斷片，除了夏熱冬寒，擠車艱難之外，總有柏林寺圖書卡片櫃裏讓人打噴嚏的灰塵，有在北京圖書館對面朝鮮冷麵館門口蹲著吃麵的情景，有在黃得發脆的舊書中發現資料的喜悅。

葛先生自稱當年「在這個專業的時候，我們也曾經被臨近專業的同學善意地稱為『出土文物』。現在距離葛先生讀古典文獻學的時間又過去了三十多年，新潮的東西越來越多，功利化的傾向越來越嚴重，古籍整理工作這一

越來越老古董的行當更是愈發的邊緣化。「古調雖自愛，今人多不彈。」這種快樂，也只有每每和春駒兄聊天的時候，才能被理解，才能引發共鳴。

十一月八日，像往常一樣，又是忙碌的一天，到下午基本完成了《古周易訂詁校證》的主體內容。想想時間，已然到了歲暮。2019 年只剩下不到兩個月的時間。按照慣例，每年的十二月三十一日，我會在日記裏進行年終總結。眼看一年將盡，剩下的日子估計也翻不出多大的波浪了，那麼，今年的年終總結其實此刻就可以「蓋棺定論」。雖未年終，實則可以提前總結了。我想，它應該是這樣的：

1. 講了幾門課。其中，杜詩引起了我的強烈興趣。雖然以前買過多種杜詩注本，但並沒有好好讀一讀。今年不僅在課堂上破天荒地講了《秋興八首》等篇目，且教授此一專題竟達十課時之多。為了深入閱讀，前幾日已經開始了《杜詩闈》的整理。

2. 發表了十餘篇論文，都是昔年所作。博士畢業的兩篇 cssci 文章（2015 年被《圖書館雜誌》錄用），今年陸續刊出。

3. 出版《劉毓崧文集校證》。樣書過陣子就可以收到。

4. 報了三個課題（國家社科後期資助、江蘇省社科後期資助、教育部課題）。前兩個沒中。後一種尚未出結果，希望也不大。不過無所謂，一切都在意料當中。

5. 陸續在寫幾本書：《陳玉澍詩文集箋證》、《周易玩辭困學記校證》、《古周易訂詁校證》。後兩種主體完成，《周易玩辭困學記校證》明年九月於花木蘭文化有限公司出版。

6. 因興趣所及，決定以點帶讀。點沈一貫《莊子通》，快完了（剩《列禦寇》、《天下》）。《杜詩闈》已至第三卷。

7. 另外，還做了一些零星的工作。比如，鍵入汪之昌《青雪齋集》文本，但進展緩慢。《蠡勺編疏證》、《廣博物志校證》各完成一卷，《易筌疏證》完成數則，茲事體大，近期無力進行，怕是要到此為止。

8. 沒有課題，沒有 C 刊，依舊被人輕賤。——不過，我早習慣了。

這一年過得忙碌又緊張，不過我確實沒有白過。百萬字的文稿，便是最好的證明。寶貝乎？垃圾乎？這已經不重要了。整理這些典籍之時，我就已經偏離了主流（課題、論文），圖的本來就是自己的快樂。現在，自娛的效果已經達到，又遑論其他呢？

# 二

2016 年 4 月來鹽城師範學院面試的時候，就被問到入職之後將怎樣進行科研，申報課題。那時的我，一直是一個學生，和課題從未有過接觸，的確是一無所知。8 月下旬正式入職，身份從學生一下子轉變成了老師，多少還有點不適應，——雖然從碩士二年級開始，一直在武漢的一些高校兼職代課，但畢竟不是正式員工，始終沒有真正的存在感。大概是過了國慶節不久，日子還在手忙腳亂一團糟的時候，就接到了申報國家課題的通知，任務是需要按期交一份申報書。

報什麼題目呢？那幾天我一直在思考這個問題。好不容易想好一個，沒過多久又被其他的想法覆蓋，覺得這選題不行，不是太大，就是太小，或是其他的各種理由，總之很快就被否定了。如此反覆折騰了幾天，始終沒能找到一個自己滿意的題目。有一次檢索知網的時候，猛然發現自己曾經發表過幾篇和《經義考》有關的論文，又想起曾經收到楊果霖先生自臺灣寄贈的《經義考著錄「春秋類」典籍校訂與補正》，於是腦海裏瞬間就冒出了一個題目：「《經義考》著錄易類典籍辯證」，真真是生吞活剝。

就這樣，以這個題目草擬了一份申報書，上交了學院，算是暫時應付這一劫。2017 年、2018 年正式申報國家課題的時候，用的就是這個本子。結果嘛，也和我的態度一樣，我敷衍它，它當然也敷衍我。由於這個工作沒有進行實際的開展，當時選定的內容，在今天看來，實在過於龐大。光是《經義考》著錄的明清易類典籍，就足以整成五六十萬字的專書，更何況我當時是以整個易類作為研究對象。（關於明清易類典籍，我現在已完成了十餘卷，有數十萬字的稿子，尚待整理。）

雖說這是一個應付申報工作的選題，但它後來確實成了我研究的對象。2017 年 9 月，受司馬朝軍教授之邀，曾以《〈經義考〉卷六二著錄易類典籍辯證》一文參加了上海社科院舉辦的「思想與文獻視野下的江南史國際學術研討會」；10 月，又以此文參與了揚州大學舉辦的「傳承與創新：經學詮釋與傳播國際學術研討會」（因學校不允許調課，未能參會。）2018 年 4 月，受詹海雲教授之邀，曾以《〈經義考〉卷六三著錄易類典籍辯證》一文參加了西南財經大學舉辦的「經學、禮學與中國社會學術研討會」。今年 4 月，又以《〈經義考〉卷六六著錄易類典籍辯證》一文參加了衢州學院舉辦的「2019 年全國經學學術研討會」（後因故未到會）。此後，我又陸續進行

了相應的研究，卷五七至卷六八的辯證已基本完成。其他的部分，以後也會慢慢寫出。

三

我有時候會質問自己，古往今來那麼多題目，為何會單單選中《周易》？這是一個不太容易回答的問題，可能還得一切從頭說起。

我出身於湖北省麻城市乘馬崗鎮（以前叫乘馬崗鄉），麻城是全國聞名的將軍縣，乘馬崗鄉則是將軍第一鄉。這一個響噹噹的名號背後，其實恰恰容易讓人想起「窮山惡水出刁民」的俗語。有意思的是，麻城至今還是國家級貧困縣。（黃岡 3 市 6 縣，所轄紅安、麻城、羅田、英山、團風和蘄春 6 個縣市被列入國家級貧困縣；至 2018 年，僅剩麻城、蘄春在榜。）麻城位於大別山中段南麓，鄂、豫、皖三省交界處。乘馬崗鎮在麻城的北邊，和河南省新縣接壤。（許世友將軍的老家河南省新縣田鋪鄉河鋪村許家窪，建國以前就是隸屬麻城的。）我老家所在的董家畈村（現與落衣山村合併，改名落衣山村）朱家窪，就在深山裏面，極其偏僻。「窪」字在鄉下的寫法並不是這樣。原字拆開是上合下水，意為人一口水。因為官方在登記時，電腦無法敲出這個字，才以「窪」字替代。

父親是一個民辦教師，高中學歷，教數學，多年後轉為公辦。母親讀至小學二年級，由於外祖父患病、早逝，故被迫輟學，幾乎是文盲。印象當中，家裏除了《古單方》、《奇門遁甲》、《萬年曆》、《實用對聯大全》幾本書之外（也不知道這些書是哪來的），就沒有其他的書籍了。小時候不過就是一個野孩子，那時候沒有幼兒園，也沒有補習班，成天和小夥伴們在池塘裏、田間、地頭瘋玩，摸魚，玩土，搓泥巴，上樹掏鳥窩……上小學也只是跟著老師讀書，放學之後又是各種放飛自我。沒有課外作業，也沒有興趣班。五年級時（1995 年）開始了住校生活（董家畈高小），每週日下午返校，帶上幾罐醃菜，自己淘米蒸飯，接下來一個星期的一日三餐就靠這個下飯。那時候，學校有一個圖書室，可供學生借閱。——說是圖書室，總共也沒幾本書。只記得看過一些民間故事之類的書。

初中（1997 年）繼續住校（乘馬中學），兩周放一次假，其中家裏需要送一次米和醃菜。學習當然只能是課本了，因為學校明令禁止看課外書，那時候的老師好像也特別的古板。（鄉下的思想要落後很多，真有點「春風不

度玉門關」、「春風疑不到天涯」的感覺。流行歌不允許唱，課外書不允許看。記憶很深刻的，就是校廣播臺每天播放的音樂，都是「毛主席萬壽無疆」、「毛主席的書我最愛讀」之類的。以至於高中入學，室友們談論黃家駒，我不知道是什麼人；談劉德華勁歌，我以為是禁歌；也不知孫楠是誰，還以為是個女的……）學校有一個相對較大的圖書室，在教學主樓的四樓，佔據了兩間教室，但不對學生開放。每每走到四樓的時候，總是忍不住踮起腳，把臉貼著門上面的玻璃窗往裏看。那個時候，多麼渴望自己能夠進到裏面，一飽眼福。有趣的是，雖然學校禁止看課外書，並且經常會私下搜檢學生的書桌，但「道高一尺，魔高一丈」，青春期的孩子向來就具有叛逆心理，只要你留心，總是會有一些課外書在私下傳遞。這主要是武俠小說。當然，這些書基本都是殘缺的，有上冊沒有下冊，有中冊沒有上下冊，甚至是一本書無頭無尾……但是，即便如此，在一個物質極度匱乏的地方，這些書已經是非常難得了，所以也本本都看的津津有味。教室裏面不安全，最安全的地方就是宿舍。每晚九點，宿舍熄燈之後，在被窩裏打著手電筒，靜靜地翻看。那會兒睡的是通鋪，一個狹小的宿舍住三四十人，每個人的空間很小。有一年學生比較多，房舍緊張，還進行實測，每人僅分得 70 公分的鋪位空間。這在今天看來，簡直不敢相信。但在當時，一切都是那麼自然。白天學習了一天，晚上還在被窩裏面看小說，有時候不知不覺就睡著了，手電筒就這樣一直亮下去。特別值得一提的是，當時有一位關係很好的同學叫吳從正，他父親是乘馬中學的語文教師，家裏面有一些書籍。我曾經向他借過一本古詩選本，並抄錄過一遍。還借過過豎排繁體的《西遊記》中冊。（這是我第一次接觸豎排繁體的書。）那個時候，經濟還比較落後，電話很少。初中畢業之後，我們就失去了聯繫。多年以後，我通過各種渠道，找到了他的微信，並加他為好友，然而，他卻說時間久了，不記得我了。想想也對啊，畢竟十餘年沒有聯繫了。另外還有一個同學叫朱密，他父親是醫生。他曾經帶過一本中藥材的書給我，我也抄錄了一遍，至今還在我的書櫥裏。

　　2001 年，初中畢業的那個暑假，家姊帶我進過一次城。我第一次見到了書店。看到那一架架的圖書，我有著強烈的佔有欲。那一次買了三本書：《唐五代詞選》、《李白集》、《辛棄疾詞集》。之後，每天下午在山間放牛的時候，它們就是我隨身攜帶的寶貝。

　　那年，我考入麻城師範學校高中部（後改名麻城實驗高中）。九月，我從鄉下來到了縣城，頗有鄉下人進城的感覺。學校圖書館是一幢獨立的三層小樓，對學生開放。加之教語文的劉曉琴老師又特別鼓勵我們課外閱讀，所以我隔三差五就會往圖書館跑。我還清楚的記得，《紅樓夢》就是入學那一年的國慶前夕在圖書館借的，那也是我第一次看到完整的《紅樓夢》。（初中語文選有《葫蘆僧判斷葫蘆案》一文。）另外，學校周圍有幾個書店，我要麼租書，要麼買書。由於那時候有沉重的農業稅，家裏的經濟情況並不算好。每月的生活費並不充裕，省吃儉用的錢，基本上都花在了書上。那幾年時間，我除了正常的學習之外，閱讀了大量的課外書。遇到自己不喜歡的課，課堂上也照看不誤，當然，只能是偷著看。《周易》就是那個時候開始接觸的。在某個週日，我在地攤上買了一本梁海明譯注《易經》。（山西古籍出版社 1999年版，定價六塊八毛錢。）胡亂的翻了一下，完全不知所云。但已經和《周易》建立了某種聯繫。

　　2005 年，我來到重慶工商大學，開始了大學生活。自由的時間，加之相對寬裕的生活費和相對豐富的圖書館藏書（其實，比起湖北大學圖書館、華中師範大學圖書館，重慶工商大學圖書館藏書並不多），為我的課外閱讀提供極大的便利。每天沒課的時候，我都會去圖書館看書。大二的時候，文學與新聞學院的唐德正老師開設了一門校選課，名叫《周易與中國傳統預測》，我去旁聽了一學期。室友吳業鵬喜好風水，我們也經常一起聊相關的話題。本科學的是市場營銷專業（商務策劃管理方向），開設的課程非常龐雜，比如高等數學、經濟學、金融學、會計學、管理學、營銷學、策劃學、廣告學、公共關係學、項目管理等，雖然我學的也不錯（考試成績），但始終不大感興趣。加之內向、好靜的性格，使我愈發覺得這個專業不適合我。相反，學校的一些校選課，比如商務策劃學院華傑老師的《中外兵法選讀》、馬克思主義學院張渝政老師的《中國佛教與傳統文化》、文學院王亞培老師的《唐宋詩詞鑒賞》，對我倒是很有吸引力，我選修這些課，並認真地做了聽課筆記，至今還完好的留存著。

　　四年之後，我跨專業考研，並考上了湖北大學的研究生。有幸投入何新文教授門下，學習先唐文學。湖北大學 12 層的圖書館成了我課外消遣的好去處。在此期間，我自己也購買了大量的書籍。研二的時候，因為決定要考博，所以就在尋找博士論文的選題問題（現在看了太早了，有點《莊子》所

謂「見卵而求時夜，見彈而求鴞炙」的感覺。）由於自己非科班出身，對純文學缺乏一種賞鑒的能力，加之喜歡泛觀博覽的閱讀習性，很難聚焦在某一點進行長期、深入的研究，因此想揚長避短，儘量避開正派的文學研究路徑。當時鎖定的研究對象就是楊萬里的《誠齋易傳》。記得買過一本九州出版社的《誠齋易傳》（宋淑潔點校。係該社「易學叢書」系列的一種），閱讀之下，發現句讀錯訛頗多。後又用《叢書集成初編》本對校一遍，發現異文也不在少數。當時就有重新整理此書的想法。這是我想進行易籍整理與研究的開始。然而，後來由於其他的原因，此事不了了之。順帶說明，九州出版社的「易學叢書」後來都進行了再版，唯獨《誠齋易傳》未曾再版。直到今年九月，才推出了何善蒙的新點校本（此書「出版說明」稱：「以文淵閣《四庫全書》本為底本，並參閱了武英殿聚珍本、《叢書集成初編》本」）。另外，長春出版社的《十八名家解周易》第一輯也收了《誠齋易傳》，係張士東、賈淑榮點校，然只有點，並無校，也是以四庫本為底本。《儒藏精華編》中也收有《誠齋易傳》，目前未得寓目，詳情不知。《誠齋易傳》一書版本較多（中國基本古籍庫收錄宋刻本《張先生校正楊寶學易傳》、山東友誼書社的《孔子文化大全》影印明嘉靖二十一年尹耕療鶴亭刻本《誠齋先生易傳》，此外還有明萬曆刻本，等等），從這個角度而言，一部全面的匯校本的整理還是很有必要的。

　　2012年，研究生畢業，從沙湖挪到南湖，來到華中師範大學進行了博士階段的學習。這個時候，主要的精力是買書、讀書、寫作。對於《周易》並沒有進行過多的關注。不過，在翻覽《經義考》時，發現了一篇錢謙益的佚文，就是他為張次仲《周易玩辭困學記》所作的序。當時寫了一篇《〈錢牧齋全集〉所收〈春秋胡傳翼序〉辨誤——兼輯錢謙益佚文〈周易玩辭困學記序〉》，承蒙《圖書館雜誌》錄用，直到今年6月才刊出。這是我第一次接觸張次仲和《周易玩辭困學記》。但張次仲係何人，《周易玩辭困學記》是什麼樣的書，我並不曾深究，因為那時候做的只是單純作輯佚的工作。

## 四

　　接著就是入職鹽城師範學院了。雖然博士讀的古代文學專業，工作在古代文學教研室，講的課是古代文學史，但做的始終是文獻的工作，諸如輯佚、辨偽、考訂。我在《劉毓崧文集校證·後記》裏面曾經寫過：

　　2016 年 8 月，我入職鹽城師範學院文學院，申報各類課題時，考慮的對象是《經義考》和錢穆。雖然在翻覽《清人文集別錄》時，對劉毓崧有了較深的印象，畢竟張舜徽對其持論甚高，但那時的我，一直覺得古籍整理是件高難度的工作（至今乃至將來，一直都這麼認為。事實上，也確實如此），根本不曾想過自己要去整理古籍，或是自己有能力整理古籍，因為這是一件考驗本事的絕活兒，也是一件吃力不討好的苦活兒，更是一件有著大風險的險活兒，——所以完全不敢去想，也不曾去想。每次和朋友聊天，也基本認為這種考驗水平、容易招致罵名、災梨禍棗的事，還是不接觸的好。

　　那會兒每天只顧炮製「垃圾」論文。之後買了套謝思煒先生《杜甫集校注》，在《前言》裏看到「注書是細讀原著的最好方式」這樣一句話，給了我很大的啟發。於是就認為一個從事文獻研究的人應該要整理一些古籍，這才是正途。我這才開始了古籍的整理工作。先是《劉毓崧文集校證》，接著是《居業堂文集》、《沈欽韓詩文集校證》、《秦瀛集校注》、《陳玉澍詩文集箋證》……真可謂一發而不可收拾！

　　3 月 6 日，我像往常一樣，在進行《經義考》著錄易籍的考訂工作。偏巧那天需要的網頁打不開，無法進行工作。因為之前在作《經義考》相關考訂的過程中，有幾次用到了張次仲《周易玩辭困學記》。恰恰舊文《〈錢牧齋全集〉所收〈春秋胡傳翼序〉辨誤——兼輯錢謙益佚文〈周易玩辭困學記序〉》又要見刊，需要校稿，這才發現自己原來早就和這書這書建立了聯繫。於是下載了景印文淵閣四庫全書本《周易玩辭困學記》電子檔，粗略泛覽之下，發覺頗有趣味，於是就開啟了這一項新的工作。

　　說來也怪，之前由於手頭在做的東西很多，所以基本上是今天搞這，明天搞那。但在整理《周易玩辭困學記》的過程中，我基本上是從始至終，一以貫之。

　　書稿快要完成的時候，我又一次聯繫了花木蘭文化有限公司，並很快得到了回覆，稱可納入出版計劃。這裡要特別感謝司馬朝軍先生的推薦！

　　另外，令人非常感動的一件事，就是在提交《劉毓崧文集校證》的清樣校對之後，很意外地收到了杜潔祥先生的來信，錄如下：

　　　陳開林老師道鑒：

　　　您好。讀您的《後記》、《又補》，很欣賞您的「自在隨緣，隨緣

自在」，佛家講「隨緣不變」、「不變隨緣」，在紅塵中能夠自在不變，正是我輩讀書人的底蘊啊！

您隨緣完成的《陳玉澍詩文集箋證》、《周易玩辭困學記校證》等大作，是否能再交給花木蘭出版呢？花木蘭雖然是一家小出版公司，「寸心原不大」，但是我們可以「容得許多香」！

　　　專頌

　　研安

　　　　　　　　　　　　　　　　　　花木蘭文化事業有限公司

　　　　　　　　　　　　　　　　　　總編輯杜潔祥敬上

　　　　　　　　　　　　　　　　　　2019.07.17

　　古籍整理是一件吃力不討好的事。曾經看過一篇文章，記得裏面有這樣的話，大概是說：「整理古籍，你搞對了，人家說本來就應該那樣。如果你搞錯了，人家就要罵你沒水平。」這樣一項極度考驗整理者水平的工作，在現今的體制下，卻遭到了很多人的歧視和輕賤。不懂行的以為就是加個標點而言，簡單的要死，和所謂的專著根本沒法比。職是之故，古籍整理及相關研究工作（諸如點校、箋注、翻譯、年譜等）不被人看重，在科研考核時，輕則分數打折，重則完全不算科研成果。一直以來，我把古籍整理看做我自娛自樂的消遣，認真地去做，不求考核時認可，也不求外行的理解。真沒想到，這樣的「消遣」居然得到了杜先生的讚賞。那麼，我這個工作必須繼續下去！

# 五

　　每天打開微信，可以看到如「人到中年累成狗」、「人到中年狗不如」、「人到中年，無路可退」、「人到中年，每個人都像是在渡劫」、「人到中年，除了禿頭，什麼都不容易」這類標題的帖子，其內容不過就是在展現中年人「上有老，下有小」的生活困境。

　　我現在雖然也是「上有老，下有小」，但是父母輩並沒有從我這裡獲得需求，相反，我虧欠他們的實在太多。

　　內子分娩前，母親先來，隨後岳母也來了。小犬出生後三天，母親身體不適，就由家兄接回了麻城。內子產假結束後，母親又來照料。異域他鄉，一切都那麼陌生，連個閒聊的人都沒有，日子著實過得不容易。大約一個月的光景，她又出現了胸悶失眠心慌的症狀。家嫂來接她回去，父親同來，正好

接替母親的活兒。我的教學任務（授課 16 周）結束之後，父親便回去了。岳父岳母同來照看了一段時間。暑假結束之後，父親又過來開始了帶娃生活。十月份，由於內子工作繁忙，岳母也過來了。父親每天帶小犬出外玩耍，岳母則負責做飯、餵輔食、做清潔、買菜、帶孩子等。這為我和內子節約了時間和精力，而這對我們而言，實在是寶貴的東西。

四位老人都年過六旬，本應該在家裏享受自己的晚年生活。然而，為了自己的孫子和外孫，紛紛離開自己生活了一輩子的土地，來到一個遙遠而陌生的地方。在這裡，沒有親人，也沒有朋友，言語不通，飲食不慣，而活動的地方又比較狹促。其實我很清楚地知道他們不習慣這樣的生活，但是他們從來不說。特別是父親，一直喜好運動，是一個好動的人。退休之後，日常就是打麻將、釣魚、聊天。來到這邊之後，之前的日常都變成了奢望，熟悉的生活都是那麼遙不可及。他時時佇立在窗前，凝望著外面的世界，然而那繁華的一切，並不屬於他……

由於要回家處理一些事情，父親八號回家了。九號晚上和他視頻的時候，小犬哭的很凶，看起來很有些傷心。十號早上我拍了一張小犬的照片發到他的微信，馬上收到了他的回覆：「今天星期天不能辦事，等過幾天我把事情辦好就過來。昨天海豚哭了，我也哭了。」看到父親的信息，我也哭了。那樸實、簡單的言語之中，我看到了濃濃的愛！

內子是輔導員，每天的工作很忙，有時候還要加班。而小犬呢，又不喝奶粉，所以內子每天還要餵夜奶，少則一次，多則數次。這一年來，她的睡眠太少了！

## 六

關於這本書，我要特別感謝四個人。

在網站、微信朋友圈等地方經常看到推薦書目，或者是「對我影響最大的一本書」之類的帖子。盤點下自己買過的、讀過的書也不算少了，如果要推一個對我影響最大的學者、一本對我影響最大的書，我想毫無疑問應該是陳垣先生和他的《史源學雜文》。

讀博期間，購置了《史源學雜文》，前後讀過四遍。剛開始的時候覺得枯燥，甚至有些不大懂。後來慢慢揣摩，才發現真是言簡意賅，字字珠璣，抽絲剝繭，鞭闢入裏。此後，又拜讀了《陳垣學術論文集》。學習他的方法，鍛鍊

自己的文獻考辨能力。之後，我寫過一些文史辯證的論文，追本溯源，這離不開《史源學雜文》的指引。

王鳴盛說：「目錄之學，學中第一緊要事。必從此問途，方能得其門而入。」這樣的門徑之學，今天的高校卻在有意無意的忽略。本科生不用說，即便是很多學校的研究生課程裏，都沒有目錄學這門課。慶幸的是，碩士入學的那一年秋天，何新文老師便給我們開設了「中國文學目錄學通論」，這是引領我進入目錄、進入文獻的鑰匙。本來看書就是興趣面廣，雜亂無章，有點像陳家洛的「百花錯拳」一樣，中看不中用。有了何老師的這門課，雜亂的東西感覺有了系統，分門別類，雖然我還做不到井井有條，起碼比之前要整齊多了。

明確為我指明方向，讓我從事文獻研究，則要歸功於戴建業老師。博士入學之後，他多次告誡我看書不能太雜，要集中力量在一個領域進行深耕細作，而不能東邊一榔頭，西邊一棒子。但後來發現我對文獻比較敏感之後，就明確地讓我專心進行文獻的考辨工作，不要去搞不擅長的文學研究。博士論文《〈全元文〉編纂考索》（出版時，書名改為《〈全元文〉補正》）便是一本純文獻（辨誤、補缺、繫年、輯佚）的論文，這和時下有固定格式的博士論文是不大一樣的。

如果說何老師把我領進了門，戴老師為我指明了方向的話，那麼，文獻考辨究竟該如何進行這一具體的操作層面的問題，則不得不說是《史源學雜文》的影響。至於為什麼會研究《經義考》，繼而出現《周易玩辭困學記校證》、《古周易訂詁校證》（還有計劃中的《易筌疏證》、《讀易述校證》、《沈一貫〈易學〉整理與研究》、《孔易校證》）的寫作，則是受到了司馬朝軍老師的啟發。我在《劉毓崧文集校證·後記》裏面曾經回顧過和司馬老師交往的過程。司馬老師治學體大思精，涉及到四庫學、經學、辨偽學、清代學術等多個領域，這其中就有不少文獻探源的論著。我最早讀到的就是《國故新記》第二篇《〈經義考·通說〉疏證》，第三篇《〈經解入門〉辨偽十題》都是史源學研究的範例。正是在研讀《〈經義考·通說〉疏證》的過程中，我才藉以順藤摸瓜，走上了《經義考》研究這條路。可以說，《周易玩辭困學記校證》、《古周易訂詁校證》就是《經義考》研究的副產品，並且沿襲了司馬老師《〈經義考·通說〉疏證》的研究路數。

現在回過頭來看看，大學上周易課，研究生學目錄，博士搞文獻，讀司馬老師的書，現在開始從事易籍的整理……冥冥之中，似乎沒有什麼關聯，似乎又一脈相承。

## 七

如果只是上上課、帶帶小孩也就罷了，然而不論是生活，還是工作，每天總會莫名其妙地生出不少事端。於是，有限的時間，有限的精力，就這樣一次次、一點點被消耗、吞噬。在這一地雞毛的處境中，有無數個黎明和黑夜，抑或白天，我也曾感到失落，感到焦慮，也曾有過懈怠，也曾想過放棄。畢竟，那麼多的人不搞所謂的學問，也過得不必比誰差，反而更加「瀟灑送日月」。相反，像我這樣整日坐枯禪的人，日子平淡無奇不說，反而被別人視為傻缺。既然這樣，為什麼不學學別人，也瀟灑走一回呢？每天陪陪小孩，上上網、逛逛街、釣釣魚、玩玩遊戲、看看電影……不是更好嗎？

然而，我沒有改變，而是繼續我的工作。在這無數糾結的日子裏，有一首歌或者說是兩首歌——《追夢赤子心》，一直陪伴著我。心情低落的時候，我會單曲循環，從中尋找力量。歌詞是這麼寫的：

充滿鮮花的世界到底在哪裏

如果它真的存在那麼我一定會去

我想在那裡最高的山峰矗立

不在乎它是不是懸崖峭壁

用力活著用力愛哪怕肝腦塗地

不求任何人滿意只要對得起自己

關於理想我從來沒選擇放棄

即使在灰頭土臉的日子裏

也許我沒有天分

但我有夢的天真

我將會去證明用我的一生

也許我手比較笨

但我願不停探尋

付出所有的青春不留遺憾

向前跑　迎著冷眼和嘲笑

生命的廣闊不歷經磨難怎能感到

命運它無法讓我們跪地求饒

就算鮮血灑滿了懷抱

繼續跑　帶著赤子的驕傲

生命的閃耀不堅持到底怎能看到

與其苟延殘喘不如縱情燃燒吧

有一天會再發芽

未來迷人絢爛總在向我召喚

哪怕只有痛苦作伴也要勇往直前

我想在那裡最藍的大海揚帆

絕不管自己能不能回還

失敗後鬱鬱寡歡

那是懦夫的表現

只要一息尚存請握緊雙拳

在天色破曉之前

我們要更加勇敢

等待日出時最耀眼的瞬間

向前跑　迎著冷眼和嘲笑

生命的廣闊不歷經磨難怎能感到

命運它無法讓我們跪地求饒

就算鮮血灑滿了懷抱

繼續跑　帶著赤子的驕傲

生命的閃耀不堅持到底怎能看到

與其苟延殘喘不如縱情燃燒吧

為了心中的美好

不妥協直到變老

　　這首歌的原唱我不清楚。倒是在一次偶然瀏覽網頁時，看到了張韶涵在「我是歌手」中翻唱了這首歌，從此便深深地喜歡上了它。張韶涵是我本科時特別喜歡的歌手。後來，徐歌陽在「中國新歌聲」中也翻唱了這首歌，同樣好聽，但是風格和張韶涵不一樣。那激動人心的情懷，陪伴了我那些落寞的時光。

# 八

最後，在寫作這本書的過程中，曾經胡亂寫過幾首集句詩。詩不工整，也不合律，但畢竟是這本書成長的一個見證，姑且附錄於此，以見一時之心境。

## 一、廉政公園偶見桃花有感

（3 月 25 日）

多情卻似總無情，（唐・杜牧）

萬書堆裏鬢星星。（宋・許棐）

白日放歌須縱酒，（唐・杜甫）

人生得見幾清明。（宋・蘇軾）

## 二、再過廉政公園見桃花有感

（4 月 1 日）

自是尋芳去較遲，（唐・杜牧）

花開花落兩由之。（魯迅）

夜深滴露點周易，（宋・何夢桂），

不知春去已多時。（宋・葉采）

原注：近來忙裏偷閒，點《周易玩辭困學記》，已近三十八萬言。

## 三、三過廉政公園有感

（4 月 3 日）

自斷此生休問天，（唐・杜甫）

莫驚錦瑟換華年。（宋・周密）

書生本自安窮處，（宋・陸游）

且將經史向窗前。（宋・孫應符）

## 四、近來點《易》，《鼎》尚未完。早上至教室甚早，雜賦一篇

（4 月 4 日）

易書窮討覺才難，（唐・張祜）

變化紛紛入靜觀。（宋・馮時行）

迂疏自笑謀身拙，（宋・李綱）

不如高臥且加餐。（唐・王維）

在這個「十有九人堪白眼」的環境下，倒還真應了「百無一用是書生」

的宿命。既然「紈絝不餓死，儒冠多誤身」，那麼就這樣吧！讀書人有讀書人的樂趣和生活。鄙陋的我也只有沉埋在書齋，寫出不譁眾取寵、標新立異、胡說八道、曲學阿世的書稿，才對得起生我養我教育我幫助我的人！

2019 年 11 月 9～10 日初稿

11 月 22 日改定

# 附記：

2019 年的年末，武漢爆發了一種奇怪的肺炎病毒（即通稱的「新冠肺炎」）。身在鹽城的我，從網絡上知道有這麼一回事兒，但和大多數人一樣，對它並沒有多麼在意。因為小寶出生的那一年（2018）沒有回老家過年，出生宴一直沒有舉辦。於是就和父母商量，準備定在臘月二十二日（2019 年月 16 日）這一天請客。於是一家三口於 13 日乘坐火車回了老家。三天後的酒宴如期舉行。各方面的生活和以往一模一樣，沒有絲毫分別。可是誰曾料想，就在這平靜、正常的背後，一場人間災難正在悄無聲息的蔓延。1 月 23 號（臘月二十三，次日除夕）上午 10 點，湖北省省會武漢市宣布封城，全市城市公交、地鐵、輪渡、長途客運暫停運營；機場、知火車站離漢通道暫時關閉。（九省通衢的武漢封城，這是一個多麼震撼的決定。）隨後，鄂州、黃岡等城市紛紛宣布封城。直到 25 號（正月初一）零點，隨著襄陽市封城令的發布，湖北省完全進入封省模式。短短兩天時間內，湖北省（12 個地級市、1 個自治州、4 個省直轄縣級行政單位）彷彿被冰封一般，和外界隔絕了。這在人類歷史上，恐怕都是從未有過的。隨後，疫情不斷擴散，到本月的時候，已經導致全球數百萬人受到了感染，而且疫情還在持續擴張。國內已基本得到控制，而海外的情況還頗為糟糕。

家人每天談論最多的是感染人數的數據，那個哪個省破百了，哪個省破千了……還有就是湖北人在外地的悲慘遭遇。一時間，湖北人臭名昭著，成了「瘟神」。從湖北出去到外省的人，在途中及回歸後，遭遇到了種種仇視和敵意。這齣去的人裏面，其實很多人不是真正意義上的湖北人，他們只不過是在湖北學習、工作、旅遊、探親而已。從湖北出去，無非就是過年回家。但是由於他們是從湖北出來的，所以一律被貼上了湖北人的標籤。他們回家之時，有的不讓下高速，有的直接勸回；有的回家之後，甚至被小區的人封

堵了大門，不能出入。網上也可以看到很多標語，比如「湖北人就是病毒」、「從湖北來的都是定時炸彈」之類的話。湖北人的命運，就如同非典時期的廣東人一樣。更有甚者，有些持有湖北身份證的人，他們在外地工作多年，多年沒有回過湖北，也遭到了質疑、查詢、歧視。多麼現實的社會！網絡也好，電視也好，滿滿的「湖北加油」「武漢加油」，可現實中確是如此的冷漠和隔閡！

　　家家大門緊閉，相互之間沒有任何來往。大年初一那一天，灣裏破天荒的沒有相互拜年。隨後的日子裏，親戚們也都沒有相互走動。老人們說活了幾十年，也沒遇到過這樣的事。各鄉各村，都自發封路。在抖音上看的視頻，全國各地封路的還真不少。更有甚者，還有蓄意毀壞道路的，看著讓人心中頗不是滋味。心裏的緊張還是有的，因為在武漢封城之前，有 500 萬人出城了，根據大數據的統計，集中流向黃岡、孝感的最多。麻城隸屬於黃岡，在武漢求學、工作、打工、探親、治病的人很多，村裏就有不少從武漢會來的。正是這個原因，黃岡成了湖北省第二大疫情災區。比心裏的緊張更嚴重的，則是物質的匱乏。雖然國家有一省幫一市的政策，也有大量的援助物質進入湖北。可是偏僻的山間，頗有「春風疑不到天涯」的感覺。家裏的人多，除了父親母親外，家兄一家四口、我們一家三口，還有家姊和外甥李靖哲。十一口人，是遠近村鎮裏最大的家庭。那一段時間，真是苦了母親。本來身體就不太好，在物質匱乏的時節，每天要負責十一口人的飯菜。而且不是一餐兩餐，這一煮就是三個月。父親也是到處打聽消息，誰家要偷著殺豬、誰家要打魚，都會想辦法弄點回來。後來，各村有一個聯絡員，可以到鎮上對口的超市採購一些生活物質。父親也是以志願者的身份跟著同去，為的就是能夠採辦一些生活品。

　　城裏據說管的很嚴，家家禁足，不許出門。鄉下還好，畢竟有著廣闊的天地。起先幾天，都不出門。等到禁令下了之後，城裏人出不了城，鄉下人進不了城，好像周邊也沒有新人出現，於是各各出門行走，但不進別家的門。路上遇到，也保持一定的距離。或者就是一家人去遊山玩水。那一陣子，幾乎每天帶著小海豚去山上玩。通往狐個窪、洪星寨的那片山，總有我們的身影。兒時放牛的五斗籬兒、七斗籬兒、蕭個沖兒、黑窪兒等地方，好多年沒有去過，老路都長滿了雜樹，遍尋不得，也都重溫了幾次。最遠的一次，在山上走了兩萬多步，去了矮岡兒、北寨，這倒是第一回去。再後來，天氣慢慢暖和

起來，釣魚又成了新的消遣。其實臘月，陽水庵水庫就有人釣魚。慢慢地人越來越多，每天水庫周邊到處都是人。在那樣的環境下，釣友們已經忘記了病毒這回事。

三月二十二日，麻城宣布解封。四月份又接到了學校的返校通知。令人犯愁的是，小海豚太小，始終不戴口罩。回程的路上要坐幾個小時的火車，而且中途還要在泰州轉車。幾經商量之後，最後由家兄開車，帶著家父、家嫂、內子和小海豚，奔波 800 多公里，於四月十日上午八點從麻城出發，下午四點多回到了鹽城。那天，我則是一個人下午三點在麻城北站上的火車，晚上九點多到達鹽城站。家兄家嫂在賓館住了一宿，次日早上開車返回麻城。回來之後，四個人開始了十四天的居家隔離生活。每天的生活品，完全依靠網上購買，送貨上門。說來也奇怪，整天在鄉下馳騁的小寶，在 60 平米的房間裏面居然待了兩周，沒有出門半步。這適應力竟是如此之強！隔離結束後，家父帶他出去的時候，他不同意，彷彿不記得房門外還有一個遼闊而精彩的世界。二十九日，岳母也來了鹽城，負責一家人的一日三餐，還要照看小孩。於是，日子又回到了年前，一切都是那麼溫馨。

這部書的書稿，年前已經大體完成，因為是三月份交稿。當時的想法，就是在老家過了年，就返回鹽城，然後對書稿進行完善，就可以如期交稿。因此，當時嫌麻煩，就沒有帶電腦回家。誰知在家一下子待了三個月，錯過了交稿的時間，只能順延到下一次的交稿日期。

在老家放飛了三個月，回到鹽城之後，直接進入學習狀態。先是接著年前沒做完的《純常子枝語校證》在做（年前完成了 1～19 卷），幾乎是一天一卷，再補充之前不打算錄入的眉批。日子在高效緊張的狀態中，進展得很順利，到五月九號的晚上，主體部分基本完成，共 90 餘萬言。與時間賽跑，欣喜萬分。

事情是忙不完的。停下了《純常子枝語校證》，擺在面前的，還有四本書：這本《周易玩辭困學記校證》亟待完善，王源《居業堂文集》大概交稿的日子也近了，《古周易訂詁校證》要報國家社科後期資助項目，張宗友兄《經義考研究》增編版需要寫一篇書評。至於說之前的半成品，諸如已經放下很久的《經義考》、沈欽韓集、秦瀛集、陳玉澍集、汪之昌集等等，暫時已經無力顧及，還要繼續放下去。

　　事情得一件件來。於是這幾天就集中在《周易玩辭困學記校證》一書上，寫好前言，做好徵引書目，並檢核書稿一過。忙到今天上午，這本書稿就算完成了。剩下來還要慢慢地做下去。

　　書齋生活是寂寞的，在外人看來著實難受。每天坐在板凳上，對著電腦，一上午、一下午就那樣坐著。可是，你鍵入的每一個字符，那都是一次對話、一次較量，多麼愜意啊！你面對的是上下五千年的古人，你觸摸的時浩瀚如海的典籍，寂寞又何從說起？「世事浮雲那足問，此生拼老蠹魚叢。」如是我願！

　　疫情期間，很多感染者喪命，很多企業倒閉破產，很多員工失業……同時，一些新的就業渠道、就業平臺也在產生並發展，這在網絡領域表現的尤為突出。就以抖音來說，這本來就是一款很火的音樂創意短視頻社交軟件。疫情肆虐的時候，又有更多的人加入到了其中。抖音有很多經典的背景音樂，在人類和新冠病毒作抗爭的時候，有一首歌突然在抖音火了，那就是夢然演唱的《少年》，歌詞很好：

　　　　換種生活
　　　　讓自己變得快樂
　　　　放棄執著
　　　　天氣就會變得不錯
　　　　每次走過
　　　　都是一次收穫
　　　　還等什麼　做對的選擇
　　　　過去的
　　　　就讓它過去吧
　　　　別管那是一個玩笑還是謊話
　　　　路在腳下
　　　　其實並不複雜
　　　　只要記得你是你呀
　　　　Wu oh oh
　　　　Wu oh oh
　　　　我還是從前那個少年
　　　　沒有一絲絲改變
　　　　時間只不過是考驗

種在心中信念絲毫未減

眼前這個少年

還是最初那張臉

面前再多艱險不退卻

Say never never give up

Like a fire

Wu oh oh

換種生活

讓自己變得快樂

放棄執著

天氣就會變得不錯

每次走過

都是一次收穫

還等什麼 做對的選擇

過去的

就讓它過去吧

別管那是一個玩笑還是謊話

路在腳下

其實並不複雜

只要記得你是你呀

Miya miya miya miya miya

Call me

Miya miya miya miya miya

我還是從前那個少年

沒有一絲絲改變

時間只不過是考驗

種在心中信念絲毫未減

眼前這個少年

還是最初那張臉

面前再多艱險不退卻

Say never never give up

Like a fire

追逐生命裏光臨身邊的每道光

讓世界因為你的存在變的閃亮

其實你我他並沒有什麼不同

只要你願為希望畫出一道想像

成長的路上必然經歷很多風雨

相信自己終有屬於你的盛舉

別因為磨難　停住你的腳步

堅持住　就會擁有屬於你的藍圖

Wu oh oh

我還是從前那個少年

沒有一絲絲改變

時間只不過是考驗

種在心中信念絲毫未減

眼前這個少年

還是最初那張臉

面前再多艱險不退卻

Say never never give up

Like a fire

我還是從前那個少年 miya

我還是從前那個少年 miya

我還是眼前這個少年 miya

我還是從前那個少年 miya

　　近年來，有一句網紅語：「願你出走半生，歸來仍是少年。」這句話成了很多大學的畢業寄語。和這歌裏「我還是從前那個少年，沒有一絲絲改變。時間只不過是考驗，種在心中信念絲毫未減」真有異曲同工之妙。那美妙的旋律，激勵著、鼓舞著、振奮著無數的人。流年笑擲，未來可期！

麻城陳開林記於國園壹城寓所

2020 年 5 月 13 日午後

6 月 25 日增補

# 又補：

　　去年完成《周易玩辭困學記》和《古周易訂詁》之後，在歲末的時候又整理了一點《易筌》。接著因為疫情的原因，在老家閒置了三個月。四月份返校之後，相繼完成往年未竟之《純常子枝語》《居業堂文集》《杜詩闡》。之後便專力於《易》籍，依次做完《讀易述》《易筌》《周易集說》《讀易紀聞》的句讀和史源查證，另有《孔易釋文》完成一半，總名之「史源考易系列」。除《孔易釋文》晚出之外，《周易玩辭困學記》對其他諸書均有引錄，因此在考索過程中又有了一些新的史源發現。職是之故，藉著本次校稿的機會，得以補充這些材料。經過初稿和此次增補，書中絕大部分史源均已查明。但囿於典籍的見聞和亡佚，尚有一小部分無從查證。他日有緣，倘能獲睹新的文獻，尚可再作補充。

　　8 月 20 日通過電郵提交稿件之後，12 月 11 日就收到了校樣。看到熟悉的裝幀、細心的編校，心中無比歡欣和感激。目前，全球疫情仍然在蔓延，確診人數已經超過 7592 萬，累計死亡已經超過 167 萬。庚子大劫，觸目驚心。逝者已矣，活著的人們應該珍惜眼前的一切，好好的活著。也正是因為疫情，人們大大地減少了旅遊、開會、聚餐……終日蜷縮在家裏，開啟蝸居模式。這還真有點像《易經·繫辭下》所說的：「尺蠖之屈，以求信也，龍蛇之蟄，以存身也。」眼下的形勢雖然很嚴峻，但明天一定會更美好！隨著嚴冬的步步緊逼，每一個春天都會如約而至！

　　近幾天氣溫降的厲害，雖然每日都有明媚的陽光，但終究敵不過呼嘯的妖風和凜冽的寒氣。正如網上的段子：沒有暖氣的北方，我們護體靠的是一身正氣。由於尚未放寒假，還未回到鄉下，所以陸放翁詩中「溪柴火軟蠻氈暖，我與狸奴不出門」的生活，暫時還享受不到。在這高樓林立的城中，只有無邊的寒意。不過，足不出戶，閉門寫書，似乎也是一種不錯的體驗。因為它使得生活變得格外的充實！

　　眼瞅著庚子鼠年就要結束了，手頭的寫作計劃還很沉重，新的想法又不時的冒出來，「陳陳相因」，不知何時可了。那麼，辛丑年繼續努力吧！以夢為馬，不負韶華！

2020 年 12 月 19 日陳開林於國園壹城